TRÊS VINTÉNS PARA A CULTURA

Copyright do texto © 2014 Julio Cesar Pereira
Copyright da edição © 2014 Escrituras Editora

Todos os direitos desta edição reservados à
Escrituras Editora e Distribuidora de Livros Ltda.
Rua Maestro Callia, 123
Vila Mariana – São Paulo, SP – 04012-100
Tel.: (11) 5904-4499 – Fax: (11) 5904-4495
escrituras@escrituras.com.br
www.escrituras.com.br

Diretor editorial: Raimundo Gadelha
Coordenação editorial: Mariana Cardoso
Assistente editorial: Amanda Bibiano
Revisão: Carolina Ferraz e Fernanda Satie Ohasaku
Capa, projeto gráfico e diagramação: Join Bureau
Impressão: Intergraf

Dados Internacionais de Catalogação na Publicação (CIP)
(Câmara Brasileira do Livro, SP, Brasil)

Pereira, Julio Cesar
  Três vinténs para a cultura: o incentivo fiscal à cultura no Brasil /Julio Cesar
Pereira; apresentação Leonardo Brant. – São Paulo: Escrituras Editora, 2014.

  Bibliografia.
  ISBN 978-85-7531-619-1

  1. Cultura – Aspectos sociais 2. Cultura – Brasil 3. Incentivos – Brasil 4. Política
cultural I. Brant, Leonardo. II. Título.

14-02436   CDD-306.4

Índices para catálogo sistemático:

1. Mercado cultural: Sociologia   306.4

Impresso no Brasil
Printed in Brazil

Julio Cesar Pereira

TRÊS VINTÉNS PARA A CULTURA

O incentivo fiscal à cultura no Brasil

Apresentação
Leonardo Brant

São Paulo, 2014

Quid rides? Mutato nomine de te fabula narratur.

Horácio, *SÁTIRAS*

Has this fellow no feeling of his business,
that he sings at grave-making?

William Shakespeare, *HAMLET*

A Estevão Horvath.
A Leonardo Brant.
A Norma Discini.

APRESENTAÇÃO

A regra da exceção

Estamos diante de uma das mais intensas e complexas obras já publicadas sobre o tema preferido dos brasileiros quando falamos de cultura.

Adorada por alguns e odiada por muitos, a Lei Rouanet adquiriu vida própria diante daqueles que não conseguem domar sua força. O mérito maior de *Três vintêns para a Cultura* talvez seja tratá-la como texto legal. E compreendê-la com tal, sem negar sua origem, suas contradições, implicações e efeitos.

O autor alinhava tudo com o direito tributário, essencial para aprofundar nos detalhes que os amantes do mecanismo preferem ignorar e os detratores querem evitar. Um colorido ofuscante para os que enxergam cultura em preto e branco. Foi concebida como obra jurídica, fruto da profunda pesquisa do Jurista Julio Cesar Pereira, mas é muito mais do que isso. Um rico ensaio filosófico, que aguça o olhar sobre a teia relacional entre cultura, sociedade e mercado. É também literatura, digna de um Antonio Salvador. Um dos melhores livros sobre políticas culturais de que se tem notícia.

O autor parte do do-in antropológico para burilar todo o referencial simbólico, filosófico, político, econômico e cultural que cerca o mais importante mecanismo de financiamento à cultura do Brasil e um dos mais relevantes e controversos do mundo, apresentando seus diversos usos (e abusos), tanto no campo empresarial, quanto no estatal e setorial; e chega de forma aguda e cortante à iconoclastia.

A importância desse livro, que inaugura a parceria entre a editora Escrituras e o Cemec, vai além da discussão sobre o mecanismo de incentivo à cultura no Brasil. Ele é a própria metáfora iconoclástica do país na atualidade, com seus dilemas entre Estado e mercado, entre justiça e bem-estar social, entre Estado Democrático de Direito e a regra da exceção.

Leonardo Brant

SUMÁRIO

ANTI-TESE... 15
Ensaio de abertura

Capítulo I – VEM, MINHA PÁ! 21
Do-in antropológico

Capítulo II – OS GIROS DE PINA E OUTROS RODOPIOS 32
O círculo de Bakhtin e o liquidificador lotmaniano

Capítulo III – DESCE MAIS, DESCE DEVAGARINHO................................. 38
O Carnaval de Bakhtin

Capítulo IV – O TRIUNFO DA VERDADE PRÉ-FABRICADA......................... 44
Outros carnavais

Capítulo V – A EXPERIÊNCIA DE TÁRTU-MOSCOU 49
Semiótica da cultura

Capítulo VI – RETRATO DE UM ABISMO QUE SE NOS AFIGUROU IMINENTE 56
Encontro *versus* choque

Capítulo VII – ENTRE *EPISTEME* E *DIVERBIUM*................................... 59
Ciência e método

Capítulo VIII – O URINOL DE DUCHAMP 68
A *fonte* das fontes do direito positivo tributário

Capítulo IX – A MERENCÓRIA LUZ DO ESTADO.................................. 72
Estado, mercado e cultura

Capítulo X – MEU ALÔ É SOBRE O AVIÃO E SEU REPARO....................... 78
Breve histórico dos incentivos fiscais à cultura

Capítulo XI – PRIMEIRO *CORPUS* 81
Incentivos fiscais na Constituição Federal de 1988

Capítulo XII – O VATICÍNIO DE BECKER.. 89
Revolução social e norma tributária

Capítulo XIII – AO VENCEDOR, OS TRIBUTOS 92
O objeto e o prisma

Capítulo XIV – OLGA, IRINA E MASHA.. 95
Fiscalidade, Extrafiscalidade e Parafiscalidade

Capítulo XV – MAQUIAVEL É PINTO 100
Intervenção do Estado na economia e vice-versa

Capítulo XVI – BABEL TERMINOLÓGICA.. 105
Incentivo fiscal

Capítulo XVII – *TO BE OR NOT TO BE* 110
As classificações dos incentivos fiscais

Capítulo XVIII – CUPELOBO... 116
A trepanação dos três "S"

Capítulo XIX – PEDANTES E BEATOS 118
Incentivos extrafiscais

Capítulo XX – DISPUTA INTRANORMATIVA 122
Exonerações internas

Capítulo XXI – DESEJOS (QUASE) OCULTOS....................................... 125
Normas indutoras

Capítulo XXII – EXONERAÇÕES E DESONERAÇÕES 130
Tipologia dos incentivos fiscais

Capítulo XXIII – DEVEDORES INCENTIVADORES 134
Incentivos no âmbito da Dívida Ativa

Capítulo XXIV – RESQUÍCIOS DE INTENCIONALIDADE 139
O *habitat* das isenções

Capítulo XXV – DISPENSA DA NÃO INCIDÊNCIA IMPEDITIVA 142
História do vocábulo "isenção" no direito positivo brasileiro

Capítulo XXVI – UMA METÁFORA POR OUTRA 144
A fenomenologia da incidência da norma de isenção

Capítulo XXVII – ALÔ, ALÔ, MARCIANO... 149
A imunidade dos livros como incentivo fiscal

Capítulo XXVIII – CONHEÇO TUAS OBRAS... 154
Função administrativa na concessão dos incentivos fiscais

Capítulo XXIX – UMA QUESTÃO DE PRIVILÉGIO 156
Os desarranjos legais e a concentração odiosa

Capítulo XXX – ATMOSFERAS ARTIFICIAIS 159
Incentivo e planos de desenvolvimento

Capítulo XXXI – O PORCO-DO-MATO NA CORRENTINHA............................ 164
Cultura e turismo

Capítulo XXXII – ARBEIT MACHT FREI 170
A cultura trabalhando para o turismo

Capítulo XXXIII – SÁBIOS E FOLGAZÕES... 173
As raízes do hedonismo

Capítulo XXXIV – VOCÊ TEM FOME DE QUÊ? 177
Comida, diversão e arte

Capítulo XXXV – FRICCIONE ANTES DE USAR 182
Cultura e prazer

Capítulo XXXVI – SOLIDÃO NEURÓTICA E O ATO FUNDADOR 186
Um dedo de Freud

Capítulo XXXVII – O PANÓPTICO... 191
Cultura e utilitarismo

Capítulo XXXVIII – 190 MILHÕES EM AÇÃO 198
O amasio entre esporte e cultura

Capítulo XXXIX – SEGUNDO *CORPUS* 202
Cultura na Constituição Federal de 1988

Capítulo XL – DESSA TERRA E DESSE ESTRUME.................................... 208
Cultura e natureza

Capítulo XLI – APRENDIZ DE GENTE... 214
Cultura e corpo

Capítulo XLII – MARIA, MARIA 219
Cultura, etnia e povo

Capítulo XLIII – PROJETO NÚMERO 1 222
A presença do povo na cultura

Capítulo XLIV – O ROMPIMENTO DA CORDA 226
Hegemonia

Capítulo XLV – PROJETO NÚMERO 2 229
A presença da cultura no povo

Capítulo XLVI – FORDISMO 235
Cultura popular e cultura de massa

Capítulo XLVII – O FIM DA CIDADANIA... 240
Indústria cultural e comunicação de massa

Capítulo XLVIII – A PEQUENEZ DOS PEQUENINOS 245
A busca da identidade nacional como sintoma

Capítulo XLIX – O PAÍS SEM NENHUM CARÁTER...................................... 252
Cultura brasileira como ideologia

Capítulo L – DE JOÃO GRILO A DANIEL DANTAS 257
O problema do *jeitinho brasileiro*

Capítulo LI – CONSCIÊNCIA NACIONAL 262
Nacionalismo

Capítulo LII – A VERSÃO ARISTOCRÁTICA E AQUELA OUTRA..................... 269
Duas faces de um mesmo alfanje: alienação

Capítulo LIII – BREVE PASSEIO... 274
Cultura e valor

Capítulo LIV – A DOR INDIZÍVEL DE UM CORPO EM CHAMAS.................... 278
Educação e cultura

Capítulo LV – SUBLIMAÇÃO DA GRADE 284
Cultura como *práxis*

Capítulo LVI – DEUS EX-MACHINA 286
Iconoclastia

CONCLUSÃO... 293
Do *do-in* antropológico à iconoclastia

BIBLIOGRAFIA 296

ANTI-TESE

Ensaio de abertura

A derradeira ruptura deu-se com o decreto baixado pelo governo turco. Primeiro basílica, depois mesquita, agora museu. A construção é faraônica e arrebatadoramente paradoxal. A Haya Sofia, cenário do segundo grande ciclo iconoclasta que irrompeu nas fronteiras entre o Ocidente e o Oriente, é hoje o próprio ícone decantado nas camadas de ícones. Não é sem grande estupefação que nos deixamos cobrir pelas poderosas abóbadas e cercar pelos monumentais discos caligráficos. A vertigem que o magnífico templo impõe é capaz de, por si só, conduzir-nos à razão do iconoclasmo. Os fabulosos mosaicos de Cristo, da Virgem, do Arcanjo Gabriel, de São João Batista, recobertos durante tantos séculos, emanam uma atmosfera de encantamento e, sem dúvida, entre os séculos VI e VII, representavam uma séria ameaça às ambições dos imperadores bizantinos.

As representações pictóricas corporificavam o esplendor supra-humano e, por isso, atraíam toda a gente. Num mundo em que a cultura miliária esteve sempre descolada do âmbito de influência clerical, estando tanto a vida intelectual quanto as manifestações populares vinculadas à sensualidade estética da Antiguidade clássica, o estreitamento paulatino de laços entre o povo e os monges – intermediado pela grande atração dos mosteiros, o ícone milagroso – consistia em uma afronta ao cesaropapismo, o que fez engatilhar, em Bizâncio, a urgente necessidade de contenção da nova dinâmica. Além da valorização da vida monástica, que aliciava os jovens desviando-os do exército e das próprias fainas civis, o clero e a nobreza gozavam do privilégio de não pagar tributos. A autocracia espiritual-secular do Império Romano do Oriente era conduzida pelo imperador, figura que sintetizava e encimava as três hierarquias – Governo, Exército e Igreja. O implacável Leão III, diante da crescente fama e riqueza dos mosteiros, bem como da concentração de terras nas mãos dos príncipes da Igreja, via, pouco a pouco, malogrado seu intento de plantar um poderoso Estado militar.[1] Não haveria, como não houve, alexíaco melhor e mais sutil para opor-se ao crescente avanço de uma casta estranha ao poder autocrata do que a proibição ao culto de imagens. A ordem estava dada e quem mandava era o imperador. Iniciava-se assim a *querela das imagens* que se estenderia por mais de um século.

Longe de representar mera hostilidade à arte ou simples perseguição religiosa ou, ainda, insidiosa artimanha patrimonialista, o iconoclasmo em Bizâncio engendrou muito mais do que alardeiam os historiadores. Ao proibir o culto aos ícones sagrados, os imperadores bizantinos não só afetaram os produtores, proprietários e guardiões de imagens, que muito se beneficiavam com a veneração delas, como desarticularam a própria relação de dominação existente entre o poder místico dos monges e o povo. Decorrente da desesperada tentativa de preservar o exército mercenário e a eficiente administração civil de Bizâncio, nos quais se baseava o poder dos imperadores, a quebra dos ícones aparece como um recurso capaz de subverter todo um estado de coisas, de insurgir-se contra o avanço de uma ordem que procurava firmar-se nos moldes do Ocidente.

Pelo estratagema ardiloso e drástico[2], foi dissolvida a atmosfera místico--transcendental que, antes, era irradiada pelos ícones. Fundava-se uma nova orientação de mundo, dita "esclarecida", sem a mediação dos clérigos e, o principal, despida de matéria que se pudesse apresentar como veículo palpável de comunhão com o numinoso. Como se vê, esta revolução, iniciada no terreno das artes, cronótopo fastigioso da cultura, espraiou-se para o próprio

---

[1] Hauser, A. *História social da arte e da literatura*. São Paulo, Martins Fontes, 2003, p.138-42.

[2] A partir do ano 721, deu-se início à destruição de todas as imagens nos santuários e casas das províncias ocupadas. Em 730, o imperador ordenou a destruição da imagem venerada do Cristo que ficava acima da Porta de Bronze do Palácio Imperial. Cf. Alain Besançon. *A imagem proibida – uma história intelectual da iconoclastia*. Carlos Sussekind (trad.). Rio de Janeiro, Bertrand Brasil, 1997, p.188-9.

modo de viver e de sentir o mundo e as coisas. E assim opera a iconoclastia. O resultado do movimento iconoclasta bizantino foi revigorante no plano das práticas artísticas. Romperam-se o excessivo formalismo, a pasteurização, a repetição maçante, privilegiando-se a liberdade de experimentação e os novos enfoques, sem qualquer reverência a convenções.

Mais do que mero tópico temático a ser abordado neste trabalho, visto integrar e engendrar, a um só tempo, as convicções aqui expostas, as rixas da iconoclastia bizantina penetram fundo o próprio exercício de composição do texto que segue. Este breve ensaio serve para apregoar o croqui de uma proposta que é também estética. Embora se trate de um trabalho jurídico, o estilo diegético possibilitou situá-lo entre a *episteme* e o *diverbium*, daí falarmos em "proposta estética", a qual pode ser contemplada a partir de elementos de narratologia – cadência frástica, concessão de voz aos deuteragonistas, emprego de citações que beiram o discurso direto –, o que termina por imprimir ritmos diversos em cada bloco e repercutir sobre a própria arquitetura basal que sustenta o corpo da redação.

O texto a seguir é composto por capítulos, e somente capítulos. Esse arranjo, que em um singelo exame pode não parecer muito, na verdade é tudo. A subversão da forma escalonada de apresentação e problematização do objeto provocou a ruptura de uma hierarquia cara ao modelo corrente de sistematização de trabalhos ditos "científicos". A abolição da hierarquia entre os temas planificou todo o texto, horizontalizou ruidosamente a tese. O fluxo textual firmado em capítulos concisos garantiu uma forma peculiar de investigação e apresentação de ideias – sem altiplanos, sem ponto de partida e pódio, sem cume a ser atingido. O que se faz, livremente, é passar revista a um terreno plano e movediço, um lodaçal chamado *cultura*.

A tessitura de uma armação com tal feitio vem confirmar o conteúdo que espera veicular, antes de simplesmente pretender fazer frente a um modelo de composição que perpetua, ainda hoje, o mesmo acento que Pantagruel identificava nas obras de seu tempo, caracterizadas pelo ornado magnífico dos Pandectas e o olor das glosas de Arcúcio.[3] Não se pense, no entanto, ser este trabalho uma transposição, para a ciência, das grandes raivas e recusas de um Alain Robbe-Grillet, de um Jean Ricardou, e tantos outros que, na primeira

---

3   Rabelais, F. *Gargântua e Pantagruel*. David Jardim Jr. (trad.). Belo Horizonte, Itatiaia, 2003, p.262.

metade do século XX, instauraram o *nouveau roman*, em oposição à estrutura tradicional, chegando a lhe proclamar o fim. Terminantemente, não será o fim do estilo dissertativo ou do método acadêmico. Aqueles literatos, ao se insurgirem contra o arquétipo literário vigente, nada mais fizeram senão renová-lo e revitalizá-lo, a partir do emprego de novas técnicas que ambicionavam torpedear as fundações do romance. De forma alguma empunharemos estandartes que ultrapassem os lindes deste específico trabalho. Isso não é uma anti-tese. O procedimento formal aqui adotado, pensamos, está irremediavelmente ligado ao tema – é, em si, um desdobramento da matéria, é o próprio conteúdo vindo à tona. Quisemos aqui, nas dobras de cada letra, nos batentes de cada vírgula, levar às últimas consequências o entendimento semiótico segundo o qual a forma já é o conteúdo.

De toda sorte, a ênfase na defesa dos pontos citados anteriormente encontra justificativa na necessidade de ficar assente que o presente trabalho não encerra uma proposta tolstoiana, puritana ou simplesmente "do contra", insurgindo-se por insurgir-se em relação ao ícone substancial e ao formal. Nem é resultado absenteísta de uma busca esteta, rumo a soluções requintadas para o gozo aristocrático. Muito pelo contrário. Este texto é quase um *impromptu*, ao modo do *L'impromptu de Versailles*, de Molière, não no sentido do *ex tempore* latino, que Quintiliano considerava fruto máximo da disciplina, mas como obra experimental propositiva, articulada também a partir de arrojos de subjetividade, como não poderia deixar de ser, afinal todo aquele que se debruce sobre um tema informará, com seu texto, não apenas sobre as propriedades do objeto, mas sobre as suas próprias. É possível, com perspicácia, ingressar nos porões da alma de um autor, e ainda que ele pretenda cobrir as paredes com belos quadros e tinta fresca, enfeitar o chão com tapetes e fazer pender do teto cristais luminosos, ainda assim será possível entrever as rachaduras das marquises, a poeira no assoalho e as teias de aranha nos cantos mais altos, tudo o que se quis esconder.

Quanto ao método, sendo a Dogmática Jurídica uma arquitetônica de modelos, no sentido aristotélico, a atividade heurística será predominante, privilegiando-se os modelos analítico e hermenêutico, que circundarão e penetrarão o objeto. Ressalte-se, todavia, que não sendo um fim em si mesmo, o que poderia redundar em pura e infértil ideologia, o método adotado não nega a existência de aporias nem pretende se esquivar delas a qualquer preço ou, menos ainda, arruiná-las com este ou aquele coringa tirado da manga. As pedras de Drummond estão por toda a parte. Aprendamos a conviver com elas. O convívio aqui proposto não tem o condão de afastar da Dogmática sua forma típica de abordagem do fenômeno jurídico, vertendo-o em uma descompromissada pantonima. Não. Antes, colocam-se os problemas para que sejam resolvidos, mas sem aquela sanha inarredável de quem quer ser o guardião da palavra derradeira. O meridiano magnético estará fixo acolá, em algum lugar, e por mais que a agulha aponte sempre o norte, as oscilações serão inevitáveis.

A par disso tudo, o texto assume ainda a feição circular. O primeiro e último capítulos, respectivamente, "Do-in antropológico" e "Iconoclastia", imbricam-se, licenciosamente, antecipando, ou retomando, a depender de onde se queira partir, os temas insertos entre estas duas pontas. É uma ciranda de espelhos. A reduplicação é predominante e reafirma não só o procedimento estético, mas o conjunto da redação, o todo. Cada capítulo, como um pequeno espelho, sintetiza o todo, nos exatos moldes de um *mise en abyme*. De certo modo, isso talvez represente uma vantagem para quem lê, visto que pode enxergar o conjunto em qualquer ponto onde se encontre. Mas é preciso fixar a retina nos inúmeros pormenores para que se alcance o compêndio revelador da totalidade em que se inscrevem. Esta é, admitimos, a grande desvantagem, ainda mais no estudo de um tema como este – a cultura – em que a vastidão do latifúndio não poupa as retinas amigas. O expediente, longe de ser novo ou original, remonta textos clássicos, como *Hamlet*, quando, no terceiro ato, é encenada, a pedido do protagonista, uma peça – é o teatro dentro do teatro. Mas não aludimos ao texto de Shakespeare para colher nele o relato desse episódio, mas sim de outro, cuja tensão está mais próxima daquela com que pretendemos abrir o trabalho. Na verdade, a tensão é que pretende abri-lo por si só. As elegias serão entoadas. O cheiro das flores mais fúnebres tomará de assalto as próximas páginas. É um cadáver insepulto que se avizinha. Não o de Ofélia, outro. Tomemos para nós a pá que o primeiro coveiro de *Hamlet* chamou para si, afetuosamente.

CAPÍTULO I

VEM, MINHA PÁ!

Do-in antropológico

É coisa que sempre espanta e intimida pensar na morte. Deveria ser confortável e até mesmo alentadora a sensação de que *ela* chegará, posto que dessa visita ninguém escapa. Mas não é. Imaginar que daqui a noventa anos, mais tardar cem, estaremos todos mortos é de um enfado incalculável. O "todos" significa todos mesmo – todos na rua, no bairro, na cidade estarão mortos. Todos. O país inteiro, os cinco continentes, desde o autor deste trabalho ao bebê que, pela primeira vez, hoje, exatamente hoje, abriu os olhinhos para a luz e alegria dos pais. Salvo alguns indivíduos excepcionalmente longevos, cujo tônus vital apenas confirma a regra, daqui a coisa de noventa anos a humanidade inteira estará devidamente depositada em outros estratos, para aflição dos geólogos do futuro.

Poder-se-ia considerar tal lembrança demasiadamente enfática e passível de censura, caso não houvesse sido ela a inquietação primordial do presente trabalho. A morte destrói o fôlego, extingue a *práxis*, é o modo por que a natureza toma de volta para si todos os elementos que alienou ao ser. E, no entanto, continuamos. Não as nossas cavilações, nem nossos mandatos, sofismas e chicanas, que vão dar sabe-se lá aonde, conforme conjecturou Hamlet diante de um crânio ordinário, talvez de um advogado. Mas algo, num fluxo perene, continua. A esse fluxo, essa continuidade, essa herança perpétua que pulula geração após geração, dá-se o nome de *cultura*. Esse nome é dado justamente porque se herda tal concepção – e herdamo-la dos homens que nos antecederam, dos quais já não resta mais que poeira de crânios amontoada nas gavetas funerárias da história.

Apesar disso, reportamo-nos a esses homens. Eles continuam, suas ideias continuam e tudo o que criaram, mimetizaram e reformularam continua. É nessa passada que, quando desaparecermos, aqueles que nos sucederem continuarão não só a discutir o conceito de *cultura*, como também continuarão, em um *mise en abyme* infindável, a andar sobre as duas pernas, a falar, a habitar edificações, a comer em pratos, a trajar roupas, a procurar prazeres imediatos, a educar crianças, a matar por questões de honra, a dançar, a escrever livros, a erguer estandartes, a trair, a crer em divindades, a desejar alguma forma de poder, a buscar sentido em tudo isso e, mesmo sem topar com ele, a se espantar com a inevitabilidade do fim de todas as angústias – a morte. Da mesmíssima forma, quando estes que nos sucederão morrerem, os que lhes sobrevierem perpetuarão tais práticas, assim como nós próprios viemos fazendo em relação ao que nos foi legado.

Por que essa repetição rumo à quintessência do pó?

Aos homens que virão lhes reservamos um lugar junto daqueles que se foram e dos que restaram, entre os quais não é possível estabelecer grandes distinções, entre os quais, como Drummond, entrevemos apenas a estranha ideia de família *viajando através da carne*[1]. A ideia de cultura também viaja, mas não através da carne, e sim da ação humana. Por isso, dizia Câmara Cascudo, em seu conhecido bordão: o homem nunca foi tão homem como é hoje. O homem, portanto, está no centro de toda discussão a respeito da *cultura*, justamente porque ela é tida pelas diversas vertentes antropológicas como, em sua essência, aquilo que distingue a condição humana da condição animal – daí a milenar arenga entre natureza e cultura que será abordada adiante.

Desde os primeiros arroubos dos antropólogos evolucionistas, especialmente Lewis Henry Morgan, James George Frazer, Herbert Spencer e Edward Burnett

---

[1] Drummond, C. Retrato de família. In: *A Rosa do povo*. 19.ed. Rio de Janeiro, Record, 1998, p.132.

Tylor[2], passando pela antropologia cultural de Franz Boas[3], até os estruturalistas, dentre os quais se destaca Claude Lévi-Strauss, tem-se uma compreensão de cultura que vara a termosfera. Dessa amplidão decorre o vacilante tratamento analítico do conceito-chave fora dos meandros da antropologia. Não será difícil encontrar na literatura quem tome o vocábulo *cultura* como um desdobramento confuso de outros conceitos ou mesmo sinônimo de "progresso", "educação", "lazer", "nacionalidade", "civilização", para citar alguns dos mais correntes. Os quatro primeiros serão analisados no tempo devido. Quanto ao último, cabe um dedo de ponderação.

Desde os apontamentos mais genéricos de *Primitive Culture*, tecidos por Tylor[4], os conceitos de *civilização* e *cultura* imbricam-se com uma volúpia irresistível, a ponto de um estudioso do talante de José Afonso da Silva afirmar que essa discussão não tem importância[5], culminando na desistência de tantos outros mestres, como Cliford Geertz[6], em meterem-se num exercício exegético que pretenda destrinçar a trama entre os dois conceitos. Raymond Williams, aludindo à longa e difícil interação entre cultura e civilização, diz que esta, hoje, designa o estado consumado da vida social organizada, o oposto de "selvageria" ou "barbarismo"[7]. Para o sofisticado crítico literário, é possível identificar, a partir de sua etimologia, três categorias de uso do termo *cultura*:

---

[2]   Muitos consideram Tylor o verdadeiro pai da antropologia cultural, dada sua clássica definição de *cultura*. No entanto, a aproximação sinonímica entre cultura e civilização que o estudioso empreende destoa do modo como o conceito de cultura é compreendido pelos culturalistas, em seu sentido não hierarquizado, destituído de "estágios".

[3]   A ofensiva contra o evolucionismo é iniciada com Franz Boas, antropólogo alemão que teve uma influência determinante na obra de Gilberto Freyre, especialmente na concepção de "raça" deste estudioso. Cf. Margarida Maria Moura. *Nascimento da Antropologia Cultural: a obra de Franz Boas*, p.112. Cf. Freyre, G. *Casa-grande & Senzala*. 51.ed. São Paulo, Global, 2006, p.31-2.

[4]   Assim Tylor define *cultura*: "Cultura ou civilização, tomada em seu mais amplo sentido etnográfico, é aquele todo complexo que inclui conhecimento, crença, arte, moral, lei, costume e quaisquer outras capacidades e hábitos adquiridos pelo homem na condição de membro da sociedade". Cf. Castro, C. (org). *Evolucionismo cultural*, 2.ed. Rio de Janeiro, Jorge Zahar, 2009, p.69.

[5]   Analisando a concepção constitucional de cultura, o autor afirma que não é relevante saber se a Constituição Federal trata os vocábulos "cultura" e "civilização" como sinônimos. Cf. Silva, J.A. *Ordenação constitucional da cultura*. São Paulo, Malheiros Editores, 2001, p.36-7.

[6]   Cf. *A interpretação das culturas*, Rio de Janeiro, LTC, 1989, p.11.

[7]   Cf. Williams, R. *Palavras-chave: um vocabulário de cultura e sociedade*. São Paulo, Boitempo, 2007, p.82-85.

cultura como civilização, cultura como modo de vida e cultura como criação artística. Terry Eagleton, discípulo de Williams, critica a lição e afirma que, do incessante intercâmbio entre os conceitos de cultura e civilização, especialmente no âmbito da antropologia, hoje cultura estaria, acima de tudo, mais para um modo de descrever as formas de vida selvagem do que um termo para designar a condição de "civilizado"[8]. Segundo ele, hoje, ironicamente, os cultos seriam os selvagens.

O autor, a partir disso, desenvolvendo a ideia de "civilizado" e "não civilidado", retrocede à mola propulsora de toda a celeuma em torno da amplidão do conceito de cultura, o que remonta os primórdios da antropologia do século XIX – a noção de "modos de vida". Longe de ser mera designação extensiva, a expressão "modos de vida" possui uma capacidade incontrolável de espraiar-se sobre inúmeras possibilidades da experiência humana. Articular a ideia de cultura com apoio nesta viga mestra implica assentir tanto na existência de uma cultura hindu, uma cultura baiana, palestina, quanto na de uma cultura dos pedófilos, dos traficantes, dos homens-bomba, afinal, todas são maneiras de interagir com o outro na sociedade, são maneiras de "viver"[9], e viver é agir em relação ao outro.

Para a fixação do conceito de *cultura estimulável* é preciso ter em mente que nem todo "modo de viver" deve ser considerado *patrimônio cultural* e, menos ainda, "desejável". *Habitação, vestuário* e *alimentação* são culturais? Em princípio, são as três maiores necessidades humanas e transcenderiam o próprio estado de racionalidade, habitando o limiar entre natureza e cultura, especialmente o quesito *alimentação*. Mas à medida que o homem percebeu-se um ser "envergonhado"[10], criou idiossincrasias tais que aprofundaram o artificialismo daquelas três precisões, tornando-as essencialmente culturais. Ninguém mora em um palacete simplesmente porque necessita de acomodação, nem veste Gucci ou Prada porque precisa se proteger das intempéries, muito menos almoça no Alain Ducasse somente porque tem fome. Todas essas práticas são altamente

---

8   *A ideia de cultura*. Sandra Castello Branco (trad.). São Paulo, Editora Unesp, 2005, p.25.

9   "À medida que a cultura como civilização é rigorosamente discriminativa, a cultura como forma de vida não o é". Ibidem, p.26-7.

10   José Luiz Fiorin faz uma bela menção ao texto bíblico, fincando o marco zero da cultura: a *vergonha*. Diz que o que marca o início da cultura é o aparecimento da vergonha, estado de alma específico do ser humano, para o qual transitaram Adão e Eva, ao provarem do fruto da árvore do conhecimento. Cf. *As astúcias da enunciação: as categorias de pessoa, espaço e tempo*, São Paulo, Ática, 1996, p.12.

significativas – o indivíduo, ao realizar qualquer uma das três ações, o faz porque lhe é conveniente informar à coletividade que ele dispõe de meios para morar, vestir e comer daquele modo, e, fazendo isso, unta-se dos valores atribuídos pelo pensamento dominante aos objetos *moradia*, *vestuário* e *alimentação*. O sujeito que se enfurna em sua mansão, desfilando o dia todo com um hobby Dolce & Gabbana, enquanto saboreia, na varanda, o Samundari Khazana, decorado com ouro comestível, nada tem de requintado, apenas sofre de uma excentricidade macambúzia – sem comunicação, não há atribuição de valor, logo, a prática deixa de ser significativa.

Da mesma forma, nem todo "modo de criar" nem todo "modo de fazer" podem ser abrangidos pelo conceito de cultura, para fins de incentivo. Pontualmente: para fins de incentivo fiscal, nem tudo o que é humanamente construído deve ser considerado cultura. Temos que o artesanato de Maragugi e o próprio modo como as mulheres tecem os cestos com palha de arroz é cultura, ou seja, um modo de fazer cultural *estimulável* e passível de proteção por meio de intervenção estatal. Mas e a fabricação de carros em uma fábrica do ABC paulista, não seria também cultural? Precipitadamente, responderíamos que, para fins de incentivo fiscal à cultura, não, visto que é atividade demasiadamente prosaica e nada específica – nas fábricas francesas ou chinesas ou mexicanas, o modo de fazer carros variará minimamente e esta variação, se houver, não será devida à outra coisa senão ao grau de sofisticação tecnológica das indústrias sediadas no país. No mais, nenhum operário brasileiro veste algum traje típico ou entoa cantigas enquanto realiza o seu "fazer", bem como nenhum operário do mundo o faz. Logo, num corte, responderíamos simploriamente: o modo de fazer carro, na indústria, não é cultural.

Mas, conforme veremos ao longo do presente trabalho, a resposta à questão anterior não é assim tão simples. O fato de não podermos enquadrar o modo de fazer carros, ou fabricar outro objeto qualquer, em uma maneira "tipicamente brasileira", pouco importa. Qualquer tentativa de situar a *nacionalidade* como critério hábil para a determinação de uma cultura é, no mínimo, um erro pernicioso. Esse tema será desenvolvido adiante, no entanto, apressemos que o culto nacionalista esconde uma arquitetura de dominação e um poder aniquilador de subjetividades que o próprio indivíduo desconhece. Do mesmo modo, nenhuma outra prática deve ser esquadrinhada segundo a artimanha nacionalista, nem mesmo aquelas já universalmente aceitas como brasileiríssimas – a ginga futebolística, o samba no pé, a sensualidade, o camarão ensopadinho com chuchu, enfim, tudo isso será investigado no momento propício. E a inquirição primordial ainda paira: fabricação de carros é cultura? Sim, à exceção da vertente semiótica de Geertz, sob qualquer outra forma de interpretação antropológica, fazer carro é cultural. Não é *cultura estimulável* por meio de incentivo fiscal, mas é cultura.

O mesmo raciocínio deverá guiar a investigação quanto à natureza cultural de todo utensílio e "inutensílio" produzido pelo homem e pela indústria. Segundo a generalista concepção antropológica, todo objeto construído pelo homem deverá ser, até segunda ordem, considerado cultural. O desafio estará em discernir se se trata de *cultura estimulável* ou não. Não se deve também cair na armadilha de louvar qualquer modo de vida pela simples razão de ser dissidente ou minoritário, e censurá-lo quando adotado pela maioria, pelas massas. É bem verdade que a expansão e aceitação de certos modos de vida revela muito sobre a dinâmica que o encerra e sobre ele próprio, mas nem sempre a aquiescência será resultado de embate impositivo. Na mesma linha, de forma geral, sob o ponto de vista antropológico, a ideia de *cultura* é indiferente a respeito de quais faculdades humanas devem ser perseguidas: o "modo de vida" antropológico dispensa julgamento ético – o que constitui o primeiro grande entrave para considerá-lo apto a uma definição de cultura que guarde consonância com os desígnios de um Estado de Direito. Para o Estado interessa, e muito, eleger certas faculdades e rejeitar outras. Ao prescrever condutas "desejáveis" e vedar as "indesejáveis", o ordenamento jurídico orienta a ação do sujeito, privilegiando certos valores e desprestigiando outros.

É preciso deixar assente – toda essa discussão a respeito de quais "modos de vida" deverão ingressar no seleto rol da *cultura estimulável* deriva da imiscuição histórica entre civilização e cultura, que não se restringiu a querelas doutrinárias. No caso brasileiro, a anomalia escorreu do discurso científico, quase sem escala, direto para a calha do direito positivo, a partir do qual tem embasado ações e programas políticos, como o chamado *do-in antropológico*. Dissemos "quase sem escala" não sem motivo. Além de cientistas sociais de vulto como Fernando de Azevedo, Gilberto Freyre e Marilena Chauí, políticos de pensamento e de ação institucionalizada, que em outras circunstâncias atuaram decisivamente para imprimir o fulgor de seu pensamento às engrenagens do Estado, o pranteado Darcy Ribeiro lançou os cachos de sua obra, por meio de sua conhecida influência política, sobre os trabalhos da Assembleia Nacional Constituinte, que fez promulgar a Constituição Federal de 1988.

Os enunciados constitucionais atinentes precipuamente a questões de cultura trazem, pela interferência aludida, legítima fonte das fontes do direito, uma forte carga de sentido antropológico. O § 1º do art. 215 estatui, por exemplo, que ao Estado cabe proteger as manifestações "das culturas" populares, indígenas e afro-brasileiras, e das de outros grupos participantes do "processo civilizatório nacional". O sentido antropológico é tão evidente que o vocábulo é anunciado no plural, "culturas", e, não bastasse isso, o termo é homologado à noção de *civilização*. Em outros momentos do Texto Constitucional, entremeadas com assomos de concepção sociológica, dos quais irrompem expressões como "grupos formadores", "formação do povo brasileiro", "cultura nacional", adiante destrinçadas, diversas referências como "formas de expressão", "criações científicas, artísticas e tecnológicas", "produção e conhecimento de bens", "sítios detentores de reminiscências históricas", "obras, documentos, conjuntos urbanos, quilombos", aparecem como abarcamentos próprios da antropologia, além, claro, da noção de "modo de vida" inserto em "modos de criar, fazer e viver", inciso II, do art. 216. É a mão do pai Darcy fazendo-se presente.

A despeito de qualquer resinga interpretativa que se possa cerzir quanto à orientação teórica de Darcy Ribeiro na questão do embaraço entre os conceitos de cultura e civilização, o fato é que sua obra fala por si. Em *O Processo Civilizatório*[11], de 1968, Darcy Ribeiro, em um esforço de correlacionar as revoluções tecnológicas com as "formações socioculturais", foi levado a desdobrar a classificação triádica proposta por Gordon Childe que considera "revoluções culturais" a *Revolução Agrícola*, a *Revolução Urbana* e a *Revolução Industrial*.

A partir de novos critérios, Darcy faz uma varredura sobre a história das sociedades humanas nos últimos dez milênios, o segmento mais recente da "evolução da cultura" humana, e alcança a compreensão de que as revoluções foram, na verdade, oito – agrícola, urbana, do regadio, metalúrgica, pastoril, mercantil, industrial e termonuclear. Nisto, apresenta os vestígios, a respeito da cultura enquanto "modo de vida", que posteriormente viriam compor os enunciados constitucionais. Essa visão de cultura aliciada pela ideia de "evolução" só vem reiterar seu escorço antropológico, tomando feições conceituais

---

[11] Cf. Ribeiro, D. *O processo civilizatório – etapas da evolução sociocultural.* 2.ed. Rio de Janeiro: Civilização Brasileira, 1972.

similares às de *civilização*, como se fosse possível submetê-la a critérios avaliativos de *status* de desenvolvimento.[12] O autor afirma que somente em "condições excepcionais" as sociedades podem experimentar processos evolutivos contínuos puramente ascendentes que as conduzam a viver consecutivamente as várias "etapas da evolução". A interrupção dessa continuidade é, via de regra, inevitável, o que gera condições de *estagnação* e *regressão* cultural ou desenvolvimentos cíclicos de *ascensão* e *decadência*.

Tem-se, claramente, que conceitos como o de *regressão* e *estagnação* cultural somente são aplicáveis quando a noção de cultura é trespassada pela de civilização. A estagnação cultural diz respeito à situação de certos agrupamentos que, por longos períodos, permanecem idênticos a si mesmos, sem experimentar, explica Darcy, "alterações assinaláveis no seu modo de vida"[13]. Evidentemente, o referencial para aferir se houve estagnação ou não é o *progresso* de outros agrupamentos, em especial o progresso tecnológico. Já a regressão cultural consiste no resultado do impacto que determinado agrupamento, chamado "de alto nível", impinge a outros povos, ditos "mais atrasados", em que estes apenas sobrevivem pelo recuo, isolando-se em áreas inóspitas para evitar, assim, sua descaracterização. As regressões também podem ser resultado de "traumas internos" entre classes, ocasionando a destruição da ordem social antiga ou transfigurações intencionais, ditas "involutivas". No primeiro caso, dar-se-ia o fenômeno quando a classe inferior aniquila a classe dominante, sem que haja condições de instaurar uma "ordem progressista". No segundo, teríamos os chamados "movimentos anti-históricos", operados quando a classe dominante, num impulso verticalizador de domínio, ciosa de perder sua hegemonia, submete os dominados a uma transfiguração.

A "evolução cultural progressiva", para Darcy Ribeiro, dá-se em um regime de *renovação*, isto é, de estabelecimento de novas ordens, que uma vez empreendidas e difundidas dilatam a capacidade humana de produção e utilização de energia, de criação de outras formas de organização social, crescentemente

---

[12] Registre-se que o Texto Constitucional propugna o "desenvolvimento cultural" por meio de incentivo ao mercado interno, nos termos do art. 219.

[13] A situação de estagnação, segundo Darcy, pode ser explicada pela presença de elementos "dissuasores do progresso – as condições opressivas e desestimulantes" que, no caso das tribos pré-agrícolas, podem ser até a "dadivosidade da natureza tropical que não estimularia o esforço". Também é condição de estagnação a inexistência de fatores dinâmicos, como a "ausência de animais domesticáveis, sobretudo o gado". Op. cit., p.46-7.

"inclusivas", e de representação do mundo cada vez mais "fidedigna".[14] A *cultura* de Darcy encontra-se, inegavelmente, submersa no tonel da *civilização*. Este é seu posicionamento científico e a ele não nos cabe opor mais que discordâncias elementares, apenas para alinhar as hastes que sustentam nosso entendimento. Levando-se em consideração que muitas de suas ideias foram praticamente trasladadas para o projeto que originou o Texto Máximo do ordenamento jurídico brasileiro, faz-se mister acautelarmo-nos com o conhecimento das linhas gerais de sua obra, conforme anteriormente ilustrado, não para tecermos análise antropológica dos dispositivos da Constituição Federal, mas sim para balizarmos nossa exegese, seguindo os ensinamentos de Fiorin, cientes de que todo texto está irremediavelmente vinculado ao contexto de sua produção[15] – o que até poderá ser, como o é muitas vezes, ignorado, mas nunca negado.

Naquele tonel, estão diluídas as particularidades e decantadas as universalidades "sem sangue"[16] de que fala Geertz. O procedimento não é original – todo antropólogo faz uso dele por medo de resvalar no torvelinho historicista –, mas revela sua ínsita incompatibilidade com a ideia de cultura que queremos realçar. O avanço da civilização é verificado pela repetição de padrões, por um fluir agregador, a unificação de elementos sem que se opere a fusão, é um processo cujos vetores apontam para o *coletivo*, para a continuidade. A cultura, ao contrário, é um fenômeno essencialmente individualizante, portanto, caracterizado pelo rompimento das partículas em relação ao todo, é um processo desagregador. Ou, na extraordinária síntese de Câmara Cascudo: "As culturas são conteúdos e a civilização continente"[17].

A belíssima metáfora do poeta Almada Negreiros é digna de transcrição:

> Uma mesa cheia de feijões. O gesto de os juntar num montão único. E o gesto de os separar, um por um, do dito montão. O primeiro gesto é bem mais simples e pede menos tempo que o segundo. Se em vez da mesa fosse um território, em lugar

---

[14] Darcy diz que a história humana se fez mais a passos regressivos do que evolutivos progressivos. Op. cit., p.48-50.

[15] *Linguagem e ideologia*. 8.ed. São Paulo, Ática, 2007, passim.

[16] Op. cit., p.55.

[17] Descrevendo a civilização como uma força de gravidade que unifica as unidades culturais, Cascudo afirma que estas sobrevivem ao desaparecimento daquela "como partículas que se libertaram de uma gravidade e giram ao redor de outro núcleo". Assim teria ocorrido com as antigas civilizações do Egito, Suméria, Babilônia, Grécia, Roma, e tantas outras. Cf. *Civilização e cultura: pesquisas e notas de etnografia*, São Paulo, Global, 2004, p.49.

de feijões estariam pessoas. Juntar todas as pessoas num montão único é trabalho menos complicado do que o de personalizar cada uma delas. O primeiro gesto, o de reunir, aunar, tornar uno, todas as pessoas de um mesmo território é o processo da CIVILIZAÇÃO. O segundo gesto, o de personalizar cada ser que pertence a uma civilização é o processo da CULTURA. É mais difícil a passagem da civilização para a cultura do que a formação de civilização. A civilização é um fenómeno colectivo. A cultura é um fenómeno individual. Não há cultura sem civilização, nem civilização que perdure sem cultura.[18]

A par de todo o sobredito, agora sim podemos nos preparar para baixar as cordas e depositar o ataúde no fundo da cova. É preciso enterrar um cadáver, um zumbi dissimulado – a concepção antropológica de cultura. O "do-in antropológico"[19] não passa de uma fantasmagoria, a sombra sorrateira daquela concepção. Surgido com as feições de uma proposta inovadora e antenada com as orientações da United Nations Educational, Scientific and Cultural Organization (UNESCO), o "do-in antropológico" pretende ser uma forma de intervenção estatal, por meio da qual, numa alusão à técnica milenar chinesa, massagear-se-iam os pontos vitais, energéticos do "corpo cultural do país". A intenção seria avivar o velho e atiçar o novo, na dialética permanente entre a tradição e a invenção, tratando a cultura como uma "usina de símbolos".

A demão de tinta vibrante que encobre o feio reboco por detrás da ideia do "do-in antropológico" faz parecer que o modelo prepara "ambientes" propícios à interação de agentes culturais, fomento à pesquisa, a processos criativos, viabilização de "expressões culturais", difusão, acesso, participação, enfim, faz crer que se fundaria um "círculo virtuoso" em prol do envolvimento e articulação de toda a sociedade em uma dinâmica de "convergência", "miscigenação" e "transmutação de realidades"[20]. As aspas são tão abundantes quanto a demagogia dos discursos que empregam todas as fórmulas anteriormente referidas. O conceito de cultura, tal qual esboçado no Texto Constitucional, precisa ser definitivamente

---

[18] Os destaques são do autor. Cf. *Almada Negreiros: Obra Completa*. Alexei Bueno (org.). Volume único. Rio de Janeiro, Nova Aguilar, 1997, p.851.

[19] Expressão cunhada por Gilberto Gil, em seu discurso de posse do cargo de Ministro da Cultura, em 2 de janeiro de 2003. A partir dessa perspectiva, as ações do Ministério da Cultura deveriam ser entendidas, segundo o Ministro, como "exercícios de antropologia aplicada", uma vez que o Ministério não poderia ser uma simples "caixa de repasse de verbas" a uma "clientela preferencial".

[20] Cf. Leonardo B. *O poder da cultura*. São Paulo, Peirópolis, 2009, p.39-40.

exorcizado do monasticismo oblíquo do passado e, para tanto, no exercício que empreenderemos a partir deste ponto, evocamos o pensamento de Paulo de Barros Carvalho, segundo o qual o estudo do direito, sob o ponto de vista dogmático, conclama para si as estruturas normativas existentes "aqui e agora"[21] – aquelas que se projetam sobre a realidade social para ordená-la, canalizando o fluxo das condutas em direção aos valores que queremos implantados.

Pois bem, a Constituição Federal de 1988 é, aqui e agora, o instrumento normativo de mais elevada hierarquia no ordenamento jurídico, composto por enunciados que devem ser analisados em conjunto. É o que faremos, pela dissecação de dois *corpus* principais. Mas não já. Por enquanto, antes de passarmos ao relato de uma outra assombração, uma visagem, é importante pincelar as linhas teóricas básicas com que fixaremos nossa noção de cultura.

---

[21] *Direito tributário, linguagem e método.* São Paulo, Noeses, 2008, p.251.

CAPÍTULO II

OS GIROS DE PINA E OUTROS RODOPIOS

O círculo de Bakhtin e o liquidificador lotmaniano

– O que interessa não é como as pessoas se movem, mas o que as move.

Com esta fala, Pina Bausch rompe duas vezes com o estado de coisas. Em primeiro lugar, retira do movimento em si toda a importância que, comumente, se lhe atribui. Em segundo, desloca para o momento anterior à ação, bem como para seu espaço interior, as atenções do observador.

Levando seu pensamento adiante, temos importantes desdobramentos no estudo da linguagem e, o que nos interessa mais de perto, da cultura, na qual o direito positivo e a ciência do direito estão inseridos. O "movimento" de que fala a coreógrafa, referindo-se à ação do bailarino, pode ter diversas leituras, devendo ser, por nós, pluralizado: *movimentos*. O indivíduo move-se e move os outros. O impulso inicial pode implicar, a partir da afinidade de intuições, tanto a simples agremiação, quanto, pela imposição de modos de percepção, a mais castradora forma de dominação. Por isso, tenhamos sempre no regaço a lição de Fiorin, para quem o primeiro cuidado que se deve ter no estudo da linguagem é não a considerar como "algo totalmente desvinculado da vida social, nem perder de vista sua especificidade reduzindo-a ao nível ideológico"[1].

---

[1] Tal preocupação é justificada pela deturpação que muitos estudiosos da chamada *linguística estrutural*, cujo objeto precípuo é a análise das relações internas entre os elementos

Dois dos grandes movimentos teóricos do século passado que despejam suas luzes sobre as inquietações acerca da linguagem são, em ordem de aparecimento, o "Círculo de Bakhtin"[2], movimento que tem Mikhail M. Bakhtin como figura proeminente, e a sociossemiótica soviética, protagonizada pelo crítico literário Iuri M. Lotman[3]. O período histórico turbulento dos anos 20 fez com que a ciência da linguagem, tal como concebida na Rússia, não resistisse aos ataques da ideologia então vigente. Houve uma dura e sistemática desqualificação da experiência semiótica fundada no diálogo entre diferentes campos de conhecimento cultural, desde a antropologia até as artes. A experimentação foi devidamente enlatada para dar lugar a uma cisão: a polarização dos debates entre uma abordagem sociológica e o formalismo sensaborão. Pragmaticamente, o surgimento de um paradoxo foi inevitável: o cotidiano conclamava os indivíduos para edificar o mundo socialista, todavia, qualquer abordagem a respeito da materialidade da linguagem e dos signos era tida como "não utilitarista".

Dessa experiência e da necessidade de isolarem-se, seguindo a tradição dos círculos de discussão na Rússia, desde 1830, dadas as tentativas de ocidentalização do país pela classe dominante, surgiu uma *intelligentsia* sem fundações institucionais fixas – o Círculo de Bakhtin.[4] Três aspectos da reflexão do Círculo a respeito da linguagem são importantes para os desdobramentos a seguir, especialmente para o tema da carnavalização: a questão da unicidade e "eventicidade" do ser, a contraposição "eu/outro" e o componente axiológico intrínseco ao existir humano.

---

linguísticos, terminaram por engendrar nas demais ciências humanas, uma vez tomada ela, a linguística estrutural, como uma espécie de "ciência-piloto" de outros ramos do saber. A enxurrada de conceitos da linguística trasladados para outras ciências como mecanismos de investigação ou, simplesmente, potencializadores da retórica, tem experimentado, segundo Fiorin, nas últimas décadas, auge e declínio. Cf. *Linguagem e ideologia*. 8.ed. São Paulo, Ática, 2007, p.5-10.

2 O Círculo perdurou durante uma década: 1919-1929, primeiro em Nevel e Vitebsk e, posteriormente, em São Petersburgo (na época, Leningrado).

3 A *Trúdi pó Známovim Sistemam* (Trabalhos sobre Sistemas de Signos, conhecido pela sigla de TSS), principal periódico científico representativo da Escola de Tártu foi publicado em uma série de 25 volumes. Os autores dos textos, revisados por Lotman, estavam disseminados por toda a União Soviética e muitos deles sequer chegaram a se encontrar. Os trabalhos do grupo perduraram, com vigor, desde o início dos anos 60 até a morte de Lotman, em 1993. Atualmente, ainda há publicações esparsas.

4 Grillo, S.V. de C. O método formal nos estudos literários: introdução crítica a uma poética sociológica. In: *Bakhtin e o Círculo*. Beth Brait (org.). São Paulo, Contexto, 2009, p.74.

Em *Para uma filosofia do ato*, Bakhtin defende a existência de um dualismo entre "mundos", que batiza de *mundo da vida*, atinente à própria historicidade, ao "todo real da existência de seres históricos únicos que realizam atos únicos e irrepetíveis", e *mundo da teoria*, um mundo que simplifica a vida, a experiência vivida, que cobre de abstração os atos concretos de nossa existência a partir de seu tratamento teórico, seja filosófico, científico, ético ou estético. Para Bakhtin, entre esses mundos não há qualquer possibilidade de vínculo comunicacional. O mundo da teoria varia de tempos em tempos, tendendo a alcançar a experiência da vida ou, curiosamente, afastar-se dela, criando outra realidade, ao passo que o mundo da vida, por causa da unicidade e eventicidade dos seres, é inapreensível pela teoria, tal qual ela se apresenta hoje, uma vez que nela não cabem seres e eventos únicos. O pensamento teórico, segundo Bakhtin, constitui-se exatamente por afastar singularidades, privilegiando a abstração da vida. Ele opõe razão teórica à razão prática, e a superação do dualismo *mundo da vida* x *mundo da teoria* somente seria levada a efeito quando aquela primeira razão se subsumir à segunda e não o contrário.[5]

Será uma constante essa crítica de Bakhtin e do Círculo acerca da razão teórica que deixa de encarar o ser humano em sua "realidade concreta", edificando juízos em que o "eu" não encontra lugar. Segundo Carlos Alberto Faraco, desde seu primeiro texto, Bakhtin revela-se um crítico contumaz do racionalismo, do pensamento ao qual só interessa o universal e nunca o singular, a lei geral e nunca o evento, o sistema e nunca o ato individual. Essa crítica ao teoreticismo não é, no entanto, negação da cognição teórica – o que se recusa é a atual e total desvinculação entre os dois mundos. A proposta de superação do dualismo, para Bakhtin, deve ser operada pela ciência que, em algum tempo, abrirá espaço ao sujeito, permitindo-lhe "conhecer" responsivamente, como único participante, e o efeito disso para a ciência não representaria distorção ou arrefecimento da verdade autônoma do conhecimento teórico, pelo contrário, seria uma forma de complementá-la "até o ponto em que ela se torna uma verdade (*pravda*) necessariamente válida"[6]. Bakhtin não aceita a ideia de "sistema" no qual não entra o irrepetível, o individual, o evêntico, não tolera o

---

[5]   A razão prática se orienta a partir do vivido ou, nas palavras de Carlos Alberto Faraco, "se orienta pelo evento único do ser e pela unicidade de seus atos efetivamente realizados". Cf. *Linguagem & diálogo: as ideias linguísticas do círculo de Bakhtin*, São Paulo, Parábola editorial, 2009, p.19.

[6]   Ibidem, p.49.

pensamento que contrapõe o *subjetivo* ao *objetivo* ou que toma este por único meio de compreensão lógica, único espaço de racionalidade.

O problema da unicidade do ser, em nosso sentir, advém da ideia do "eu-moral" que se percebe ocupando um espaço único no mundo e que age sempre em relação ao outro. Para Bakhtin, viver é agir em relação ao outro, pensamento que adotamos páginas atrás – entenda-se aqui "outro" não exclusivamente como outro ser humano, mas como tudo aquilo que não é "eu". Toda a ideia de "eu-moral", por sua vez, somente pode ser compreendida a partir de quadros axiológicos, já que cada um encerra um universo de valores. Nesse sentido, apesar de o *mundo da vida* ser um só mundo para todos, cada homem deposita nele seus próprios valores, experimentando vivências únicas, universalizadas pelo *mundo da teoria*. O "viver é agir em relação ao outro" significa, portanto, que é no plano da alteridade axiológica que cada um orienta seus atos, ou seja, *viver* implica assumir e refutar valores o tempo todo, ou ainda, nas palavras de Miguel Reale, viver é "optar diariamente, permanentemente, entre dois ou mais valores"[7].

Para Bakhtin, nenhum enunciado pode ser considerado neutro porque todos estão amparados por um contexto cultural do qual emergem já saturados de significado e valor. Da mesma forma, todo enunciado é sempre um ato responsivo, ou seja, uma reação ao próprio contexto que o ampara. Por isso, é comum depararmo-nos com textos que, para não ficarem reféns de seu tempo, esperneiam diante dos leitores. Tendo em vista as correntes linguísticas da época e a noção da dimensão axiológica de todo enunciado, Bakhtin assume uma perspectiva absolutamente diversa da abordagem linguística, considerando-a insuficiente para conhecer verdadeiramente a linguagem, já que a linguística enfocava o enunciado exclusivamente como um fenômeno da língua, indiferente à carga valorativa que a trespassa desde sua eclosão. Bakhtin procura posicionar sua maneira de enxergar a linguagem fora dos domínios da linguística, mas sem recusá-la ou negá-la, em função de sua relevância. Para ele, diz Faraco, o conhecimento da linguística é importante, mas não suficiente para compreender a linguagem, já que, no mundo da vida, a língua apresenta dimensões constitutivas inalcançáveis pela razão teórica da linguística. Isso aponta para o caráter filosófico e não científico da compreensão de Bakhtin sobre a linguagem.

---

[7] *Lições preliminares de direito.* 24.ed. São Paulo, Saraiva, 1998, p.25.

De maneira geral, além da preocupação com as questões da linguagem e de terem devotado toda a vida no escrutínio delas, o que verdadeiramente aproxima Bakhtin e Iuri Lotman é o modo como se aproximaram do objeto de análise. Acreditavam que, como a língua, a linguagem e a comunicação circunscrevem a esfera do essencialmente humano, todo problema gerado nesses sistemas deveria ser constantemente revisto, o que, por si só, implica também a constante revisão conceitual.[8] É por isso que nos deparamos, seja de um seja de outro autor, com obras melífluas, em permanente construção. Na chamada Escola de Tártu-Moscou, as ideias não são apresentadas com pretensões conclusivas, não propugnam o estabelecimento de verdades imutáveis. A Escola não pretende transportar teorias para a análise do objeto, forcejando para que este se adeque àquelas; pelo contrário, as teorias é que derivam do exame das propriedades do objeto – isto é, parte-se do objeto para o conhecimento teórico. A semiótica aplicada é, acima de tudo, um exercício de questionamento.

Um dos setores da semiótica aplicada é a chamada "sociossemiótica"[9], ciência que estuda os discursos sociais enquanto manifestações semióticas. Nela está incluída a semiótica da cultura. O marco para a consolidação dos estudos de semiótica da cultura remonta o Seminário de Verão de 1964, organizado por Lotman, na Universidade de Tártu, Estônia. É neste encontro que são apresentadas as famigeradas "Teses para uma análise semiótica da cultura", com o subtítulo "Uma aplicação aos textos eslavos", de autoria de Ivánov, Lotman, Piatigórski, Topórov e Uspiênski. As teses tratam basicamente dos chamados *sistemas modelizantes* enquanto síntese da *semiose*. A partir de então, passa-se à publicação de inúmeros trabalhos no periódico *Semiótica: trabalhos sobre o sistema de signos*. Somente em 1970, no entanto, quando da

---

8 Em prefácio citado por Torop, Lotman, justificando o perpétuo inacabamento dos conceitos da Escola de Tártu-Moscou, faz alusão à serpente, símbolo da sabedoria, que cresce tirando a pele: "As ideias, da mesma forma, se desenvolvem ultrapassando a si mesmas". Cf. A Escola de Tártu como Escola. In: *Escola de Semiótica*. São Paulo, Ateliê Editorial, 2003, p.71.

9 Diz respeito à conjugação da linguística com a sociologia, buscando investigar a relação entre linguagem e ideologia, com ênfase nos processos de produção de sentido. O Círculo de Bakhtin e seus estudos de filosofia da linguagem são os pioneiros dessa área. Dentre os estudiosos consagrados da sociossemiótica, na linha da análise do discurso e da enunciação, podemos citar M. K. Halliday e Julien Greimas – expoentes inegáveis.

quarta edição do seminário, é que houve a designação expressa de "estudos de semiótica da cultura".[10]

O ponto de partida para a compreensão da semiótica da cultura é entender as "linguagens" da cultura. Este foi o objeto básico dos seminários de verão que deram origem à Escola de Tártu-Moscou. As "linguagens" não são consideradas sob o prisma exclusivamente linguístico, isto é, enquanto codificação gráfico-sonora do alfabeto verbal. Os chamados *códigos culturais* abrangem os visuais, os sonoros, os gestuais e os cinésicos. Cada esfera de linguagem deveria ser compreendida como um sistema de signos, não autônomo, mas específico. O conjunto de todas essas esferas é designado *semiosfera*, espaço semiótico imprescindível para a existência e o funcionamento da linguagem e da própria cultura, fora do qual não existe a própria *semiose*[11]. Essa noção deriva da ideia de *biosfera* – em certo sentido, opõe-se a ela, e, em outro, compõe-na, já que o domínio dos signos, sendo o aspecto distintivo do ser humano, também é abarcado pela biosfera que é a própria esfera da vida.

Em sua última obra, *Cultura e explosão*, o leitor assiste ao aparecimento da historiografia na semiótica da cultura de Lotman. Ele era historiador de literatura. O problema da cultura é polarizado: o autor considera que a dinâmica na cultura corresponde a um "pêndulo" que oscila entre dois estados: explosão e organização, esta última ocorre em processos graduais. Tanto os processos de um estado quanto de outro exercem funções importantes na sincronicidade da cultura, seja para assegurar a inovação, seja para garantir a continuidade.[12] Esse raciocínio será fulcral em nossa compreensão de cultura enquanto rompimento icástico.

Esta brevíssima abordagem de dois mananciais acadêmicos tão caudalosos, as pastas de Bakhtin e Lotman, serve-nos muito mais ao colorido geral das apresentações do que propriamente ao delineamento, ainda que mínimo, de nossa proposta. Espera-se que, cedendo o merecido espaço, cada autor tome a dianteira e assuma o tablado, lançando-nos sobejos de sua extraordinária produção teórica, dentre os quais reservaremo-nos à prerrogativa de apanhar apenas alguns, aqueles que baterem mais rente à soleira de nossas excitações. Comecemos por Bakhtin, ou melhor, por um "causo", narrado por ele.

---

[10] Cáceres, M. Iuri Mijáilovich Lotman (1922-1993): una biografia intelectual. In: *La semiosfera I – semiótica de la cultura y del texto*. Desiderio Navarro (trad.). Madrid, Fronesis Cátedra, 1996, p.254.

[11] Idem, p.24.

[12] *Cultura y Explosion*. Madrid, Ed. Gedisa, 1999, p.245-6.

CAPÍTULO III

DESCE MAIS, DESCE DEVAGARINHO

O Carnaval de Bakhtin

A data ficou registrada: primeiro dia de janeiro de 1091. A hora não se sabe ao certo, mas a noite arrastava-se adiantada já. São Gochelin, um homem santo, acabara de deixar a cabeceira de um doente, a quem fora socorrer, quando teve a visão: o exército de Arlequim[1] desfilava em plena estrada deserta.

A linha de frente era composta por homens que trajavam peles de animais e empunhavam utensílios domésticos. A fileira seguinte era de tantos outros homens, carregando cinquenta caixões, em cima dos quais se empoleiravam homúnculos com suas cabeças descomunais. Depois o próprio diabo entrou em cena, trepado num cavalete de tortura, onde supliciava um desgraçado, espetando-lhe agulhas de fogo em todo o corpo. Na sequência, uma multidão de mulheres, dentre as quais algumas nobres e conhecidas, montando cavalos selados com pregos incandescentes. Por fim, depois da passagem do clero, fechando o cortejo, avançaram muitos guerreiros ardendo em labaredas. Gochelin, impressionado com o saimento, aborda um, outro e, encontrando seu próprio irmão no meio da presepada, indaga-o sobre o que significaria tudo aquilo:

---

[1] Arlequim é personagem tipicamente carnavalesca. No teatro, era a própria personificação do *grotesco*, figurando em todas as representações teatrais até a segunda metade do século XVIII.

– É a procissão das almas errantes do purgatório – respondeu-lhe.

Eram pecadores defuntos, ocupados em resgatar-se. Tudo isso foi visto e narrado. O relato foi recuperado por Orderico Vital, historiador normando do século XI, e, pelas mãos de Bakhtin, chega aos nossos dias como uma das mais antigas descrições do Carnaval.[2]

A descrição é tão antiga que antecede o próprio surgimento oficial do Carnaval, tido como manifestação social originada na passagem do século XII ao XIII. Tendo sua gênese associada a motivos religiosos, a festa carnavalesca tem ainda hoje grande influência paradigmática, especialmente nos países de orientação católica. Historicamente, considera-se que o significado do festejo esteja ligado à quaresma[3] – o período de quarenta dias antecedentes à Páscoa, em que cabe aos fiéis restringirem suas volúpias, absterem-se da prática de vícios e adotarem comportamento pio e penitente, em uma referência à Paixão de Cristo. A abstenção de comer carne é uma metáfora que prescreve ao fiel, de maneira geral, o controle das próprias tentações do corpo, nas quais se inclui a bebida e o sexo. Antes, porém, de ser dado início a esta temporada de expiação, diversas comunidades que hoje integram a Itália, como Veneza, Nápoles e Milão, passaram a folgar, entregando-se a manifestações lúdicas, caracterizadas pela transgressão do cotidiano, pelo comportamento lascivo, pela inversão de papéis sociais, pelos jogos desregrados, pela abolição das hierarquias, pela entronização do grotesco e do popular.

O Carnaval passou a ser o momento da *transcendência*, o instante em que a realidade imposta rompia-se, em que a quase palpável estratificação social da Idade Média era provisoriamente pilhada por outra realidade, tão possível quanto a imposta, mas considerada absurda sob o prisma desta. O Carnaval, portanto, não é uma festividade como outra qualquer. Revela, mais do que qualquer uma, muito da natureza humana. Distingue-se de todas as outras formas de expressão lúdica da coletividade, porque não só expõe uma

---

[2]   *Cultura Popular na Idade Média e no Renascimento: o contexto de François Rabelais.* Yara Frateschi Vieira (trad.). São Paulo, Hucitec, Brasília, UnB, 2008, p.343-5.

[3]   Há quem identifique relação entre o Carnaval e as saturnais romanas – o próprio Bakhtin o faz –, dada a similaridade dos comportamentos subversivos, licenciosos, eróticos, mas esse argumento não é suficiente para vincular um folguedo a outro, pois, caso nos seja dado retroceder no tempo, os cultos orgiásticos remontam séculos insondáveis, tendo sido muito comuns na Antiguidade Grega, com as antestérias dionisíacas, por exemplo, comemoradas no início da primavera. Não se nega que diversas festividades pagãs possam ter contribuído para a tessitura das feições do Carnaval medieval, mas o certo é que essa é uma festividade precipuamente associada ao calendário de ritos católicos.

concepção de mundo e a própria fugacidade do real, como propõe outra concepção e outra realidade, em geral diametralmente opostas ao preestabelecido, o que lhe confere ares de absurdidade.

Durante o legítimo Carnaval, a realidade traveste-se de outra possibilidade de vida: o mundo veste uma camisa listrada e sai por aí, conforme a letra de Assis Valente. O travestismo, aliás, é tipicamente carnavalesco, pois coloca em xeque a distinção dos gêneros. De maneira geral, o Carnaval, tal qual concebido pela sensualidade e inteligência humana, não pode ser incluído nos domínios da arte. A experiência carnavalesca substitui, ainda que provisoriamente, a vida ordinária. No Carnaval não há cenário, não há atores representando um papel, e mais, não há espectadores, ou melhor, não há "distinção entre atores e espectadores"[4]. O homem carnavalesco não assiste ao Carnaval, ele o *vive* – o Rei Momo *é* o rei, naquele momento. Bakhtin diz que a manifestação carnavalesca é "a própria vida apresentada com os elementos característicos da representação"[5], daí confundi--la com o teatro. De maneira geral, a representação é tão evidente na vida em sociedade que com frequência admitimos fazermos parte de um grande teatro. Mas a vida, assim como o Carnaval, desconhece o palco. O palco teria, segundo Bakhtin, destruído o Carnaval e, a exemplo dos desfiles das escolas de samba brasileiras, conhecidos mundialmente e que movimentam milhões de pessoas e cifras por ano, não podemos deixar menos do que nossa concordância aqui registrada – isso será melhor desenvolvido no próximo capítulo.

A partir do caráter "não oficial" das imagens contidas na obra do escritor François Rabelais e de sua resistência a se enquadrar nos cânones e regras da arte literárias então vigentes, Bakhtin desenvolve o conceito de "carnavalização". Já em *Problemas da poética de Dostoiévski*, o autor começa a esboçar as linhas gerais do conceito, mas é somente no citado *A cultura popular na Idade Média e no Renascimento* que Bakhtin desenvolve com profundidade uma análise da cultura popular, enquanto "cultura do riso"[6], dissecando suas dimensões e definindo suas características genuínas.

Bakhtin conclui, partindo de uma investigação da natureza específica do "riso", que ele, tal qual se encontra hoje na cultura, está absolutamente deformado,

---

[4] Ibidem, p.7.

[5] Idem.

[6] Lopes, E. Discurso literário e dialogismo em Bakhtin. In: *Dialogismo, Polifonia, Intertextualidade: em torno de Bakhtin*, 2.ed. São Paulo, Edusp, 2003, p.76.

porque "são-lhe aplicadas ideias e noções que lhe são alheias, uma vez que se formaram sob o domínio da cultura e da estética burguesas dos tempos modernos"[7]. Esta deturpação teve início a partir da concepção estreita dos pré-românticos e foi aperfeiçoada por românticos como Herder, dando-se essencialmente pela amputação da ideia de cultura popular em que se desmembraram o folclore, os festejos de praça pública e o humor popular extremamente rico em suas diversas formas de manifestação. O sentido, amplitude e relevância social do riso na Idade Média e no Renascimento haviam sido, ao longo da História, mitigados pela chamada "cultura oficial" e, pior, descaracterizados e relegados a plano ridiculamente vaudevilesco.

Longe de pretender desopilar a mente, os ritos e atos cômicos da cultura popular medieval, especialmente os carnavalescos, possuíam para o homem uma importância fulcral. Os ritos civis mais cotidianos eram permeados pelo grotesco, as solenidades públicas eram sempre assistidas por bobos, bufões, anões, que participavam ativamente das funções, parodiando-as. As festas todas eram realizadas com intervenções cômicas, mesmo as religiosas que não só permitiam a paródia de seus atos sacros, como os consagrava tradicionalmente. Segundo Bakhtin, o riso, que culturalmente tecia as relações sociais mais comezinhas, tinha a função precípua de oferecer ao homem uma "visão de mundo", dele mesmo e das relações humanas em geral, totalmente diferente da pré-estabelecida, uma visão deliberadamente não oficial – visão esta que poderia inclusive insurgir-se contra as ideias monolíticas da Igreja e do Estado, superando-as e relativizando-lhes o papel institucional perante a coletividade. É o que Bakhtin chama de "dualidade na percepção do mundo e da vida humana"[8].

Quando se diz que o riso oferecia ao homem medieval uma visão de mundo "não oficial", esta assertiva, saliente-se, é tecida seguindo a lógica histórica atual, uma vez que em um regime que não conhecia classes nem Estado, surgidos somente na época moderna, os aspectos cômicos e sérios do mundo, do homem e de suas crenças eram igualmente sagrados e oficiais[9]. Bakhtin cita o exemplo de Roma antiga, onde nas cerimônias de triunfo celebrava-se o vencedor escarnecendo-o, ridicularizando-o também. O mesmo se dava nas cerimônias fúnebres que exaltavam o morto com pesares e mofas, algo impensável

---

[7] *A cultura popular na Idade Média*, p.3.
[8] Ibidem, p.5.
[9] Idem.

para os tempos atuais, em que a morte tornou-se inimiga pessoal do homem, sempre terrível, digna de paúra e consternação.

Portanto, o riso não era, em si, transgressão. Ele compunha a cultura popular. A transgressão estava na atitude carnavalesca[10] de quem ignorava as normas, o dado, o bom senso, a hierarquia, a condição social, o gênero, a pudicícia, as categorias morais, as verdades universais. O medo, diz Bakhtin, é a expressão extrema de uma seriedade unilateral e estúpida que no Carnaval é vencida pelo riso.[11] A atitude carnavalesca emancipa o sujeito do medo, demole muros, aproxima os homens entre si, opõe-se ao monológico, ridiculariza o oficial gerado pela dinâmica de poder, celebra o avesso das coisas e o avesso do avesso. É a consagração da liberdade.

A liberdade preconizada aqui deve ser entendida em seu sentido pleno, sem regamboleios sofísticos, como expressão existencial que não admite dogmas tacanhos e autoritarismo. A ideia de cultura, portanto, como desenlace de um esquema de dominação namora o conceito de carnavalização. Esta consiste na transposição do espírito carnavalesco para o objeto artístico e seus domínios. A arte, enquanto tutano da cultura, é o principal veículo de transcendência do sujeito. Toda a força que o espírito carnavalesco empresta à cultura possui um alcance destruidor e regenerador, pois ao mesmo tempo em que nega e solapa ferozmente toda uma ordem de coisas, subvertendo a "realidade", edifica outro universo ou reformula o antigo, privilegiando uma cosmovisão de abundância, igualdade e liberdade, ou seja, elevando toda experiência contrária ao autoritarismo. É o que Fiorin ensina, lindamente:

> Ao esforço centrípeto dos discursos de autoridade opõe-se o riso, que leva a uma aguda percepção da existência discursiva centrífuga. Ele dessacraliza e relativiza o discurso de poder, mostrando-o como um entre muitos e, assim, demole o unilinguísmo fechado e impermeável dos discursos que erigem como valores a seriedade e a imutabilidade, os discursos oficiais, da ordem e da hierarquia.[12]

---

[10] Leonor Fávero, em feliz síntese, apresenta as quatro categorias fundamentais instauradas pela atitude carnavalesca, todas ligadas entre si: o *novo modo de relações humanas*, avesso às relações hierárquico-sociais da vida cotidiana; as *mésalliances*, amalgamação dos contrários; as *excentricidades*, predomínio do marginal, do escandaloso, do contingente; e a *profanação*, sacrilégio, indecências relacionados com a força produtora da terra e do corpo. Cf. "Paródia e dialogismo", in *Dialogismo, Polifonia, Intertextualidade: em torno de Bakhtin*, p.51.

[11] Ibidem, p.41.

[12] *Introdução ao pensamento de Bakhtin*, São Paulo, Ática, 2006, p.89.

O conceito de carnavalização deve ser tomado como "categoria analisável de textos"[13]. Em nosso caso, o texto em questão é o *texto da cultura*, dimensão que será esmiuçada quando do estudo da semiótica lotmaniana. Passando pela noção de rompimento icástico atrelado à *práxis*, pode-se afirmar que a meta da cultura estimulável é esta mesma: *carnavalizar o indivíduo*.

---

[13] Norma Discini. Carnavalização. In: *Bakhtin: outros conceitos-chave*. São Paulo, Contexto, 2008, p.72.

Capítulo IV

O TRIUNFO DA VERDADE PRÉ-FABRICADA

Outros carnavais

O sistema socioeconômico reacomoda as ortodoxias em seus lugares ao elaborar o Carnaval oficial, ou ao institucionalizar o Carnaval. Aqui o lúdico esvai-se, cede lugar ao cênico, e a subversão segue bem maquiada, com a garantia de que qualquer possibilidade de emancipação seja prontamente devorada pelos cifrões e pela opulência premeditada. O conceito de carnavalização de Bakhtin, conforme delineado e pressentido, será importantíssimo para uma compreensão de cultura, e mais, para a determinação *daquela* cultura que será passível de incentivo por meio de intervenção estatal.

Já vimos que o riso degrada o dado e provoca a eclosão do novo. Na Idade Média, apesar de o regime feudal ser rígido e da quase nenhuma mobilidade social, o Carnaval representava o momento da dinamicidade dos papéis sociais, ainda que provisoriamente ou, de acordo com a hodierna concepção de mundo, utopicamente. Era o instante da libertação. No Brasil, atualmente, avaliando com acuidade, verificamos que o Carnaval, enquanto manifestação que integra o texto da cultura, é incapaz de arrancar o sujeito à ordem existente. Pelo contrário, ele reafirma o discurso autoritário, fortifica os muros, nega o avesso.

Os trios elétricos do Nordeste, os *funks* litorâneos, o *country* dos sertões, os *technobregas* do Norte e os desfiles de escola de samba do Rio de Janeiro e de São Paulo, transmitidos, consumidos e imitados em todo o Brasil, nada mais fazem do que ratificar a ordem e os valores vigentes. Todas essas festividades são verdadeiras odes à perenidade de regras, à imutabilidade, porque são catapultadas *para* o seio da sociedade pela indústria fonográfica e do entretenimento. Não diremos, simplesmente, que não vieram do povo, que foram impostas pela indústria. Todas as manifestações festivas citadas partiram, em algum momento, do povo, da inventividade do homem comum, de sua sensibilidade, mas foram, ao longo do tempo, apropriadas pela ordem competente e manejadas para a consagração de estruturas de dominação e não para a celebração de "modos de vida".

Dessa apropriação e desse manejo, restou o inevitável – o Carnaval, ou os carnavais, foram institucionalizados. Tendo ingressado em território nacional ainda sob a forma ibérica das guerras de pó e água, típicas do *entrudo*, passando pelas farras homéricas do *zé-pereira*, alcançando o formato dos bailes de mascarados dos hotéis cariocas e paulistas, verdadeiros redutos aristocráticos, não demorou até que o Carnaval desembocasse rua afora com cordões, blocos e ranchos essencialmente luxuosos. Pouco a pouco, em todas as suas formas de manifestação, foi sendo instituído um "padrão carnavalesco" – o que, note-se, é um paradoxo autofágico. O sucesso do padrão garantiu que a própria festa fosse desligada de suas motivações genuínas e permitiu a instauração dos "carnavais fora de época"[1]. Era o triunfo da verdade dominante.

É fácil verificar com que velocidade agem certos tentáculos desarticuladores quando determinado folguedo popular alcança, com sua espontaneidade, um caráter mínimo de sublimação do dado. Não raro, os carnavais de rua, pontuais, tipicamente subversivos, aqui e acolá ainda existentes, são apropriados pela máquina oficial e, por óbvio, descaracterizados. O chamado "bloco dos cão", por exemplo, que sai pelas ruas de Natal, Rio Grande do Norte, até pouco tempo era uma pândega tipicamente carnavalesca – homens, mulheres e crianças corriam para o manguezal, às margens do rio Potengi, e melavam-se com a lama escura

---

1 Segundo Câmara Cascudo, os "carnavais fora de época" ou "micaretas" – mistura do francês *mi-carême* (festa popular do Sábado de Aleluia ou da Quinta-Feira Santa) com *careta* (nome dos foliões que usam máscara) – são originários de Feira de Santana (BA), 1937. Cf. *Dicionário do folclore brasileiro*. 11.ed. São Paulo, Global, 2002, p.116.

e fétida, em meio aos guaiamus, moldando sobre o próprio rosto máscaras horrendas, com chifres na testa e protuberâncias espalhadas pelo corpo, à moda de verdadeiros demônios, ou "cãos". O aspecto da deformidade, essencial no *realismo grotesco*[2] descrito por Bakhtin, é evidente. E não só isso, a atitude dos foliões, que pode ser identificada com a *commedia dell'arte*, provinda esta também do Carnaval, ou com as comédias de Molière, fazia com que a expansão popular resgatasse os primórdios mais impensáveis da manifestação carnavalesca. O povo, sem o saber, reproduzia o assomo zombeteiro presenciado por Gochelin, no século XI. Saíam pelas ruas do bairro da Redinha assombrando meninos de colo, chafurdando de lama quem se pusesse no caminho, como se tivessem assomado mesmo do purgatório ou das profundezas do inferno. Criavam uma outra realidade, fantasmagórica, que se diluía, horas depois, nas franjas do mar. Hoje a tradição permanece, mas já serve à propaganda turística, e o bloco segue devidamente puxado por trios elétricos, ao som de axés baianos e *funks* cariocas.

Os dois gêneros musicais citados, aliás, são dignos de nota. Odiados pela casta intelectual, amados pelo populacho, o axé e o *funk* têm resistido bravamente ao tempo, graças a melodias hipnóticas e, principalmente, à licenciosidade de letras que beira o imponderável. O *funk*, especialmente, mais ousado quanto ao segundo atributo, e talvez, por isso mesmo, menos comercial, antes se contentava com o duplo sentido de letras que prometiam "te dar muita pressão". Mais recentemente, enveredou por uma abordagem francamente elogiosa do "poder paralelo" dos traficantes de droga, nos morros do Rio de Janeiro, além, claro, de jorrar, com boa cara e direito a aparições em transmissões abertas, obscenidades aparentemente gratuitas.

No entanto, o *funk* carioca, ao contrário de toda crítica com que se possa, precipitadamente, alvejá-lo, teria condições plenas de, *a priori*, ser incluído em nosso conceito de cultura, dados seu caráter grotesco e a audácia em afrontar os cânones da pudicícia dominante, mediante versos sexualmente agressivos, muitas vezes indigestos. Nem sempre o palatável, o belo, é o que permitirá ao homem aproximar-se do real. A noção de "grotesco" é uma chave-mestra nos domínios do Carnaval porque, conforme ensina Bakhtin, ajuda o sujeito a se liberar "de todas as convenções e elementos banais e habituais, comumente admitidos"[3].

---

[2] O grotesco privilegia o inusitado, a ousadia de aproximar ou mesmo fundir o que a razão não permite. É uma afronta à lógica.

[3] Op. cit., p.30.

O grotesco dispensa os limites da unidade, do indiscutível, da harmonia, da imobilidade fictícia, que Bakhtin chama de "enganosa", que querem assolar o mundo[4].

> Na realidade, a função do grotesco é liberar o homem das formas de necessidade inumana em que se baseiam as ideias dominantes sobre o mundo. O grotesco derruba essa necessidade e descobre seu caráter relativo e limitado. A necessidade apresenta-se num determinado momento como algo sério, incondicional e peremptório. Mas historicamente as ideias de necessidade são sempre relativas e versáteis. O riso e a visão carnavalesca do mundo, que estão na base do grotesco, destroem a seriedade unilateral e as pretensões de significação incondicional e intemporal e liberam a consciência, o pensamento e a imaginação humana, que ficam assim disponíveis para o desenvolvimento de novas possibilidades. Daí que uma certa "carnavalização" da consciência precede e prepara sempre as grandes transformações, mesmo no domínio científico.[5]

Para a nossa concepção de cultura, temos o grotesco não como um dogma, mas como um elemento que poderá servir de baliza para a verificação do rompimento icástico. Toda ideia de cultura passa pela aceitação, sem temor, ou pela própria introjeção do grotesco. É preciso que a cultura muna o olhar do sujeito com alqueires de inquietação, tais que o permitam compreender até que ponto é relativo tudo o que existe, e portanto assumir a possibilidade de uma ordem totalmente diferente das coisas.

No entanto, no caso dos *funks*, utilizados como exemplo, que, em um primeiro momento, teriam condições de serem enquadrados, segundo o elemento *grotesco*, em uma noção abrangente de cultura estimulável, por atacarem o falso recato social e explicitarem taras e fetiches testemunhados somente pelos buracos de fechadura – muitas vezes *criados* pela indústria pornográfica –, tais músicas não podem ser tidas por carnavalescas. Além de não tenderem à comicidade, nada propõem em termos de subversão da visão de mundo, ao contrário, apenas sancionam verdades priápicas preexistentes acerca da virilidade, do papel submisso da mulher, reproduzindo e consagrando a ideia do poder intrínseco

---

[4] Na literatura do século XX, quem melhor trabalhou o grotesco, em uma vertente *realista*, foram autores como Tomas Mann e Bertolt Brecht.

[5] Op. cit., p.43.

atribuído ao falo, isto é, ideias de proeminência do masculino sobre o feminino. Mesmo quando há resposta, o eu lírico feminino das letras somente procura sobressair-se pela tomada de posição sexualmente ativa, jamais subvertendo a ordem dominante.

Não somente estes gêneros, mas mesmo os estilos consagrados pelo gosto intelectual muitas vezes são insípidos e não denotam qualquer inclinação para a transposição do sujeito a certo estado de consciência que o permita transcender-se. Walnice Nogueira Galvão, em trabalho primoroso sobre a chamada "MPB", a música popular brasileira, tece críticas ácidas a compositores consagrados como Edu Lobo, Caetano Veloso, Chico Buarque, Geraldo Vandré e Gilberto Gil. Fazendo uma análise das canções que eram compostas no período imediato pós-golpe militar, denuncia a total ausência, mesmo nas letras ditas "engajadas" de Geraldo Vandré, de propostas para a transformação das estruturas sociais ou mesmo de assunção das responsabilidades pelo estado de coisas, sempre por meio da pregação inerte do tema "o dia em que virá a mudança", quando não por meras infantilidades e incoerências, retirando do sujeito sua condição de agente, deixando-o consolado com o esperar.[6]

Todos os apontamentos precedentes e os que estão por vir encontram justificativa no grande mote – o conceito de *carnavalização*. O Carnaval em si, e sua evolução de sentido e expressão desde a Idade Média até os desdobramentos "fora de época", servem-nos como panorama para o devido alcance de compreensão dos elementos caracterizadores de um estado inter-relacional entre o sujeito e o mundo – elementos esses hoje destacados da forma original com que se operava a eclosão da transcendência. Sequer poderíamos considerar, atualmente, o Carnaval como espetáculo, capaz de fazer o sujeito "tirar o pé do chão". Está mais próximo da "máquina de dissuasão", preconizada por Jean Baudrillard, acionada para regenerar no plano oposto a ficção do mundo real[7]. Compõe o modelo perfeito de um simulacro. É mesmo uma máquina de produção em série de seres lascivos, exuberantes e felizes. É a linha de montagem dos prazeres plenos e da exacerbação.

---

[6] Galvão, W.N. *Saco de gatos: ensaios críticos*. 2 ed. São Paulo, Duas Cidades, 1976.

[7] Baudrillard, J. *Simulacros e simulação*. Maria João da Costa Pereira (trad.). Lisboa, Relógio d'Água, 1991, p.21.

CAPÍTULO V

A EXPERIÊNCIA DE TÁRTU-MOSCOU

Semiótica da cultura

Parecerá um pouco drástico o movimento de passagem do capítulo anterior, repleto de alegorias, o confete despencando de cada período, para este, de uma ascese quase mórbida. Mas são só as feições. Nosso espírito permanece o mesmo e, quiçá, logremos mantê-lo assim até a última linha. De todo modo, saímos de uma porta e entramos em outra, atravessando um corredor bastante estreito, como quem sai de uma fanfarra e ingressa em um arquivo escuro e poeirento – o arquivo de Lotman. A sequência temática garante essa impressão, mas não poderíamos adotar outro caminho, até para que se apresente com coerência a repercussão da obra bakhtiniana nos giros do chamado Círculo Linguístico de Moscou.

O Círculo, criado por estudantes, dentre os quais o então jovem e desconhecido Roman Jakobson, foi transferido para Praga nos anos 1920, quando este estudioso deixou a Rússia. Antes mesmo de terem o merecido reconhecimento na Rússia, por causa principalmente dos acontecimentos históricos revolucionários que, no período, tomaram conta da vida dos russos, os trabalhos deste Círculo e mesmo os de Bakhtin foram divulgados e publicados no Ocidente.

Uma questão merece ser ressaltada, de pronto, porque é perniciosa a ponto de atentar contra o conhecimento da obra dos semioticistas de Tártu, e do próprio

Bakhtin – o vício do reducionismo. O mérito dos estudos é muitas vezes relegado a segundo plano, privilegiando-se a categorização das ideias em um regime de mero culteranismo. É por tais vias que Roman Jakobson e os formalistas russos foram conduzidos à prateleira dos estruturalistas, que Mikhail Bakhtin foi esquartejado e seus pedaços depositados em confusas gavetas, do marxismo ao pós-estruturalismo, que os semioticistas estonianos ora são depositados no balaio dos seguidores de Saussure, ora guardados no armário dos ciberneutas.

Os rótulos fazem parte da tradição acadêmica ocidental, mas nem sempre é tarefa das mais simples enquadrar em correntes de pensamento bem definidas experiências grandiosas como aquelas empreendidas por Bakhtin e pela Escola de Tártu-Moscou. Peeter Torop batizou a Escola de Tártu-Moscou de "a faculdade invisível"[1] e diz que a escola bem que poderia chamar-se "Escola de Tártu, Leningrado e Moscou", dada a aspiração de Petersburgo – Leningrado – ao estudo dos objetos mais complexos da cultura. Embora a semiótica e o conceito de sistema modelizante sejam frequentemente associados à Escola de Tártu-Moscou, quase não havia interesse, por parte dos estudiosos, pela semiótica clássica, apesar de serem muito conhecidas as obras de Saussure a Chomsky e os trabalhos linguísticos do Círculo de Praga, liderado por Jakobson, além da antropologia estrutural de Levi-Strauss[2] – o que reafirma a dificuldade de enquadramento do grupo.

As teorias dos semioticistas da Escola de Tártu-Moscou são praticamente desconhecidas no Brasil, tendo sido inicialmente investigadas por Cidmar Teodoro Pais e depois por Irene Machado – únicos autores que se debruçaram com mais profundidade sobre o tema, fazendo jus ao devido reconhecimento. Essa "faculdade invisível" que remonta à década de 1960, surgiu na Universidade de Tártu, Estônia, em um ambiente de discussão entre pesquisadores de diversas formações que buscavam compreender o papel da linguagem na cultura. Tal papel para os pesquisadores era muito mais relevante do que o originalmente concebido pela antropologia, de maneira geral, para a qual a linguagem era apenas mais um dos aspectos da vida humana. A cultura era entendida pelos semioticistas russos como, ela em si, *texto*.

Iuri Mijáilovich Lotman, crítico literário, dotado de um "talento poliédrico"[3], predicado cunhado por ele próprio – aquela inteligência capaz de estabelecer

---

[1] "A Escola de Tártu como Escola". In: *Escola de Semiótica*, p.92.
[2] Idem, p.75.
[3] *Cultura y explosion*, 1999, p.149.

conexões onde muitos só enxergam compartimentos e encontrar problemas onde o senso comum já fixou verdades – liderou o grupo de estudiosos durante anos, mas sem pretender fazer-se guru ou líder de um séquito submisso, conta Torop[4]. O grupo era bastante heterogêneo quanto à formação de seus componentes, o que possibilitou a inevitável e salutar interdisciplinaridade. Além de Lotman, somente Iuri Levin e Bóris Uspiênski eram estudiosos de teoria literária; Viatcheslav Ivánov, Isaak Revzin e Vladímir Topórov, vinham da linguística; Eleazar Mielietínski e Dmitri Segal, dos estudos folclóricos; dentre outros. Os chamados sistemas de signos que "exprimem o estatuto de texto", primeiros alvos de interesse do grupo, foram o teatro, a religião, o mito, a literatura, o folclore, o cinema e os ritos. Assim, nos moldes típicos da tradição eslava, a Escola de Tártu-Moscou formou-se, nas palavras de Uspiênski, como manifestação genuína de "interciência". À linguística deve-se a inclinação de prevalência do código, do qual, segundo Jakobson, nada escapa. À cibernética deve-se a descoberta dos mecanismos de controle para a eficácia das mensagens. Segundo o modelo cibernético, a comunicação é coordenada fundamental para a compreensão do ordenamento da cultura. De acordo com essa perspectiva, a semiótica seria a ciência dos sistemas de signos transmissores de informação.[5]

Para Iuri M. Lotman, a cultura é a memória não hereditária do corpo social. Esta memória para perpetuar-se ao longo da história precisa ser difundida e, antes, apreendida por meio da linguagem, afinal "é a própria linguagem que modela uma cultura e estabelece uma particular visão de mundo, uma vez que os signos que a compõem não representam uma realidade preexistente, mas criam efetivamente essa realidade"[6]. Um bom exemplo da inexistência dessa realidade predecessora da linguagem, bem como da criação de novas realidades pela linguagem, são palavras como "noite" e "madrugada". Em língua portuguesa, existem essas duas realidades, mas em língua inglesa existe apenas *night*. O mesmo se dá em diversas culturas indígenas, segundo as quais a noite é uma realidade única que acontece quando a luz do sol desaparece e o mundo é acometido de trevas – esta realidade estende-se até o momento em que raia outra realidade: o dia. Câmara Cascudo, em seu monumental *Superstição no Brasil*, corrige-nos a todos, afirmando que "madrugada" é o período que se desdobra das três às quatro horas, antes do sol nascer, e

---

[4] Op. cit., p.70.

[5] Um projeto semiótico para o estudo da cultura. In: *Escola de Semiótica*, p.45-7.

[6] Bizzochi, A. *Anatomia da cultura*. São Paulo, Palas Atena, 2003, p.22.

a chamada "noite" seria um complexo de oito períodos, entre o pôr do sol e a madrugada. O inventário é tão interessante que o deixamos em nota de rodapé.[7]

Essa observação a respeito da memória é absolutamente visceral para os desdobramentos que se seguirão neste trabalho, uma vez que toda compreensão a respeito da ideia de *cultura* aqui delineada encontra seu tabuado na noção de *artifício*. Nada que disser respeito ao ímpeto, aos instintos, à consciência, à identidade psicológica, à condição orgânica do corpo, à etnia, enfim, à *natureza* humana, pode ser alvo do adjetivo "cultural". A cultura pressupõe um sistema de signos que cria comportamentos artificiais, a partir da combinação de diversos códigos. Esta é a função dos códigos – conferir ao mundo uma estrutura cultural. Quando Lotman fala em "inteligência coletiva" ou "memória coletiva", a referência evidente que ele faz é ao fenômeno comunicacional, sem o qual não existiria cultura e muito menos vida em sociedade. Por isso, define cultura como um mecanismo supraindividual de conservação e transmissão de certos "comunicados (textos)" e de elaboração de outros novos. A transformação dos textos de cultura, pelo que se vê, é ponto basilar:

> En este sentido, el espacio de la cultura puede ser definido como un espacio de cierta memoria común, esto es, un espacio dentro de cuyos límites algunos textos comunes pueden conservarse y ser actualizados. La actualización de éstos se realiza dentro de los limites de alguna invariante de sentido que permite decir que en el contexto de la nueva época el texto conserva, con toda la variancia de las interpretaciones, la cualidad de ser idéntico a sí mismo.[8]

---

[7] "Uma hora da madrugada – primeiro canto do galo / Duas horas da madrugada – segundo cantar do galo / Três horas – madrugada / Quatro horas – madrugadinha ou amiudar do galo / Cinco horas – quebrar da barra / Seis horas – sol fora / Sete horas – uma braça de sol / Oito horas – sol alto / Nove horas – hora do almoço / Dez horas – almoço tarde / Onze horas – perto do meio dia / Doze horas – pino ou pingo do meio dia / Treze horas – pender do sol / Quatorze horas – viração da tarde / Quinze horas – tarde cedo / Dezesseis horas – tardinha / Dezessete horas – roda do sol para se pôr / Dezoito horas – pôr-do-sol / Dezenove horas – aos cafuis / Vinte horas – boca da noite / Vinte e uma horas – tarde da noite / Vinte e duas horas – hora de visagem / Vinte e três horas – perto da meia noite / Vinte quatro horas – meia-noite". Cf. *Superstição no Brasil*. Belo Horizonte, Itatiaia, São Paulo, Edusp, 1985, p.98-9.

[8] La memoria a la luz de la culturología. In: *La Semiosfera I – Semiótica de la cultura y del texto*, Desiderio Navarro (trad.). Madrid, Fronesis Cátedra, 1996, p.157.

Esse raciocínio é central no pensamento do grupo e desdobra-se na ideia de *tradução da tradição*, que será sensivelmente cara aos desenlaces de nossa concepção de *cultura estimulável*. De maneira geral, o *texto* de que fala o autor é chamado *texto da cultura*. Para os membros da Escola de Tártu-Moscou, a cultura é texto não porque possa ser reduzida à língua, mas sim porque a sua estruturalidade deriva da modelização a partir de uma língua natural. A *estruturalidade* consiste na própria qualidade de codificação da cultura, sem a qual as mensagens não poderiam ser armazenadas, divulgadas e reconhecidas. Quando o código, enquanto elemento de um sistema modelizante, confere ao mundo uma estrutura cultural, o resultado disso é que um não texto é vertido em texto, isto é, onde não havia realidade codificada, passa a haver.

Segundo Lotman, a manutenção dessa realidade depende da memória comum assegurada, em primeiro lugar, pela presença constante de alguns textos e, em segundo lugar, pela unidade dos códigos, por sua invariabilidade ou, justamente, por seu caráter ininterrupto e regular de transformação. A fala de Lotman é extraordinária para a devida compreensão do sentido de cultura perpetuado pelo direito positivo brasileiro, ao longo das oito Constituições que regeram o Estado, desde o Império até os presentes dias. Como a realidade é criada pela linguagem e aquela depende da memória comum para manter-se, permanecendo o texto, a despeito de toda a variação de interpretações, "idêntico a si mesmo", temos que a presença constante, nos textos constitucionais, de termos como "família", "educação" e "nação" homologados à ideia de cultura terminou por forjar uma noção no *imaginário coletivo* que nega o caráter dinâmico-transformador do fenômeno cultural. Nega, dentre outros fatores, porque, propositalmente, ignora que as relações intersubjetivas de dominação perpassam todas as dimensões da existência humana, e mais, não quer deixar transparecer que essa dominação é ela também, assim como a própria cultura, artificial e, portanto, passível de desarticulação pelo riso carnavalesco. As estruturas de domínio também são asseguradas pela memória comum.

Entender, portanto, a cultura como texto é admitir sua perpetuação por meio dessa "memória comum". O pensamento de Lotman é cíclico na medida em que afirma que sem a memória não há sequer linguagem.[9] Aqui podemos entrever o tom metafórico com que utiliza o termo "memória" como mecanismo

---

[9] La memoria de la cultura. In: *La semiosfera II – Semiótica de la cultura, del texto, de la conducta y del espacio*. Desiderio Navarro (trad.). Madrid, Fronesis Cátedra, 1998, p.155.

de transmissão e conservação. Certamente que não se confunde com uma espécie de memória genética, mas corresponde, isto sim, a práticas reiteradas, geração após geração, herdadas por um agrupamento que sobreviveu a outro e foi cuidado e educado por este outro. A memória comum é o legado essencialmente mimético do convívio humano – observadas, evidentemente, as mutações próprias da variabilidade social decorrentes, dentre outras, da evolução técnica. A memória coletiva não apenas armazena informações como também funciona como um programa gerador de novos textos.

O desvelamento da metáfora permite-nos afirmar que, antes da memória, é a *práxis* que garante a transmissão e conservação da cultura. É a *práxis* que institui a norma consuetudinária. Ainda que não nos lembremos, individualmente, de como nos conduzir nesta ou naquela situação, certamente o corpo social nos lembrará, porque o costume, cada vez que é repetido, reitera a eficácia da norma consuetudinária. Logo, é cíclico o movimento: o costume engendra a norma que reitera o costume. De todo modo, transformar um não texto em informação codificada, ou seja, em texto, é, em linhas gerais, o que permite a introdução da informação na chamada "memória coletiva", considerando-se, claro, que nem tudo o que é codificado tem atributo de perenidade. No costume, por exemplo, determinadas práticas sociais preponderam em relação a outras, a depender do contexto.

A propósito, adotando-se a abordagem da Escola de Tártu-Moscou, fique gravado desde já: a cultura é o único aspecto da existência humana que é texto e contexto simultaneamente. É, conforme Lotman designou, o *texto no texto*.[10] No limite desse raciocínio, Irene Machado situa a síntese sistêmica: "o conceito de cultura como texto, na verdade, deve ser entendido como *texto no texto*. Todo texto da cultura é codificado, no mínimo, por dois sistemas diferentes. Por conseguinte, todo texto da cultura é um sistema modelizante".[11] Essa abordagem sistêmica, em que os signos combinados em uma estrutura hierárquica tecem o texto da cultura, é o núcleo duro da Escola de Tártu-Moscou, o próprio eixo central da disciplina, e não a cultura em si, como se poderia imaginar. Por tal razão, ao longo do presente trabalho, faremos incursões em diversas áreas do conhecimento que possam lançar luzes sobre o objeto *cultura*.

---

[10]   El texto en el texto. In: *La Semiosfera I – Semiótica de la cultura y del texto*, p.102.

[11]   Um projeto semiótico para o estudo da cultura. In: *Escola de Semiótica*, p.39.

Importante destacar que a abordagem sistêmica, defendida pelos semioticistas russos, contrapõe-se ao tratamento, em geral, totalizante dado à cultura por outros setores das ciências humanas. Para eles a noção de totalidade não se sustenta diante da constatação segundo a qual linguagens diferentes codificam suas mensagens de maneiras diferentes, isto é, consideram impossível tratar como constituintes de uma só linguagem toda a variedade de "códigos culturais". Note-se que a expressão "código cultural" é, em si, tautológica. Enfim, para os semioticistas de Tártu-Moscou, a codificação da literatura, do cinema, da mitologia, do folclore, da religião segue processos distintos, portanto são codificações distintas. A noção de totalidade é substituída em Tártu pela ideia de *traço*. Os traços que constituem diferentes sistemas de signos são o objeto da abordagem semiótica.

Essa formulação, o conceito de *traço*, que possui relação inegável com a ideia de *fonema* de Jakobson, não como unidade, mas como feixe capaz de produzir signos, é que permitiu à semiótica da cultura transitar por rumos separados da antropologia e da sociologia. Longe de ficarmos tranquilos com esse trajeto em apartado, deparamo-nos com um problema grave que, se estivéssemos vinculados a esta ou àquela corrente de pensamento, teríamos grande dificuldade em atar os fios de um raciocínio minimamente coerente com o "mundo da vida" a que Bakhtin faz alusão. A leitura das ilações do presente trabalho revelará, espera-se, uma possível solução para o aludido problema, mas vamos adiantar o retrato de um abismo que se nos afigurou iminente.

CAPÍTULO VI

RETRATO DE UM ABISMO QUE SE NOS AFIGUROU IMINENTE

Encontro *versus* choque

O eixo temático deste trabalho é a cultura. Haverá, a essa altura, quem já se tenha armado de régua e lupa para medir minuciosamente quantos milímetros há de jurídico na redação, quantos dedos de semiótica, quantos palmos de sociologia, quantas braças de hermetismo. Pura "bizantinice", como definiriam os árabes. É possível que constatem, não sei se nas referidas proporções, um punhado de cada coisa. E sendo "punhado", exorto os incansáveis perscrutadores a abandonarem a régua e munirem-se de uma balança, porque o que se medirá daqui por diante se afere somente em quilos. Tragam também sacos de estopa, os quais poderão ser preenchidos com pencas de inquietação e perplexidade, a matéria-prima com que se urdirá toda a trama a seguir.

O momento não é menos que auspicioso para acercarmo-nos da grande cratera. O esboço das obras bakhtiniana e lotmaniana, aqui delineado como as garatujas de um muro, já foi exposto naqueles contornos que nos interessam mais de perto, e, partindo deles, entrevemos a condição de um conceito de cultura acuado sob dois prismas aparentemente opostos – encontro e choque. A cultura só existe porque *o outro* existe. Este caráter inextrincável de *pluralidade subjetiva* será largamente abordado nos capítulos subsequentes e, por isso mesmo, atribuímo-nos, para este momento, a função de apenas pincelar o referido problema da disparidade entre os prismas. Veremos adiante que o problema não está só no prisma, mas também no próprio objeto sob análise, o que faz com que a ideia de oposição entre os prismas não ultrapasse o campo das aparências.

A semiótica da cultura não concebe dar tratamento unificado a sistemas de signos que considera autônomos, em termos de codificação: literatura, religião, mito, teatro, cinema, costumes, gestos, folclore. A cultura seria a combinação desses sistemas de signos, o que confere à semiótica da cultura um caráter *sistêmico*, como já afirmado. Importante salientar, no entanto, que a codificação de cada um dos sistemas elencados não acontece independentemente de sua relação com os demais, o que revela outro atributo básico de todo sistema cultural: a *abertura inerente*. Plural e aberto – eis os dois predicados comuns a quaisquer agrupamentos humanos e, com menor extensão, a seus nichos. Obviamente, aqui nos referimos à cultura em seu sentido antropológico. Irene Machado, esmiuçando Lotman, conclui que a compreensão deste atributo, a abertura, permite identificar cada sistema no âmbito de uma *tradição*, bem como os mecanismos de intervenção uns nos outros, o que possibilita uma "experiência dialógica", o "encontro" entre culturas.[1] Este é um dos aspectos determinantes da semiótica da cultura, conhecido com *tradução da tradição*.

Partindo do mesmo ângulo de análise do mesmo objeto, a ideia de "encontro", verificável tanto em Bakhtin, quanto nos bancos da Escola de Tártu-Moscou, sem dúvida entra em oposição frontal com a visão de "choque", predominante nas ciências sociais. Isso, levando-se em conta tanto a disposição frente a frente de dois agrupamentos distintos, quanto de dois nichos de um mesmo agrupamento. Indiscutível que o simples fato de toda cultura constituir uma unidade aberta revela que é inerente o seu impulso para a interação, para agir sempre em relação à outra cultura, afinal, viver é agir em relação ao outro. Disso decorre o caráter *temporário* de toda cultura, isto é, por ser aberta, ela estaria em constante morte e renascimento; mas, devido à dinâmica de poder, esse caráter costuma ser mitigado, dando-se a impressão de imutabilidade do estado de coisas.

No encontro dialógico, diz Bakhtin, duas culturas não se fundem nem se mesclam, ambas se "enriquecem mutuamente", na medida em que cada uma delas conserva sua "unidade" e sua "totalidade aberta".[2] Esta visão encerra um

---

[1] Op. cit., p.28.
[2] *Estética da criação verbal*. São Paulo, Martins Fontes, 2003, p.352.

problema substancial e está trepada nas ancas de outro – a noção de *extraposição*. Segundo esse conceito, que para Bakhtin representa o "instrumento mais poderoso da compreensão", uma cultura somente se constituiria a partir do olhar do outro. Isso significa que um sentido tangenciado e percebido por outro é o que permite a superação de qualquer ordem fechada e unilateral, de qualquer cultura, sendo o que precipuamente caracteriza o *diálogo*. Não opomos uma vírgula sequer a tal raciocínio, mesmo porque um homem assolado por indagações formuladas por outro homem muitas vezes descobre aspectos de si mesmo com os quais não havia ainda se deparado. O mesmo ocorre com diferentes culturas.

No entanto, esse olhar do outro não deve ser incensado. Os olhares dos outros são apenas outros olhares. O "enriquecimento mútuo" dependerá do tipo de "encontro" que pode, na verdade, revelar-se abalroamento mútuo ou pungimento e aniquilação do outro, como no caso relatado por Gerardo Mello Mourão. Citando o texto da *Crônica mexicana*, obra escrita por Hernando de Alvarado Tezozómoc, publicada em 1609, no idioma *náhuatl*, o autor nos conta o caso dramático dos povos acuados pelo invasor espanhol. Durante as guerras de conquista do território mexicano, os invasores intimaram os chefes nativos a abandonarem suas crenças e sua história, explicando-lhes que seriam "mentirosas". Tudo para que se convertessem à fé cristã. O discurso dos sacerdotes, diante da "revelação" de que era falso tudo aquilo em que se fundava a existência de seu povo, anuncia o fim trágico – o suicídio coletivo. Mataram-se todos porque, conforme eles mesmos concluíram, uma vez que seus pais e os pais de seus pais e eles próprios eram mentirosos e que seus deuses, sua fé e seu saber não existiam, não havia mais razão para eles continuarem existindo.[3] A dominação aqui atinge seu fastígio: a destruição do outro antecedida pela destruição da cultura do outro. Na base de tudo isso, o olhar alienígena.

---

[3] *A invenção do saber*. Belo Horizonte, Itatiaia, 1990, p.34-5.

CAPÍTULO VII

ENTRE *EPISTEME* E *DIVERBIUM*

Ciência e método

A ciência, assim como a técnica, não pode ser considerada atividade sobre a qual o homem é capaz de operar o rompimento icástico. Não há ícones científicos a serem quebrados. Ciência é observação e descrição de fenômenos segundo um método de sistematização. Busca certezas e prega o rigor para atingi-las. A ciência não promete a ninguém nova possibilidade de existência, não transporta o espírito para paragens nenhumas. Ciência quer ser chão firme, quer ser a terra avistada pelo náufrago. Quanto mais ela gira em busca da Verdade, mais sólido afirma-se o ventre do mundo, sobre o qual se firmam os pés do sujeito cognoscente, que é, antes de tudo, aquele que aceita o conhecimento acerca do objeto examinado, segundo um específico modo de atenção devotada.

Não é correto afirmar que, no campo da física, Newton seria iconoclasta em relação a Aristóteles, nem que Einstein teria sido iconoclasta em relação àquele. São três físicas distintas. As ideias dos três, cada qual com a sua cosmovisão, orbitam em torno da Grande Verdade inacessível a qualquer ser humano. O que eles propuseram possui princípios, premissas e conceitos diversos, bem como resultam de experimentações diversas, sem mencionar as tecnologias de que dispuseram, cada um atado a seu específico contexto histórico, moral e social. Assim, dá-se toda aproximação que qualquer homem pretenda em relação a um objeto. Nenhuma forma de indagação gnoseológica é melhor ou mais evoluída do que a de três séculos atrás – são apenas maneiras contextualmente diferentes de aproximação, e mesmo criação, do problema a ser examinado.

Não há *rompimento icástico* na ciência; há, quando muito, *ímpeto iconoclasta* do cientista e, de resto, uma ou outra *ruptura epistemológica*[1]. Esta compreensão é essencial no desenvolvimento deste livro, sem a qual, poder-se-ia considerar que a própria produção de trabalhos científicos seria passível de fomentar-se através de incentivos concernentes à cultura. Não. Além da questão própria da transposição de espírito, a ruptura epistemológica diferencia-se do rompimento icástico pelo fato de que aquela nem sempre representará descontinuidade. A elaboração de novas teorias ou adoção de novos métodos dá-se, e isso ocorre com frequência, por diversas continuidades, quando o novo é suscitado pelo antigo e aquele congrega parte deste. É o caso do construtivismo-lógico semântico que reformula, a partir de instrumentos próprios da lógica, da linguística e da filosofia da linguagem, a teoria kelseniana. Esta, sim, representa uma descontinuidade em relação ao sociologismo eclético, no qual jazia o estudo jurídico, em período imediatamente anterior. De acordo com a divisão de Granger[2], podemos classificar o rompimento de Kelsen como uma descontinuidade externa, tendo em conta o hiato substancial entre o modo de indagação gnoseológica anterior ao desenvolvimento da *Teoria Pura do Direito* e o momento posterior, pela amplitude proposicional do método, depuração do objeto e sistematização dos conceitos.

A propósito, a preocupação kelseniana com a "pureza" do direito é uma assombração que atormenta os juristas desde 1934, quando da primeira edição da autoproclamada *Teoria Pura do Direito*. As reações a essa teoria foram muitas, tanto de aceitação quanto de repúdio. O velho Luís da Câmara Cascudo, em 1962, exilado, por opção, em sua cidade de origem, Natal, finca o pé, apesar das conhecidas admoestações: "Todo problema insolúvel no plano do direito decorre de sua apresentação como uma fórmula rígida do mecanismo algébrico, antietnográfico".[3]

---

[1] Expressão cunhada por Gaston Bachelard para explicar a descontinuidade do conhecimento científico. Cf. Marilena Chauí. *Convite à filosofia*. São Paulo, Ática, 2009, p.223.

[2] O autor ainda propõe a "descontinuidade interna", que se dá quando é mantida a mesma visão antiga, sucedendo-se formas diversas de abordagem teórica.

[3] "É preciso recordar que o aleijado, o velho inútil, o doente incurável, vivos no paleolítico, atravessaram os tempos até a contemporaneidade. Qual seria o interesse coletivo pela sua

Para Cascudo, o direito nada mais é do que uma "fórmula moral aplicada". Mas na década de 1960, este raciocínio já era considerado perturbadoramente retrógrado e, como gostam de alardear os cientistas, "insustentável". O *positivismo jurídico* já vinha de um longo reinado, negando qualquer fator de moralidade, seja no direito positivo, seja na ciência do direito.[4] Após o empreendimento da "amoralização" do direito, levada a efeito primeiro por Rudolf Von Ihering, com sua proposta teleológica, segundo a qual acima da letra crua da lei estão os seus próprios fins e estes seriam o objeto de estudo da ciência jurídica, apareceram no cenário do pensamento ocidental outras tentativas de apartamento entre direito e moral, como a do inglês John Austin que parte da concepção utilitarista anglo-saxônica. No entanto, foi a teoria de Hans Kelsen que arrebatou o pensamento jurídico dogmático ocidental desde seu surgimento e, por conta da clara influência kantiana, bem como da retomada de ideias da *Analytical Jurisprudece* de John Austin, que o antecedeu em mais de um século, pode-se considerar que Kelsen efetuou uma ruptura epistemológica no campo do direito, em regime de descontinuidade externa. O próprio Kelsen, queixando-se do "azedume dos adversários" da sua obra maior, admite que suas especulações não são assim, digamos, tão originais: "Na verdade, a teoria combatida não é de forma alguma algo assim de tão completamente novo e em contradição com tudo o que até aqui surgiu".[5]

A teoria de Kelsen, visando solapar de vez o direito natural enquanto pedra angular moral do direito, parte para um processo de "amoralização" de natureza lógico-técnica. Esta empresa, a mais ambiciosa da escola positivista, possibilitou aos estudos jurídicos o alcance de um cume: transformar o direito positivo, seu objeto, em um conjunto de "fórmulas", tais quais aquelas aludidas por Cascudo, praticamente algébricas. Esta intentada pode encontrar berço na própria gênese do conceito de *positivação*, germinado no século XIX. O primeiro teórico a tentar transpor para o campo das ciências humanas o mesmo rigor analítico das ciências exatas, preconizando a exatidão de raciocínio, foi Auguste Comte[6]. Quem nos dá conta do contexto em que despontou o conceito de *positivação*, seguindo a trilha de Foucault, é Tércio Sampaio Ferraz Jr., ao afirmar que, naquele século, o homem

---

conservação, manutenção, defesa? Graças à Moral, o domínio do mais forte não eliminou a perpetuidade do mais fraco". *Cultura e Civilização*, p.693.

4   Leonardo Van Acker. *Curso de filosofia do direito – Revista da PUC*. v. 35, 1968, p.415.

5   Prefácio à 1ª edição, p.XII.

6   Foi ele quem cunhou o então neologismo "sociologia", para designar o estudo dos fatos sociais.

assumiu as rédeas do que considerava *conhecimento* e concretizou a necessidade circunstancial de arrebatá-lo a partir de si próprio:

> Como nota Foucault, o homem se torna, nesta época, aquele ser a partir do qual todo conhecimento pode ser constituído em sua evidência imediata e não problematizada. O mundo circundante surge como o lugar da experiência humana, aparecendo o próprio ser do homem como transformador das estruturas do mundo, e o mundo como uma estrutura planificada que inclui o próprio homem.[7]

A partir daí, a positivação do direito é decantada pela crescente importância que assume a lei, com implicações notórias, como não poderia deixar de ser, nos rumos das sociedades ocidentais e, por conseguinte, de toda a humanidade. O direito, e mais propriamente a Constituição, perde a sua aura substancial, pós-revolução burguesa, segundo a qual toda ordem jurídica prestar-se-ia ao controle do poder estatal,[8] e é transformado naquele instrumento planificador da realidade, em seus mínimos aspectos.

Deste primeiro impulso, nasce, prospera e passa a imperar a concepção meramente formal, primeiro da Constituição, depois de todo o direito positivo. Simultaneamente, diz Tércio,[9] despontam em sua plenitude as condições para a abordagem da questão quanto ao que fazer com o *conteúdo* das normas jurídicas. Haveria situações não juridicizáveis? Das correias dessa esteira, chega-nos aos braços o problema da concepção normativa da ciência jurídica. Justamente por essa busca de exatidão de raciocínio, as ações humanas e os valores foram devidamente erradicados do rol de cuidados da ciência jurídica, por serem tidos como "imprevisíveis" e "complexos", o que, de fato, são. Desse desbaste, nada poderia restar sobre a palheta do microscópio do cientista do direito senão só, e unicamente, o texto normativo, de onde se extrairia ou a partir do qual se construiria a norma.

Sequer as concepções de justiça poderiam estorvar o exercício exegético ao qual se deve submeter a norma. Importante ressaltar, no entanto, que Kelsen não contesta o argumento segundo o qual a norma deve ser moralmente justa – o que

---

[7] *Função social da dogmática jurídica*. São Paulo, Max Limonad, 1998, p.69.

[8] As exigências formuladas na "Declaração dos Direitos do Homem e do Cidadão", de 1789, expressavam, sobretudo, o repúdio à sociedade hierárquica de privilégios dos nobres, sem, com isso, deixar de prever distinções sociais, ainda que "somente no terreno da utilidade comum", uma vez que tinha a propriedade privada no centro sagrado de suas atenções.

[9] Op. cit., p.71.

ele afirma é que esta "justiça" não é objeto da ciência jurídica, justamente porque não pode ser identificada com o direito[10]. À Ciência do direito caberia, tão--somente, a descrição de normas. Quanto à moral, esta residiria no campo dos valores, e o único valor cognoscível pela Ciência do direito seria o "valor legal", a validade, que consistiria no vínculo harmônico de uma norma com outra de superior hierarquia. Desse modo, a validade de uma norma seria sempre justificada pelas normas hierarquicamente superiores, até atingir-se o topo do ordenamento jurídico, a Constituição, que, por sua vez, teria seu fundamento de validade na *grundnorm*, uma norma lógica, pressuposta, transcendental – a norma hipotética fundamental. A norma fundamental de Kelsen é exemplo bem acabado de mitopoese. Paira intrépida na cosmogonia da ciência moderna.

Desde que esta ursa passou a habitar o firmamento, toda a atenção do jurista, em alguns ramos mais em outros menos, está voltada para o enunciado normativo, que deverá ser esquadrinhado tendo em vista dois aspectos: a precisão semântica de seus conceitos e o encadeamento lógico das proposições. Uma vez reduzido à forma, os positivistas espalharam suas barricadas para "proteger" o direito, ou melhor, sua concepção de direito, e difundir estratégias metodológicas: nenhum conteúdo de envergadura econômica, política, religiosa, histórica, psicológica ou qualquer outro, poderia imergir seus tentáculos no, agora e só agora, grosso caldo da ciência jurídica.

Segundo a concepção positivista, cabe à ciência jurídica tão-somente dizer o que o direito *é* e não o que *deve ser*. A utilização deste dualismo neokantiano, "ser" *versus* "dever ser"[11], foi fundamental para que Kelsen desenvolvesse sua teoria. Não obstante os numerosos e apaixonados ataques à *Teoria Pura*, aos quais Kelsen atribuiu, em parte, a pecha de "más interpretações", quando não más intenções, "já a raiar pelo ódio"[12], nas exatas palavras do autor, temos que, em linhas gerais,

---

[10] *O problema da Justiça*. 2.ed. São Paulo, Martins Fontes, 1996, p.67.

[11] São duas categorias transcendentais, independentes entre si, base de distinção a partir da qual o "dever ser" firma-se enquanto manifestação da normatividade do direito, objeto da ciência jurídica que, por seu caráter *normativo*, estuda normas, estas sim, por sua vez, titereteiras da conduta humana, enunciam como *deve ser*, e não como *foi, é* ou *será* – esfera da *imputabilidade* (mundo das normas). Em sentido oposto, a categoria do *ser* diz respeito à natureza que enuncia que os objetos naturais se comportam de modo determinado – esfera da *causalidade* (mundo físico). Partindo de formulações aristotélicas, tem-se que certa norma é jurídica porque se encontra expressa em uma proposição de "dever ser" – *gênero próximo*, e está ancorada em uma previsão de "sanção coativa" – *diferença específica*, em relação às demais normas da ordem social, como as normas éticas e morais.

[12] Op. cit., p.XII.

somente a partir do pensamento kelseniano, passou-se a vislumbrar o estudo do direito como uma ciência autônoma, apartada de quantas áreas se lhe impuseram historicamente. Esse é um mérito bastante relevante e precisa ser reconhecido.

Categoricamente, Paulo de Barros Carvalho assevera:

> No domínio das chamadas "Ciências Sociais", a postura axiológica do ser cognoscente é pressuposta, já que, sem valor, que é o sentido específico do homem e da sua liberdade, ele mesmo não existe como tal e não há como falar em cultura. Há cabimento de enunciados de outras ciências na linguagem da dogmática, desde que não interfiram naquilo que conhecemos por "modelo do raciocínio da Ciência do direito em sentido estrito". [13]

Percebe-se que o que importa, no pensamento do autor, é que o "modelo" de análise do Direito positivo não seja molestado por "orações estranhas"[14]. O construtivismo lógico-semântico, empreendido por Lourival Vilanova e aprimorado ao longo de anos por Paulo de Barros Carvalho, teria como lema uma preocupação salientada por este autor: "escrever bem e pensando"[15]. Este mote teria introduzido, no campo epistemológico do Direito, "mudanças ideológicas"[16] relevantes.

Na ponta avessa ao pensamento positivista, encontramos autores como Pontes de Miranda, munido de outras premissas, outras concepções, enfim, outras propostas a respeito do estudo do direito. Em seus arroubos viscerais, Pontes de Miranda delimita o conceito de Ciência do direito:

> É a sistematização dos conhecimentos positivos das relações sociais, como função do desenvolvimento geral das investigações científicas em todos os ramos do saber. Na porta das escolas de direito devia estar escrito: *aqui não entrará quem não for sociólogo.*[17]

O ecletismo sociológico-enciclopédico de Pontes de Miranda é firmado ao atribuir ao método da ciência jurídica um caráter *indutivo*. No instante em que o pensamento ponteano assume que o estudo do direito deverá estar sempre em

---

[13] *Método*, p.158.
[14] Idem.
[15] Ibidem, p.159.
[16] Idem.
[17] *Introdução à política científica e os fundamentos da ciência positiva do direito*. Rio de Janeiro, Forense, 1983, p.19-20.

consonância com outras áreas do conhecimento, especialmente as outras áreas das ciências sociais, não se faz outra coisa senão refutar a ideia de que este seria um modo "impuro" de aproximar-se do objeto ou um modo despido de sistematização. Entre as duas aludidas formas de aproximar-se, ver e recolher o objeto de investigação, a diferença mais acentuada, e determinante, é que uma delas desloca o olhar para um ponto mais panorâmico, partindo a lupa deste mirante, ao invés de aproximá-la da norma sem observar-lhe o entorno ou relegando-o a plano secundário. Para Pontes: "O que se há mister é ater-se aos fatos, ao que é concreto, e raciocinar, objetivamente, a induzir, segundo rigoroso método científico"[18].

Não há quem não preconize o método, assim como não há quem não lhe reconheça a importância. Este pendão é o principal ponto de harmonia entre pensadores do talante de Pontes de Miranda e Lourival Vilanova. O emprego do método é determinante para atingir-se esta ou aquela convicção. No entanto, jamais podemos tomá-lo como um fim em si mesmo, uma Meca na direção da qual devemos nos prostrar diariamente – esta é a maior quizila entre a ciência e a filosofia contemporânea. O método deve estar a serviço da ciência, nunca o contrário.[19] A filosofia acusa a ciência de estar de joelhos, de ter sido subjugada aos métodos que professa, em prol de interesses alheios ao objeto cognoscível. A ciência sai em defesa própria, subindo sempre em altura, hasteando solenemente a bandeira do rigor, o que leva ainda mais ao aprofundamento da distância entre os dois mundos de que fala Bakhtin.

Nenhuma ciência que pretenda estudar qualquer aspecto da existência humana, especialmente aqueles que implicam a vida em sociedade, pode ser tomada como um camarote estanque, conduzido por um método que a pretenda encerrar em uma redoma autossuficiente. Todo método faz reverência a uma mundividência, às exigências próprias de seu tempo. Mesmo Kelsen, ao insurgir-se contra o sociologismo eclético e contra a própria historicidade na análise do direito positivo,

---

[18] Ibidem, p.220.

[19] Fora do plano jurídico, esta era uma grande preocupação dos semioticistas russos. Lotman afirma que havia um grande esforço para que a ciência não suplantasse as individualidades dos autores, isto porque, sendo também cultura, a objetividade pura pretendida pela ciência é inalcançável. Disso decorre, para um observador preso a dogmas de método, ao tomar contato com os trabalhos de Tártu, uma sensação de hermetismo ou simplesmente caos. A heterogeneidade terminológica dos conceitos semióticos de Tártu é o sinal da proeminência em que se situava a subjetividade. Não há jargões em Tártu. Cada estudioso, em cada período de existência da Escola utiliza e reformula os conceitos. A metodologia é disposta em um plano tal que não tolha a liberdade dos autores.

efetuou suas depurações em face de um contexto sociocultural – o que o moveu foi a História – e, nesse sentido, seu pensamento é tão subserviente a interesses extrínsecos ao objeto "direito" como todo aquele que o precedeu.

De todo modo, o mérito de Kelsen está reconhecido, bem como a utilidade dos giros de sua teoria rumo a uma análise "menos poluída" do direito positivo. Como o próprio positivista reconhece, as reações providas de "elevada carga afetiva" à sua obra devem-se menos à novidade da doutrina e mais às consequências por ela suscitadas. Ele é enfático em expressar sua leitura em relação aos dissabores ocultos colhidos por sua teoria. Assegura que, acima de qualquer desconfiança, como as aparências sugeriam, a respeito da pujança de seus postulados teóricos, todo o rancor devotado à *Teoria Pura* decorreria da separação por ela empreendida entre ciência do direito e política.[20] É esta também a busca empreendida neste trabalho. Deixar do lado de fora, se bem que com a porta entreaberta, os debates acerca de política cultural. Pretendemos e propomos a desvinculação entre a questão política da cultura e seu exame sob o enfoque jurídico, leia-se, normativo constitucional. Os sucessivos modelos de ação política, desde a Era Vargas até os recentes requebros do Ministro Juca Ferreira, sucessor de Gilberto Gil e antecessor de Ana de Holanda, terão sua relevância, neste estudo, apenas sob o aspecto panorâmico de conhecimento do terreno. Todavia, nosso objeto precípuo é a norma jurídica constitucional que preconiza o acesso, o fomento e a proteção ao bem jurídico chamado "cultura".

O escrutínio do objeto, dada sua complexidade, será realizado em duas dimensões minimamente apartadas, já que a norma jurídica, objeto da ciência do direito, compõe também a *semiosfera*, sendo também cultural. Temos, portanto, um único estudo com um só objeto – a *cultura estimulável* por meio de incentivo fiscal –, cuja complexidade exige uma abordagem sensorial em volteios intercalares. A cultura, que não é descrita pelo direito positivo, mas apenas prescrita, encontra seu bojo cognoscitivo em paragens diversas, desde a antropologia, passando pela história, psicologia, etnografia, sociologia, filosofia, estética etc. Todas lançarão seus respingos, neste trabalho, sobre os dois

---

[20] O motivo subjacente, dito "oculto" pelo autor, para tamanha reação acadêmica, seria essa desvinculação que, evidentemente, afetava diversos interesses, inclusive aqueles pertinentes à "posição profissional do jurista" – a adoção de tal teoria representaria para muitos a "renúncia a uma posição de destaque".

pilares que sustentam nossas convicções: a arquitetura linguística bakhtiniana e a semiótica da Escola de Tártu-Moscou.

O modelo teórico que seguimos, enquanto esquema referencial aproximativo composto de enunciados concatenados, é analítico na medida em que pretende sistematizar o modo de dissecação do objeto, bem como hermenêutico já que se constrói como atividade compreensiva de sentidos. O entremeio entre uma e outra forma de aproximação do objeto de estudo, as normas atinentes ao regime jurídico de incentivos fiscais à cultura, é evidente. Já a aproximação quanto ao flanco não jurídico do objeto, a cultura, dá-se de maneira específica, pela adoção dos aludidos pilares. Percebe-se, por fim que a função heurística da Dogmática Jurídica aqui apresentada cumpre seu papel a partir de dois flancos, o normativo e o extranor-mativo. Em outras palavras, toda incursão no campo da definição de cultura, seja a partir de qual falange for, serve ao interesse precípuo de esmiuçar o significado do vocábulo cultura nos textos jurídico-normativos do ordenamento nacional.

CAPÍTULO VIII

O URINOL DE DUCHAMP

A fonte das fontes do direito positivo tributário

A enunciação é desde o princípio. Obviamente que, neste exercício de retrocesso para verificar se a fonte é esta ou aquela mais atrás, uma perfeita *analepsis* externa porque retroage a instante anterior ao próprio surgimento do texto normativo, acabaremos sendo impingidos a deslocarmo-nos no tempo, mais e mais, resvalando no fluxo fugidio da historicidade. Mas, se o que a ciência pretende é a Verdade, então não há outra maneira de estabelecê-la senão indo à cata dela, esteja onde estiver. Forjemos a máquina do tempo ainda não inventada. Cada um deverá alçar, a seu critério, fôlego e finalidade, os degraus deste monumento insondável: o tempo.

Gregório Robles, em seu *O direito como texto*, compara o texto jurídico ao texto teatral como se um fizesse as vezes de antípoda do outro. Diz que o texto teatral, ao contrário do texto jurídico, *expõe* a ação. Ao texto jurídico caberia *pôr* a ação:

Pôr a ação significa que não existe para o direito ação que não tenha sido previamente determinada pela norma. Pois, no caso do direito consuetudinário, a ação é anterior à norma e só depois se transforma em norma, mas é necessário destacar o fato de que a ação só se converte em norma através de algum mecanismo normativo já existente.[1]

---

[1] *O direito como texto: quatro estudos de teoria comunicacional do direito.* Roberto Barbosa Alves (trad.). Barueri, SP, Manole, 2005, p.43.

É preciso, brevemente, destacar no pensamento do grande autor da *Teoria Comunicacional do Direito* um erro e um acerto. Evidentemente que o erro não desabona um conjunto tão consistente de acertos, que é sua Teoria, e, ao contrário, apenas a cobre do encanto próprio das imperfeições.

Conquanto seja ínfima a ressalva, é necessário que se diga: dentre todas as artes, o direito não se aproxima em similitude de qualquer outra como do teatro. O teatro é uma arena de manifestação de conflitos humanos ou, se pensarmos no teatro experimental de Bertolt Brecht, o saibro da total ausência de ação dramática. Assim também é o direito. Ambos são prescrição para que o sujeito da ação realize ou deixe de realizar algo. Mesmo em Sófocles e Eurípedes, os quais confinavam a *exposição* a um tipo que declamava a ação e, ao mesmo tempo, a interpretava, o texto teatral também *põe* a ação. O acerto de Robles é verificado no segundo período, quando, dentre outra leituras, o autor afirma, com palavras diversas, que a conversão do evento em fato somente é possível porque aquele evento está previsto no antecedente normativo de alguma norma jurídica preexistente. Essa leitura, cara à teoria de Paulo de Barros Carvalho é acentuadamente relevante para o estudo das fontes.

Esta sucinta abordagem é, antes de tudo, uma lembrança, dessas que se fazem imprescindíveis ao debruçarmo-nos sobre um tema. O direito existe no tempo e este é inexorável em relação àquele como a morte o é em relação à vida, conforme explicava Hamlet, em agonia, a Horácio[2]. A existência do direito positivo encontra-se enclausurada em um determinado lapso temporal, o período de vigência, que compreende o instante a partir do qual a norma *nasce* para o ordenamento jurídico, isto é, o momento em que é inserida no sistema fazendo-se direito posto, até o instante de sua *morte*, sua revogação, por exemplo. As fontes engendram aquele momento lá atrás, o nascimento. Por isto, Paulo de Barros Carvalho leciona que o conceito de fonte "beira os limites do sistema jurídico"[3]. Para o autor a compreensão das "fontes" passa pela concepção de "focos ejetores de regras jurídicas, isto é, os órgãos habilitados pelo sistema para produzirem normas, em uma organização escalonada, bem como a própria atividade desenvolvida por essas entidades, tendo em vista a criação de normas"[4]. Desse raciocínio, tem-se que toda norma jurídica precisa de outra

---

[2] William Shakespeare. *Hamlet*. Millôr Fernandes (trad.). Porto Alegre, L&PM, 1997, p.138.
[3] *Direito Tributário, Linguagem e Método*, p.392.
[4] Idem.

norma, válida e vigente no ordenamento, para que seja introduzida – esta faz as vezes de *veículo introdutor* daquela – e este procedimento dá-se sob a égide das normas de competência.

Visualiza-se, prontamente, a sistematicidade delineada pelo autor: o direito posto é integrado pelos veículos introdutores e normas introduzidas, ao passo que suas fontes consistem tanto nos órgãos que *põem* a ação legiferante quanto na própria atividade, ou seja, aquele conjunto de eventos juridicizados pelo próprio ordenamento, isto é, abrigados no suposto normativo de algum mandamento válido e vigente.[5] Esses órgãos habilitados e essa atividade de produção de normas jurídicas equivalem à *Fonte* de Duchamp que recebe a torrente e a emana, ao mesmo tempo. Os tais "focos ejetores" são também alvo de normas e, mais, alvo da conduta de agentes alheios à produção legislativa. É o incansável retorno de que falamos, a tentativa de regresso à enunciação primeira. Eles, os focos, são credenciados para ejetar, como produto final de sua atividade, normas jurídicas na grande cisterna do ordenamento, mas também são banhados, a todo tempo, pela catadupa que despenca das demandas sociais. Todas as pressões e influências que os órgãos legiferantes sofrem no momento de produção e, finalmente, enunciação de uma norma compõem o conjunto de *fontes da fonte do direito positivo*. Evidentemente que o ato de vontade dos legisladores é o que leva a efeito a produção da norma, mas não somos capazes de negar que atrás desses bois há uma carroça – e não é qualquer carroça, é aquela descrita no preâmbulo da Constituição Federal como "representada", o povo.

Esse apontamento é de extrema relevância para o estudo dos incentivos fiscais. Conforme será visto adiante, e com mais vagar, todo programa de incentivo fiscal integra uma política. E, antes de pender dos instrumentos normativos, essa política foi suficientemente influenciada pelo impacto de diversos agentes. Antes do ato de vontade do legislador, verificam-se outras vontades, ora sorrateiras ora não, que dirigem a intenção e a atenção legiferante. Esta realidade é facilmente verificável em todo empreendimento que envolva a concessão de incentivo fiscal. Por trás do desenvolvimento de regiões carentes do país, flagra-se o olhar de soslaio da indústria, do poderio econômico, estendendo mãos e braços por sesmarias inóspitas e de fácil controle, onde podem

---

[5] As definições de "fato", "evento", "veiculo introdutor" e "norma introduzida" podem ser conferidas com vagar na obra de Paulo de Barros Carvalho, as quais adotamos sem ressalvas.

depositar seus planos hegemônicos. Em matéria de incentivo fiscal à cultura, para além do interesse na supressão da carga tributária, há muitos outros intuitos nas garatujas das planilhas empresariais.

Em suma, tem-se que todo o problema de decidibilidade a respeito da questão das fontes reside na consciência de que o direito é algo construído e não somente dado.[6] Aludindo à lição de Savigny, que no início do século XIX abordou a questão das fontes tentando distinguir a lei, enquanto ato do Estado, de seu "espírito", que repousaria nas "convicções comuns de um povo", Tércio elabora um raciocínio segundo o qual o foco ejetor dos atos formais de concretização ou realização do direito distinguir-se-ia do "espírito do povo", qual seja o centro emanador de pressões e influências durante o processo de positivação. Para Tércio, este centro é propriamente a fonte do direito e faz do Estado seu instrumento de realização. Temos em nós que toda a celeuma em torno das fontes beira o ilusório, já que, por vezes, parecem os doutrinadores dispostos a não enxergar que, de acordo com a acepção que se tenha de "direito", o mesmo estudioso poderá, ele próprio, destilar diversos entendimentos sobre quais seriam suas fontes. Seguindo as bases aqui lançadas, pelas quais se compreende "direito" como sendo o *direito positivo*, e este como o conjunto de normas válidas em um dado país, aquiescemos com o entendimento de Paulo de Barros Carvalho, mas também nos é dado pontuar, como o fizemos, a fonte das fontes, não o tal "espírito", que nos soa etéreo e estéril demais. A fonte das fontes do direito positivo equivale aos nós que formam a teia de dramaticidade social.

---

[6] Ferraz Jr., T.S. Op. cit., p.131.

CAPÍTULO IX

A MERENCÓRIA LUZ DO ESTADO

Estado, mercado e cultura

Guardemos, bem guardadas, as inferências dos capítulos anteriores, porque nos serão extremamente úteis para a compreensão de arremates vindouros. Por ora, sem grandes sutilezas, mas ainda com os dizeres de Pina retumbando na moleira, ergamos uma perna e, em um frenético *développé*, lancemo-nos em outras direções. A primeira delas é o estudo das relações entre cultura e Estado, de certo modo antecipado quando nos referimos ao *do-in antropológico*. Mas, antes, abramos um parêntese para salientar o traço basal de composição aqui empregado: o título deste capítulo é de autoria de Carlos Alberto Dória, grande pensador contemporâneo. É tão espinhoso que o utilizamos aqui para compor, com equivalente tensão dramática, o painel dos demais títulos. Atribuo-lhe, portanto, o mérito e, ao mesmo tempo, anuncio o empréstimo, o que, por si, não deixa de ser uma forma de prestigiar meu autor referencial. Se se considerar dispensável essa ressalva, será somente isso – dispensável –, porque mal não fará. Fica sempre bem, como de regra, uma confidência oportuna.

Agora, sim. Absolvidos por nossa própria espontaneidade, dê-se a Haskel a palavra para que nos conte como era, na Itália renascentista, o caminho comum à ascensão de um jovem artista:

Em primeiro lugar, o jovem pintor tinha de achar um lugar onde morar, talvez num mosteiro, através de um cardeal que no passado fora legado papal em sua cidade natal. Por intermédio desse benfeitor, o artista conhecia algum influente prelado bolonhês que lhe encomendava um retábulo para a igreja de que era titular e encarregava-o da decoração de seu palácio familial – no qual, a partir daí, o artista se instalava. Desses dois dignitários, o primeiro assegurava ao artista um certo reconhecimento público, ao passo que o segundo apresentava-o a outros mecenas potenciais, dentro do círculo de amizades do cardeal. Essa era de longe a etapa mais importante. Durante vários anos, o pintor recém-chegado trabalhava quase que exclusivamente para um grupo restrito de clientes, até que, afinal, depois de um número crescente de retábulos, estabelecesse solidamente a sua reputação junto a um público mais amplo e pudesse tirar disso rendimento e prestígio suficientes para trabalhar por sua conta e aceitar encomendas de fontes diversas.[1]

Iniciava-se uma nova era: o poder institucional controlando a produção artística. Mais do que o início de uma nova era, o longo pontificado de Urbano VIII, iniciado em 1623, marcou um período de intensa relação entre a primeira entidade com personalidade jurídica de que se tem notícia, a Igreja Católica, e as artes. Obviamente que não só o papa e seus correligionários eram os únicos mecenas, mas a relação de poder que submetia o artista estava sempre presente. Esse período representa o apogeu de uma atividade que jamais havia sido, nem seria de novo tão fortemente estimulada por um ente supraindividual. Aqueles tempos não eram, como bem aponta Haskel, o "amanhecer" do fenômeno social conhecido por *mecenato*, mas a "tarde ensolarada"[2].

Se aquela era a tarde ensolarada, hoje estaríamos em que período do dia? Certamente não seria noite ainda, visto que os mecanismos de incentivo à cultura, pela intervenção privada ou pública, ao menos no caso do Brasil, encontram meios de efetivarem-se no plano social, a despeito de toda distorção que se possa apontar. Com a transição do poder da Igreja para o Estado, sobre questões atinentes ao estímulo à arte e à cultura de maneira geral, com vias a resvalar, conforme profetizado por muitos, para as mãos do Mercado, estaríamos

---

[1] Haskel, F. *Mecenas e pintores – arte e sociedade na Itália barroca*. Luiz Roberto Mendes Gonçalves (trad.). São Paulo, Edusp, 1997, p.19.

[2] Ibidem, p.17.

em um lusco-fusco – mais ou menos aquele horário que antecede a boquinha da noite. As trevas estariam trazendo, definitivamente, outros retábulos.

A partir de ações proposicionais como o *do-in antropológico*, o Estado se posiciona enquanto centro nevrálgico do fazer cultural, de modo a sugerir que a cultura ruiria sem ele, o que, mais uma vez, encerra um paradoxo, se levarmos em conta o conceito de cultura adotado pela própria Constituição fundadora do Estado Democrático brasileiro. O Estado, na maioria das vezes, prefere ignorar a miríade de processos criativos que se desenrolam no tecido social, às margens dos arbítrios dele, Estado. Ele não quer perscrutar a dinâmica viva da sociedade, aproximando-se dela para engendrar novos movimentos, a par daqueles em curso; antes, procura tragar para si, e esta é a ideia do *do-in antropológico*, com a força de um corpo negro, tudo aquilo que as comissões burocratas considerarem relevante. Nesta pisada, pouco a pouco, o Estado assume a pose de Midas, como se, batendo carimbo, fosse capaz não só de dizer o que é cultura, mas também, com a abertura dos cofres, de transformar a *não cultura* em cultura. Este é outro ponto relevante – aqueles que creem que o aporte de mais recursos, por si só, tem o condão de fazer a cultura florir incorrem em erro crasso. No mesmo sentido, é preciso que sejamos corretos, os incentivos fiscais, por mais bem-dotados que sejam, tecnicamente, podendo ser manejados pelo Estado com grande êxito, não passam de instrumentos políticos – a vontade política antecede o sucesso de sua aplicação.

Também não é caso de saudosismo nem de clamar por um "Estado forte", nos moldes do ditatorial, quando, no Brasil, tanto na Era Vargas quanto após o golpe militar, houve grande fortalecimento institucional do setor cultural.[3] Os tempos são outros, de consumo intenso, de massificação desenfreada, de produção de universalidades em escala industrial. O mecenato moderno quer "alforriar" o Estado deste infortúnio chamado *cultura*. O Gigante Paimã, o Mercado, roga ansioso para que deixem o assunto a seu cargo, que dele cuidará como de um filho. Hoje, a renúncia fiscal aparece, curiosamente, como um tema ligado pelo cordão umbilical aos departamentos de *marketing* das empresas.

Albert Hirschman, citado por Bercovici, defende a afirmação segundo a qual o regime de incentivos fiscais canaliza "fundos quase públicos"[4]. No caso

---

[3] Brant, L. *O poder da cultura*, p.52-62.

[4] Bercovici, G. *Desigualdades regionais, Estado e Constituição*. São Paulo, Max Limonad, 2003, p.131.

da cultura, a expressão "quase públicos" encontra lugar no raciocínio pelo qual o montante disponibilizado pelo setor privado, que faria frente à demanda estatal por tributos, não é dirigido aos cofres públicos, mas sim às atividades culturais aprovadas pelos órgãos de administração – isto é, a decisão na aplicação ou não dos recursos "pré-tributários", salientando com excessiva cautela as aspas empregadas, permanece na esfera da iniciativa privada. Por isso, artigos de lei viraram bordão nos corredores. Artistas e produtores travestem-se de empresários, com o pires na mão, tentando convencer executivos impacientes, com a calculadora em punho, de que o espetáculo de dança ou a instalação de artes plásticas possui vínculo com a *marca* do possível patrocinador, e que dialoga com o público alvo do produto. As estratégias de *marketing* antecipam-se a qualquer ponto que diga respeito ao projeto cultural aprovado no Ministério da Cultura. É preciso saber, antes de tudo, se é boa a "oportunidade de negócio" – o apoio a projetos culturais é um diferencial competitivo no Mercado.

Quando nos referimos ao lusco-fusco, à luz merencória, falávamos desse momento, que é de pura conspurcação. Não se intua, no entanto, da leitura dos apontamentos anteriores, qualquer queixa em relação ao Mercado. Sabemos que não se pode esperar dele aquilo que ele não se propõe a oferecer – ações humanizantes. Por isso mesmo, é preciso que o Estado, especialmente a esfera executiva, mantenha-se sempre alerta e ciente de que detém o controle,[5] aprovando projetos verdadeiramente culturais, humanizadores, o que retira do Mercado qualquer margem de manobra para a consecução mesquinha de fins meramente privados. Isso porque, como se sabe, o Mercado é o espaço por excelência dos interesses privados.

Esse pulso, essa rédea firme que atribuímos ao Estado não deve ser enxergada como um dever-favor, uma benevolência do soberano para com seus súditos, esses pobres-diabos sedentos de iluminação. Toda cautela do Estado a respeito de questões culturais é, antes de tudo, de seu próprio interesse, enquanto nave institucional de uma dada civilização. A razão de tal assertiva já foi aludida neste trabalho, pela adoção das palavras de Almada Negreiros, segundo as quais não há civilização e, dentro dela, Estado que perdurem sem

---

[5] Em uma síntese magnífica, Charles Tilly define o Estado como "a distinct organization that controls the principal concentrated means of coercion within a well-defined territory, and in some respects exercises priority over all organizations operating within the same territory". Cf. *Coercion, capital and European States, Ad 990 – 1990*, Cambridge, Massachusetts, Blackwell Publishers Inc., 1995, p.44.

cultura. Os Estados modernos tanto sabem disso que fazem largo uso do discurso da *cultura nacional* e encampam em suas Constituições os *direitos culturais* como baluartes fundamentais de todo cidadão.

Muito antes de ser promulgada a primeira Constituição brasileira, a Constituição Imperial, de 1824, Dom João VI cuidou de fundar, em um país de analfabetos e escravos, a Biblioteca Nacional, e depois o Museu Nacional de Belas Artes e a Escola Real de Ciências, Artes e Ofícios,[6] porque sem massa crítica a própria relação de domínio estaria ameaçada. Em fins daquele século, o interesse estatal pela língua e pelo folclore atingiu o ápice, dado seu papel estratégico na formação de uma *consciência nacional*. José de Alencar, Castro Alves, Gonçalves Dias, Bernardo Guimarães, Fagundes Varela e toda a confraria romântica, ansiosa por falar do presente,[7] da nação brasileira, terminaram por fazer algo maior – os românticos *construíram* a nação. O romantismo é um movimento intelectual que arregimentou o Estado novecentista com todo o substrato simbólico necessário, naquele momento, para tecer em torno de si a ideia de *nação soberana*. Os artistas românticos, e depois os modernistas, desempenharam um papel determinante na "nacionalização" do Brasil; pode-se dizer que antes deles não houve nação brasileira.

Hoje em dia, esse ranço passadista da *cultura nacional* não tem cabimento. A ideia de "nação" é um arranha-céu bastante sólido. Ademais, qualquer tentativa de produzir, hoje, uma obra de arte eminentemente *nacional* resultaria em uma produção anacrônica, acentuando o paroxismo do aludido lusco-fusco. Se não há mais nação a ser edificada, a batida na mesma tecla só poderia servir a outros interesses. Esse eterno retorno aos mitos fundadores[8] denota a necessidade de manter a todo vapor o "processo de fabricação da universalidade abstrata como privação da universalidade concreta", segundo alerta Marilena Chauí. É o próprio processo de alienação empreendido por instituições sociais,

---

[6] Souza, M. *Fascínio e repulsa: Estado, cultura e sociedade no Brasil*. Rio de Janeiro, Edições Fundo Nacional de Cultura, 2000, p.26-7.

[7] Cf. Cândido, A. *Formação da literatura brasileira*. 11.ed. Rio de Janeiro, Ouro sobre Azul, 2007.

[8] "Um discurso fundador, além de repousar sobre mitos internos, ele se constitui em relação a outro. No caso específico do discurso sobre o brasileiro há um deslocamento entre o que é efetivamente fundador e o que é discurso da identidade atribuída de fora. Esta última existe institucionalmente oficializada, produzindo o efeito da evidência, ou ainda, de sintoma do que se entende sobre a nossa cidadania". Cf. Orlandi, E.P. (org.). *Discurso Fundador – A formação do país e a construção da identidade nacional*. Campinas, Pontes, 1993, p.76.

visando evitar que elas próprias caiam no particular, o que lhes "roubaria a legitimidade de valer igualmente para todos". A filósofa adverte que o Estado não pode "deixar de oferecer-se como universal, solo e fim de uma comunidade imaginária capaz de anular, graças ao formalismo da lei, a particularidade que o define"[9]. Esse entendimento é grave e conduz a desdobramentos tão profundos que nos detemos aqui, para não incorrer em discussões que a natureza do presente trabalho não suporta.

Para nós, o problema imediato é saber separar o discurso panfletário do Estado e o sentido precípuo dos enunciados normativos em benefício do indivíduo. Os direitos culturais, muito mais amplos do que a *cultura estimulável* tratada neste livro, não devem ser lidos simplesmente como "direito à memória", ao "passado imaginário", direito a "ser fazendeiro do ar no latifúndio estatal"[10], conforme aponta Carlos Alberto Dória. A explicação do autor para expressões como "tradições afro-brasileiras e indígenas" no Texto Constitucional passa justamente por essa noção de "direito à memória", uma vez que o próprio Estado se imbui da obrigação de reeditar incessantemente os mitos sobre a sociedade brasileira. Por um prisma mais ameno, é possível dizer que as alegorias nacionalistas são até hoje alardeadas justamente para compensar aquilo que, no caso brasileiro, é notório: o Estado brasileiro, instaurado com a chegada da família real, em 1808, sempre se apresentou mais forte do que a Nação. Disso, diz Eni Orlandi, teria resultado uma "cidadania fraca"[11], o que sempre acontece quando ao Estado pujante se contrapõe uma sociedade civil desarticulada. Essa abordagem alegra os olhos e não faz despontar um chumaço tão vasto de cabelos brancos como a fala de Marilena Chauí, e, de quebra, ainda explica o porquê de os agentes culturais não fincarem o pé quanto a seus propósitos diante da gula mercadológica. A resposta flui como água: cidadania fraca.

---

[9] "Além disso, é preciso admitir que o 'estadismo' não é um acidente nas histórias das sociedades capitalistas, como gostariam de imaginar os liberais, mas a produção limite e contínua de uma universalidade abstrata em ato". Cf. *Conformismo e resistência – aspectos da cultura popular no Brasil*. São Paulo, Brasiliense, 1986, p.74.

[10] *Os Federais da Cultura*. São Paulo, Biruta, 2003, p.46.

[11] Op. cit., ibidem.

Capítulo X

MEU ALÔ É SOBRE O AVIÃO
E SEU REPARO

Breve histórico dos incentivos fiscais à cultura

Na Costa do Ouro, África, o *akpalô* desperta a atenção da audiência em um súbito "Alô!", ao que todos respondem "Alô!",[1] e principia narrando: "Meu alô hoje é sobre um rei e suas três filhas...". A história é sempre acompanhada dos trejeitos que o orador imprime aos personagens e pelas fórmulas de começo, meio e fim, fundamentais para a compreensão e condução do espectador ao universo contado. Seja entre angolanos, entre portugueses, entre franceses ou entre os indígenas de fala tupi, os métodos de duplicação e triplicação servem ao desígnio de enfatizar a ação, dando a exata sensação da lonjura, da demora, do cansaço: "Uende, uende, uende", "andou, andou, andou", "loin, loin, loin", "unhãna, unhãna, unhãna". Encaremos a lonjura, aturemos a demora, suplantemos o cansaço. É preciso dar pé a nosso alô sobre o conserto de um avião em pleno voo.

No Brasil, os mecanismos de incentivo fiscal à cultura foram efetivamente implantados com a promulgação da pioneira Lei n° 7.505, de 2 de julho de 1986, conhecida como *Lei Sarney*. A lei previa isenções fiscais em três patamares: cem por cento para doadores, oitenta por cento para patrocinadores e

---

[1] Cascudo, C. *Literatura oral no Brasil*, 3.ed. Belo Horizonte, Itatiaia, São Paulo, Edusp, 1984, p.229.

cinquenta por cento para investidores. A sistemática de concessão dava-se a partir de um simples cadastramento de proponentes, causa de antológicas fraudes, de modo que até hoje muito se discute a respeito do efetivo destino dos recursos angariados à época por pessoas físicas e jurídicas. Essa discussão importa apenas como expediente marginal em relação ao Direito Tributário, servindo-nos tão-somente para compreender a ânsia de rigor formal com que advieram as leis posteriores de incentivo fiscal à cultura, as quais tecem miraculosos engenhos não só para o cadastramento de projetos, como também para análise de conteúdo e prestação de contas, sob o pretexto de obediência aos princípios que informam a transparência da administração pública.

Fábio de Sá Cesnik, em *Guia do incentivo à cultura*, ponderando sobre a ausência de "permeabilidade"[2] do sistema implantado pelas novas leis, afirma que, entre 1992 e 1994, somente 72 empresas investiram em cultura, o que é um número por demais exíguo, se compararmos com os atuais números disponibilizados oficialmente pelo Ministério da Cultura.

A década de 1990 sinalizou um período complexo para os mecanismos e órgãos de gestão cultural. O então presidente Fernando Collor de Mello, irritado com o posicionamento político de grande parte dos artistas durante a campanha eleitoral de 1989, que apoiava, em peso, o candidato Luiz Inácio Lula da Silva, cuidou de extinguir todos os órgãos de cultura. Decorrente da pressão da classe artística, foi instituída, em São Paulo, a Lei nº 10.923, de 30 de dezembro de 1990, conhecida como *Lei Mendonça*, antes mesmo da famigerada Lei nº 8.313, de 23 de dezembro de 1991, editada a partir de um projeto enviado à Câmara por Sérgio Paulo Rouanet, então Secretário de Cultura da Presidência da República. Apesar de todas as controvérsias extrínsecas ao direito, era o nascedouro do instrumento introdutor de normas de fomento à produção cultural, bem como do Programa Nacional de Apoio à Cultura (PRONAC), de maior efetividade até então inserido no ordenamento jurídico brasileiro. No encalço desta lei, que passou para a história sob o epíteto de *Lei Rouanet*, veio a lume a Lei nº 8.685, de 20 de julho de 1993, resultado das pressões do

---

[2] O autor diz que somente a partir de 1995, início do governo do Presidente Fernando Henrique Cardoso e gestão do Ministro da Cultura Francisco Correa Weffort, pela criação da Secretaria de Apoio à Cultura, houve um movimento no sentido da desburocratização dos procedimentos de acesso aos mecanismos legais, especialmente com a entrada em cena das estatais do setor de telecomunicações, que passaram a investir maciçamente na cultura. Cf. *Guia do incentivo à cultura*. 2.ed. Barueri, SP, Manole, 2007, p.5.

florescente setor audiovisual, egressos da chamada "Retomada do Cinema Brasileiro". A partir da medida provisória nº 2.219, de 04 de setembro de 2001, que criou a Agência Nacional de Cinema (ANCINE) e estabeleceu princípios gerais da política nacional para o cinema, o setor cinematográfico foi alçado ao patamar de "indústria".

Com a vitória do Presidente Lula, em 2002, e a ascensão do cantor e compositor Gilberto Gil ao posto de Ministro da Cultura, permaneceu, tal qual provinha do governo de Fernando Henrique Cardoso, a política de aplicação da Lei Rouanet, no que concerne à aprovação de projetos, mas ganhou novos contornos a partir de ponderações sobre o que vinha sendo aprovado e o que deveria ou não deveria ser, nos exatos termos da lei. O caso do grupo canadense *Cirque Du Soleil* foi o estopim de uma polêmica que se espraiou por cascalhos revoltosos.[3] O próprio Ministro da Cultura denunciou as distorções na aplicação das leis de incentivo fiscal, escancarando a problemática circunscrita não só a questões de ordem tributária, sobre quais atividades dos particulares o Estado andava exonerando e desonerando, e financeira, sobre a utilização dos recursos destinados à cultura, como à própria questão das políticas públicas para o desenvolvimento. E mais. Entrou em pauta o ponto-chave: o *conceito de cultura*.

Em outros termos, toda a questão estatal em torno dos incentivos fiscais à cultura deixou, com a gestão do Ministro Gilberto Gil, de ser um fim em si mesmo, de Estado-concedente e sujeito-beneficiado, pelo que se conduz simplesmente do colo de um governo para os braços dos particulares certos "privilégios", para assumir a dimensão que verdadeiramente tem, o transbordo da questão maior: *qual o escopo social da instituição e aplicação de instrumentos jurídico-tributários voltados para o fomento da cultura?* Tal indagação habita o núcleo do problema aqui proposto e será mais bem explicitada a partir da análise de dois *corpus* normativos constitucionais: o "conceito de cultura", mais adiante, e a noção de "incentivos fiscais", verificada no capítulo seguinte.

---

[3]   A empresa CIE Brasil, para promover a vinda do espetáculo internacional, tentou obter do governo brasileiro R$ 22,3 milhões em incentivo fiscal, dos quais angariou R$ 9,4 milhões. No entanto, os ingressos para assistir ao espetáculo circense atingiram cifras exorbitantes, chegando mesmo a ultrapassar o valor do salário mínimo nacional então vigente, o que revelou um verdadeiro descompasso entre as determinações legais de incentivo à cultura, a aplicação da lei e a preconização constitucional de acesso aos bens culturais.

CAPÍTULO XI

PRIMEIRO *CORPUS*

Incentivos fiscais na Constituição Federal de 1988

Muito haveria a ganhar e muito haveria a perder caso nos rendêssemos ao estudo usual dos incentivos fiscais, a partir do exame da farta legislação infraconstitucional. No entanto, como nosso corte para a análise do conceito de cultura é precipuamente constitucional, fixamo-nos neste Instrumento, A Constituição Federal, em um afã de unidade, para apreciar, à luz de seus preceitos, o perfil jurídico dos incentivos fiscais.

A expressão "incentivos fiscais" aparece em apenas três dispositivos constitucionais: art. 151, inciso I, art. 195, § 3º e art. 227, § 3º, inciso VI; além das duas menções no texto do Ato das Disposições Constitucionais Transitórias: *caput* dos arts. 40 e 41. Estas são referências que devem ser compreendidas de modo restritivo, no sentido próprio a seguir estudado. No entanto, há diversas passagens em que o legislador constituinte deixou consignado no texto da Constituição Federal de 1988 as bases prescritivas para a efetivação dos incentivos, em sentido amplo, ora empregando o próprio vocábulo *incentivo*, ora lançando mão de outros como "estímulo", "benefício", "isenção", mas sempre a partir da mesma tônica projetista. Evidentemente que o presente estudo não pretende abranger todo o texto constitucional a respeito do tema dos incentivos, mas, ao menos, cobrir-lhe boa extensão, com o fito único de ingressar no cipoal da cultura e, antes, dos incentivos fiscais à cultura, com algumas noções gerais do tratamento dispensado pela Lei Maior ao objeto, bem como o conhecimento de seu fundamento de validade.

Havendo a designação ampla dos vocábulos anteriormente assinalados, tem-se que a partir deles pode o legislador infraconstitucional editar comandos de índole tributária, visando ao alcance dos valores preconizados pela Constituição da República, em cada ponto, à maneira do que permite expressamente os três dispositivos supracitados. Afaste-se, desde logo, portanto, qualquer viés podador na interpretação daquelas normas que não dispuserem, às escâncaras, a respeito da natureza do incentivo. Toda e qualquer ausência de fronteira semântica indicará, segundo o caminho aqui trilhado, campo aberto, livre de obstruções, o qual poderá ser percorrido pelo legislador ordinário ou complementar com o veículo que melhor servir ao acesso das paragens perseguidas. No caso de nossas preocupações imediatas, pressupor-se-á que o veículo do qual o legislador fará uso é precipuamente aquele introdutor de normas tributárias.

A despeito de todo o sentido subjacente às normas insertas nos arts. 3° e 4° (tidas por muitos como "programáticas", entendimento do qual não comungamos), e mesmo daquelas normas contidas já no preâmbulo da Constituição (dispositivos que remetem o exegeta à possibilidade de tê-los em conta para fins primordiais de escopo ao estudo dos incentivos, já que tratam dos objetivos e princípios basilares da República Federativa do Brasil), entrevemos como primeira aparição explícita de outorga ao legislador infraconstitucional de instrumento jurídico para interferir na dinâmica social, aquela preconizada no art. 7°. O *caput* do dispositivo estabelece que os direitos dos trabalhadores urbanos e rurais são aqueles elencados nos trinta e quatro incisos subsequentes, além de outros que tenham em vista a melhoria de sua condição social. Dentre tais direitos, destaca-se a *proteção do mercado de trabalho da mulher, mediante incentivos específicos, nos termos da lei*, estatuída no inciso XX. Não obstante a exótica alusão a certo "mercado de trabalho da mulher", tem-se que a determinação é inovação do enunciador constituinte de 1988 e visa garantir à mulher condições de competitividade no mercado de trabalho.

Quanto à Administração Pública, no Título III, referente à Organização do Estado, o legislador constituinte concedeu à União, enquanto pessoa jurídica de direito público interno, o poder de articular sua ação em um mesmo complexo geoeconômico e social, visando ao "desenvolvimento nacional" e à redução das desigualdades regionais, conforme prefigura o art. 43 em consonância com o inciso III, do art. 3º, e com o inciso VII, do art. 170, da Constituição. Esta determinação tem impacto direto no que diz respeito à legislação de incentivo à cultura, bem como revela a importância da juntura política em torno do tema para que se efetue um plano nacional minimamente equilibrado. Os chamados "pontos de cultura", criados pela gestão pública do Ministro Gilberto Gil, são o exemplo claro dessa tentativa e, ao mesmo tempo, da deformação dessa tentativa.

Caberá à lei complementar, nos termos do § 1º, do art. 43, da Constituição, estabelecer tanto as condições para a referida integração das regiões, quanto a composição dos organismos regionais que executarão as diretrizes dos planos regionais que, por sua vez, são integrantes do plano maior de desenvolvimento socioeconômico – o nacional. O § 2º do mesmo artigo estabelece, dentre outras formas de "incentivos regionais", aqueles correspondentes a "isenções, reduções ou diferimento" de tributos federais, em uma nítida alusão ao engendramento de bolsões privilegiados como é caso da Zona Franca de Manaus. Aquele plano maior de desenvolvimento é a base primária de articulação, enquanto os planos regionais e setoriais representam a plataforma de execução das diretrizes e bases, em uma concatenação jurídica do sistema ordenado de planejamento, tal qual preconiza o art. 174, § 1º. O dispositivo, componente do Título VII, *Da Ordem Econômica e Financeira*, atribui ao Estado, em sentido amplo, o papel de agente normativo e regulador da atividade econômica, cabendo-lhe exercer, ao modo disciplinado por lei, não somente as funções de fiscalização e planejamento, este determinante para o setor público e indicativo para o setor privado, como também lhe compete o papel de *incentivador*. Aqui está assegurado o estandarte que o setor cultural chama de "economia da cultura", protegida, portanto, dentre os princípios gerais da atividade econômica.

O incentivo, enquanto função do Estado normativo e regulador da atividade econômica, constitui, segundo José Afonso da Silva, o "velho fomento" que se dá por meio de proteção, estímulo, apoio, auxílio, promoção, sem o emprego de *meios coativos*, "de atividades particulares que satisfaçam necessidades ou conveniências de caráter geral"[1]. O próprio favorecimento do cooperativismo e associativismo das microempresas, preconizados pelo art. 174,

---

[1]   *Comentário contextual à Constituição*. São Paulo, Malheiros, 2006, p.721.

§§ 3º e 4º, e pelo art. 179, são expressões da tentativa de cumprimento dessa função pelo Estado. Salientemos que a ausência de "meios coativos" a que se refere o autor não relativiza a força cogente da norma, apenas pontua que determinadas condutas receberão estímulo do Estado por levarem a efeito valores prestigiados pelo Texto Constitucional, mas que o sujeito, seja pessoa física ou jurídica, não será forçado a desempenhá-las, ficando a seu próprio critério planejar-se para, ao realizar a conduta descrita no suposto legal, receber as benesses estatais e não o seu desdém.

O primeiro momento em que surge no texto da Constituição Federal de 1988 a expressão "incentivos fiscais", no Título VI, Da Tributação e Do Orçamento, é justamente para excetuar a vedação atribuída à União quanto à instituição de *tributo que não seja uniforme em todo o território nacional ou que implique distinção ou preferência em relação ao Estado, ao Distrito Federal ou ao Município, em detrimento de outro*. Este é o enunciado do inciso I, art. 151, que admite a concessão de incentivo fiscal, em desacordo com o princípio da uniformidade tributária, tendo em vista a promoção do *equilíbrio do desenvolvimento socioeconômico entre as diferentes regiões do país* – mais uma vez, aparece plasmado no Texto Constitucional este ressaibo. O inciso III, no entanto, excetua a exceção ao estabelecer que não podem ser concedidas isenções de tributos da competência de outros entes federados pela União. Em regra, portanto, poderá a União instituir incentivos fiscais de modo não uniforme no território nacional, implicando distinção entre os entes federados, mas nesta atuação ela, a União, deverá reservar-se ao manejo de tributos somente de sua competência.

Com efeito, a uniformidade geográfica da tributação é um princípio ínsito ao sistema tributário que não encontraria, no ordenamento jurídico brasileiro, frente à efetividade das normas no plano social, sustentabilidade lógica, caso a Constituição Federal não estipulasse expressamente as circunstâncias excepcionais. O objetivo supremo do "desenvolvimento nacional" previsto no art. 3º, inciso II, bem como aquele preconizado no inciso III, sobre a redução das desigualdades sociais e regionais, não teria a menor possibilidade de vicejar mediante tratamento tributário uniforme de realidades regionais e sociais díspares. A condução deste princípio às suas últimas consequências apenas serviria para o aprofundamento irracional das desigualdades, empreendida por uma verdadeira blindagem jurídico--tributária. Portanto, se, por um lado, o princípio federalista é mitigado pela política fiscal que firma distinções e mesmo preferências; por outro, o legislador constituinte privilegia o dado bruto – a existência de desigualdades no plano da realidade social – pelo que permite a quebra de um dos mais relevantes princípios de qualquer sistema tributário, o princípio da uniformidade.

Quanto à vedação à União de instituir isenções de tributos da competência dos Estados, Distrito Federal ou Municípios, trata-se de reafirmação do princípio federativo e da autonomia dos Municípios, que informam o poder de estatuir normas isentivas somente ao ente detentor da competência para instituir o tributo. A proibição constitucional faz frente à realidade jurídica do ordenamento vigente sob a égide da Constituição de 1969, tida por emenda por alguns constitucionalistas, quando a União tinha a prerrogativa de estabelecer isenções de impostos estaduais e municipais em circunstâncias específicas.

Outra norma constitucional de suma relevância para o presente estudo, e também alinhada com o art. 174, é aquela segundo a qual o turismo é alçado ao *status* de fator de desenvolvimento socioeconômico, devendo ser incentivado pela União, pelos Estados, Municípios e pelo Distrito Federal. Falamos do art. 180 – mais uma norma que preconiza o "incentivo" de maneira genérica e que pode perfeitamente embasar lei infraconstitucional de incentivo fiscal, como é o caso da Lei nº 7.015/96, do estado da Bahia, e outras, a seguir analisadas. O que nos basta, por ora, é atinar que a constitucionalização do turismo como um dos elementos propulsores de desenvolvimento econômico é inegável, mas o mesmo não se pode afirmar para o desenvolvimento social, ainda mais se levado em conta o conceito de cultura delineado neste trabalho. No entanto, é quase palpável o interesse consignado no ordenamento jurídico brasileiro, desde a década de 1960, em atrelar o turismo às formas de expressão cultural, no sentido antropológico, com a mesma tensão econômico-social que o vincula a espaços físicos naturais e à ideia de "beleza natural", ambos construídos como objeto de apreciação pelo ideário romântico e tão culturais, naquele sentido, quanto qualquer edificação, rua ou monumento.

No âmbito do ICMS e do ISS, segundo determinação do art. 155, § 2º, inciso II, e do art. 156, § 3º, inciso III, respectivamente, estabelece-se que é da competência do legislador complementar a regulamentação do modo como serão concedidos e revogados os incentivos e benefícios fiscais. Evidentemente que a estipulação de competência aqui delineada refere-se à prescrição de normas gerais para regular limitações ao poder de tributar, bem como dispor sobre conflito de competências entre o Estado ou o Município concedente e outros entes federativos. Uma vedação primordial, no entanto, à concessão de incentivos fiscais, encontra-se plasmada no capítulo da Seguridade Social, art. 195, § 3º, quando o legislador constituinte estabelece que, sendo a seguridade financiada por toda a sociedade, de forma direta e indireta, nos termos da lei, mediante recursos diversos, inclusive as contribuições sociais, não poderá a pessoa jurídica em débito com o sistema da seguridade social contratar com o Poder Público nem dele receber benefícios ou incentivos fiscais. Esse dispositivo constitucional estatui um limite bastante relevante no que concerne aos mecanismos de incentivo à cultura, adiante estudados como "desonerações", na medida em que finca restrições ao maneio das remissões.

Este primeiro *corpus* constitucional é ainda composto pelo art. 205, referente à educação e de certa forma imbricada com o art. 218, § 4º, sobre a promoção e incentivo da pesquisa, ciência e capacitação tecnológica, bem como pelos arts. 215 e 216, § 3º, estritamente voltados para a cultura, art. 217, inciso IV, § 3º, a respeito do incentivo às práticas esportivas, e pelo art. 227, inciso VI, sobre o "estímulo" do Poder Público, por meio de assistência jurídica, subsídios e incentivos fiscais, ao "acolhimento" de criança ou adolescente órfão ou abandonado. Todas essas normas serão topicamente elucidadas com maior apuro nos capítulos subsequentes, pelo que nos dispensamos, por ora, de grandes delongas.

Cabe ainda, nessa varredura de normas constitucionais, debruçarmo-nos, um tanto, sobre o enunciado do art. 219 que, ao contrário do defendido por José Afonso da Silva[2], não se encontra deslocado, em termos temáticos, no conjunto do Texto Constitucional. O enunciado está grafado do seguinte modo: "O mercado interno integra o patrimônio nacional e será incentivado de modo a viabilizar o desenvolvimento cultural e socioeconômico, o bem-estar da população e a autonomia tecnológica do país, nos termos de Lei Federal." Não é à toa que o dispositivo habita o campo da Ordem Social, acercado dos mandamentos atinente à cultura, e inclusive faz referência expressa ao "desenvolvimento cultural". Lembremos que seu vizinho, o art. 216, vinha de um extenso exercício de fixação para as bases da definição de "patrimônio cultural brasileiro", pelo que a homologação com a ideia de "patrimônio nacional" é inegável.

---

[2] *Comentários Contextuais à Constituição*, p.820.

O "mercado" – leia-se a "economia de mercado" – é alçado, pela força da norma inserta no art. 219, à categoria de *bem* componente de nosso *patrimônio*. Essa diretriz, mais do que simplesmente significativa para uma compreensão da natureza neoliberal da Constituição Federal de 1988, já que se trata de norma da Lei Máxima, engendra o fecho de todo um programa que repercute, atualmente, no modo como a cultura é manuseada pelo mercado, através de mecanismos como o do mecenato.

É importante frisar que, conquanto pareça singela a determinação constitucional, o mercado não constitui mero espaço de trocas econômicas, tal qual figurava em sua gênese. Seja ou não palpável, o fato é que esse ente dito "abstrato", o mercado, que tudo permeia e alcança, nada mais representa senão uma *dissimulação*, no sentido delineado por Baudrillard[3], em que interesses particulares fantasiam-se de interesse público, tudo isso abençoado pela palma da mão do Estado, outra entidade etérea, em um ciclo em que se sacraliza a transação entre oferta e procura de bens e serviços, seguindo o falso equilíbrio entre aquele que dispõe de força de trabalho e aquele que paga por ela. Não há no dispositivo em questão qualquer "repulsa ao Liberalismo", imprimindo-se ao mercado um "sentido social", porque destinado a viabilizar desenvolvimento, bem-estar da população e autonomia tecnológica do país, conforme defende José Afonso da Silva, aludindo a uma "concepção social do mercado"[4]. A norma simplesmente ratifica um estado de coisas e protege o sistema econômico, garantindo-lhe o *status* de "patrimônio nacional", a partir do qual toda deliberação estatal no sentido de injetar recursos em empresas de determinados setores estará amparada, uma vez que, retoricamente, sempre será em benefício do desenvolvimento cultural, econômico e social.

Por fim, resta-nos fazer um breve apontamento a respeito dos arts. 40 e 41, do Ato das Disposições Constitucionais Transitórias. O art. 40 trata do mantimento, por vinte e cinco anos, a contar da promulgação da Constituição, da Zona Franca de Manaus, com todos os seus atributos de área de livre comércio, importação e exportação, bem como permanência dos incentivos fiscais que a ordenam. Ao passo que o art. 41 estabelece que todos os incentivos fiscais de "natureza setorial" ora em vigor seriam, a partir daquele momento, reavaliados pelos poderes executivos dos respectivos entes concedentes.

---

[3]   *Simulacros e simulação*, p.9.
[4]   Op. cit., p.821.

Todo aquele incentivo que não fosse confirmado por lei em até dois anos após a promulgação da Constituição considerar-se-ia revogado, não prejudicando os direitos adquiridos em relação aos incentivos concedidos sob condição e com prazo certo, nos termos dos § 1º e 2º. A ideia, nas circunstâncias reinantes do final da década de 1980, era a de reordenar o sistema de concessão de incentivos que vinha em uma expansão sem rédeas desde a década de 1960, incluindo aqueles concedidos sob a égide da permissiva Lei nº 7.505, de 2 de julho de 1986, conhecida pelo epíteto de "Lei Sarney"[5], precursora dentre os mecanismos de incentivo à cultura no Brasil.

Apesar de o conceito de incentivo fiscal não estar definido de modo inequívoco na doutrina, um atributo essencial em sua disciplina é indiscutível: todo incentivo deriva, acima de tudo, do ato de vontade política que visa estimular determinada conduta pela eliminação de certa "carga tributária" tida como nociva à realização da referida ação. Portanto, nas circunstâncias que ensejam prescrição de incentivos, a tributação é indesejada. Por esta razão, o fator teleológico não só permeia como deve conduzir qualquer inquietação a respeito da análise dos incentivos fiscais. A doutrina dos incentivos fiscais escancara a realidade, muitas vezes olvidada, por detrás da tributação: os tributos podem ser manejados, e o são, para instrumentalizar ações político-sociais, pelo impacto mediato ou imediato na dinâmica da macroeconomia e na gestão dos cofres públicos.

---

[5] Desde 26 de fevereiro de 1972, quando foi apresentado o projeto pelo então senador José Sarney, até a assinatura do Decreto que regulamentou a lei, datado de 3 de outubro de 1986, foram feitas várias alterações no texto original que terminou por lançar as bases para o funcionamento dos mecanismos de doação, patrocínio e investimento, em consonância com as respectivas faixas de dedução do imposto de renda, instaurando um sistema de incentivos fiscais à cultura inédito no ordenamento jurídico brasileiro.

CAPÍTULO XII

O VATICÍNIO DE BECKER

Revolução social e norma tributária

Antes, porém, de lançarmo-nos no exame da babel terminológica a respeito dos incentivos fiscais, convém, lembrando que estes mecanismos habitam o campo da chamada *extrafiscalidade*, tecer algumas ponderações nesta área: Para que e a quem serve o tributo? Para que e a quem serve a não cobrança de tributo? É possível pensar no tributo sem ter em mente a dinâmica social? E a norma tributária?[1] Todas essas inquietações aparentemente não jurídicas são próprias do contexto que integram – o próprio limiar entre o jurídico e o não jurídico em que opera o fenômeno da extrafiscalidade – e encontram um gancho de juridicidade nos princípios constitucionais, que são normas jurídicas.

É preciso, em tempo, registrar um justo louvor. Haverá, decerto, outro substantivo, mais adequado, para expressar a importância da atitude cognoscitiva de qualquer estudioso das ciências humanas que pretenda atar o fio de seu raciocínio à complexa teia de problemas atinentes à dinâmica social. No entanto, fiquemos com este mesmo, "louvor", que se não é apurado em rigor nem tem laivos de originalidade, ao menos serve para dar a devida feição de

---

[1] Cf. Gentes! O imposto pegou? *Revista Tributária das Américas*. São Paulo: Revista dos Tribunais, Ano 1, nº 2, jul-dez/2010, p.240.

90 JULIO CESAR PEREIRA

deferência. Não será menos que louvável a ponderação do exegeta que reduz seu objeto de estudo a *nada*, em termos teleológicos, para demonstrar que sua simples existência, a do objeto, encontra-se inarredavelmente atrelada a fins sociais. Ao realizar este movimento, o estudioso nada mais faz do que dirigir todo o seu saber em prol de algo maior do que agremiações e correntes, escapando à vala das tolices preconizada por Gilberto Freyre em seu diário, ao afirmar que "sem um fim social, o saber será a maior das futilidades"[2]. É o caso de Alfredo Augusto Becker, em sua significativa *Teoria Geral do Direito Tributário*. O autor, seguindo o traço deixado por Rubens Gomes de Sousa, assevera, com todas as letras, que o objetivo do direito tributário é: *nenhum*.[3]

Aqui é preciso fazer a devida especificação – para Becker, direito *positivo* tributário não teria como seu, unicamente seu, qualquer desígnio econômico-social. A natureza do direito tributário seria meramente instrumental e sua serventia, ou razão de existir, seria a de estar a serviço de uma política.[4] Esta sim, a política, é que teria seus alvos próprios e pelo manejo não só do direito tributário, mas de todo o direito positivo, atingiria ou tenderia ao alcance de suas metas econômico-sociais.

Por mais que simpatizemos com tais ideias, causa espécie a noção de que haja uma ciência, mais especificamente o subdomínio do direito tributário, cujo elemento central – o direito positivo – não possui qualquer objetivo. Por conta dessa inquietação, e somente por isso, preferimos o raciocínio segundo o qual, na mais remota das hipóteses, o objetivo do direito positivo tributário seria o de manter acesa aquela luz merencória do Estado sobre a cabeça do cidadão, de lembrá-lo, a todo instante, de sua existência enquanto componente de uma coletividade, enfim, o objetivo seria, no mínimo, o de reafirmar um estado de coisas, de consagrar em um fluxo contínuo a relação basal de poder que une os sujeitos em torno de uma universalidade abstrata superior, hoje jurídica.

Evidente que a visão de Becker tanto advém de seu impulso intelectual propositivo, quanto visa reforçar uma percepção quase profética do rumo histórico das sociedades. O autor compreende o direito positivo tributário como o instrumento genuíno de reforma social, ao mesmo tempo que pode ser manobrado para

---

[2] *Tempo morto e outros tempos*. São Paulo, Global, Recife, PE: Fundação Gilberto Freyre, 2006.

[3] *Teoria Geral do direito tributário*. São Paulo, Noeses, 2007, p.632.

[4] Idem.

a conservação do estado de coisas. Becker chega a falar no direito tributário como "instrumento revolucionário"[5], mas não aprofunda este juízo para dar a público em que circunstâncias poderia o direito positivo, apenas no âmbito tributário, substituir uma ordem social por outra.

De todo modo, sua noção de mundo enquanto esboço, em oposição à obra acabada, favorece, à maneira de More, a designação do homem como "artífice do novo mundo"[6], aquele que destruirá os bezerros de ouro, afastando o pesadelo da ordem definitiva. O "novo mundo" de Becker pode ser edificado pelo uso de duas ferramentas concorrentes: o *instrumental do comunismo soviético*, que representa a rebelião da força bruta; ou o *Direito Positivo integralmente renovado*[7]. Utilizando-se da primeira ferramenta, o artífice destruiria a ordem social anterior para dar início à reconstrução de uma nova, ao passo que, caso faça uso da segunda, a destruição e a reconstrução seriam simultâneas. O papel do direito tributário seria não só o de agir como *destruidor*, pelo impacto das exações, como também o de figurar enquanto agente *financiador* da reconstrução, cabendo aos demais ramos do direito a função *disciplinadora* dos comportamentos, visando às exigências da reconstrução social.

Becker, a partir de sua concepção de que a atividade jurídica é essencialmente artística, assevera que o tempo da segunda renascença é o tempo presente, e que os juristas, pelo exercício de sua atividade, podem restituir ao homem sua "face humana"[8]. Os que o fizerem, segundo ele, equivalerão a Raphael, Michelangelo, Donato e Rubens, admirados pelas gerações presentes e futuras. A despeito de qualquer discordância em relação ao conceito de arte imaginado por Becker, não deixa de ser bela a leitura que o autor faz do tempo, do homem e da ação humana.

---

[5]   Ibidem, p.629.
[6]   Ibidem, p.618.
[7]   Ibidem, p.620.
[8]   Ibidem, p.621.

CAPÍTULO XIII

AO VENCEDOR, OS TRIBUTOS

O objeto e o prisma

Se nos mantivermos rentes demais ao pensamento de Rubens Gomes de Sousa e Alfredo Augusto Becker quanto à total ausência de objetivos próprios do direito positivo tributário, haverá uma enorme dificuldade, quando não impossibilidade, de acedência na bifurcação "fiscalidade" *versus* "extrafiscalidade". Seguindo o prisma por eles adotado, a distinção, em um primeiro momento, soa absurda e até ridícula. Qual tributo teria finalidade meramente arrecadatória? Esta pergunta nos remete às batatas preconizadas por Quincas Borba, fundador do Humanitismo[1], no magnífico texto homônimo de Machado

---

[1] A Teoria do filósofo desenvolve-se à maneira dos sofistas da antiguidade grega, tais como Parmênides, Xenófanes e Górgias: "Supõe tu um campo de batatas e duas tribos famintas. As batatas apenas chegam para alimentar uma das tribos, que assim adquire forças para transpor a montanha e ir à outra vertente, onde há batatas em abundância; mas, se as duas tribos dividirem em paz as batatas do campo, não chegam a nutrir-se suficientemente e morrem de inanição. A paz nesse caso é a destruição; a guerra é a conservação. Uma das tribos extermina a outra e recolhe os despojos. Daí a alegria da vitória, os hinos, aclamações, recompensas públicas e todos os demais efeitos das ações bélicas. Se a guerra não fosse isso, tais demonstrações não chegariam a dar-se, pelo motivo real de que o homem só comemora e ama o que lhe é aprazível ou vantajoso, e pelo motivo racional de que nenhuma pessoa canoniza uma ação que virtualmente a destrói. Ao vencido, ódio ou compaixão; ao vencedor, as batatas". Cf. Assis, M. de. *Quincas Borbas*, Rio de Janeiro, Editora Globo, 1997, p.9).

de Assis. Admitir a existência de qualquer tributo com essa finalidade exclusiva – o abastecimento dos cofres públicos – seria filiarmo-nos de mãos atadas à doutrina de Humanitas[2], princípio desenvolvido pelo lunático personagem. Seria assentir, como que deitados na superfície das Cejas, nas quais não se consegue afundar mais que um palmo, que tais tributos cabem aos vencedores como couberam outrora as batatas.[3]

É preciso, portanto, fincar algumas estacas referenciais para que seja possível prosseguir com o exame presente. *Fiscalidade, extrafiscalidade* e *parafiscalidade* são categorias desenvolvidas nas sendas da Ciência do direito, mas que contaram com a adesão do legislador constitucional e infraconstitucional, havendo, aqui e acolá, referências expressas a elas nos textos do direito positivo. Em uma análise mais detida, verifica-se que "fiscalidade" e "extrafiscalidade" são classes cunhadas a partir de uma perspectiva teleológica. Mas aqui nos deparamos imediatamente com o primeiro problema, a raiz de toda a confusão doutrinária: a própria questão da finalidade. Qual objeto, efetivamente, está sob mira de investigação quando se alardeiam fins – o produto de arrecadação ou a norma tributária?

Quem descortina, com destreza, este cipoal é Estevão Horvath[4], quando da análise do caso exemplar das contribuições de intervenção no domínio econômico. A análise do autor nos faz desapear da posição de pregadores do Humanitismo, pois, a partir dela, se nos aguça a percepção de que o mais relevante não é o prisma pelo qual se examina o problema, mas sim o próprio objeto examinado. Os prismas podem ser diversos, mas não sendo o objeto o mesmo que se submete ao escrutínio dos vários investigadores, pouco importa em qual quadrante da circunferência analítica encontra-se posicionado o olhar. As divergências da doutrina, neste tema, são decorrentes da dubiedade do objeto e não propriamente da perspectiva adotada.

---

[2] Nossa analogia parte da ideia de que a sociedade contemporânea, caso aceitemos a designação "fiscalidade" enquanto classe, já teria alcançado a "outra vertente" de que fala o texto machadiano.

[3] Araripe Júnior, em crítica escrita na *Gazeta de Notícias*, Rio de Janeiro (12.01.1892), diz que Machado, ao criar o filósofo Quincas, fez "que se beijassem" os autores das duas teorias mais hostilizadas do século XIX. Falava, evidentemente, de Auguste Comte e Charles Darwin. Cf. *Machado de Assis: roteiro de consagração*. Rio de Janeiro, EdUERJ, 2003, p.162.

[4] *Contribuições de intervenção no domínio econômico*. São Paulo, 2009, p.55-57.

Ao afirmar-se que as contribuições de intervenção no domínio econômico possuem caráter *extrafiscal* porque, compondo um fundo específico, visam satisfazer necessidades que refogem à volúpia arrecadatória, o objeto aqui sob apreciação corresponde ao *montante arrecadado*, ao tributo. Este é o enfoque de Quincas. Não nos parece, no entanto, adequado utilizar como critério hábil a determinar a natureza – se fiscal, se extrafiscal – do tributo o desígnio de destinação do montante arrecadado, mas sim a razão de sua instituição e cobrança. Ora, toda exação tributária é, ou deveria ser, a despeito dos castelos mineiros, destinada à satisfação de exigências sociais; a nenhuma é dada a atribuição de encher simplesmente "as burras do Estado"[5], na expressão de Horvath – este raciocínio é aplicável a todo e qualquer tributo e será esmiuçado mais adiante.

É nesse sentido, tomada a *extrafiscalidade* como ingerência desarticuladora de fitos meramente arrecadatórios, que se poderia afirmar que todo tributo tem natureza *extrafiscal*; e quem o fizer estará coberto de razão. No entanto, é justamente a adoção do critério "destinação do produto de arrecadação", responsável pela pasteurização das categorias, que nos impede de aceitá-lo enquanto pedra de fundação de distintas naturezas em matéria tributária. Logo, a admissão do critério "destinação" e do objeto "montante" é um equívoco atroador, quando se trata de identificar a natureza do tributo. Para tal, objeto e critério hão de ser outros, respectivamente: 1) a norma tributária e 2) a incitação de comportamento do sujeito passivo, empreendida pela pessoa que detém a competência legislativa para prescrever diretrizes específicas.

---

[5] Idem.

CAPÍTULO XIV

OLGA, IRINA E MASHA

Fiscalidade, Extrafiscalidade e Parafiscalidade

Delineados o critério e o objeto, podemos, somente agora, asseverar que a "fiscalidade" abrange toda figura tributária em cuja organização normativa transpareça a finalidade única de conduzir o sujeito passivo ao pagamento do montante, para abastecimento do tesouro estatal e consequente aplicação dos recursos em questões de interesse da coletividade, sem que outros fatores presidam a instituição do tributo ou "interfiram no direcionamento da atividade impositiva"[1], nas palavras de Paulo de Barros Carvalho. Note-se, e é importante salientar este ponto, que o tributo de natureza fiscal também é destinado à solução de demandas sociais, não servindo, como reza grande parte da doutrina, unicamente para o dito abastecimento.

Por sua vez, a caracterização da extrafiscalidade é revelada justamente pela existência daqueles tais "outros fatores", a que aludimos anteriormente. E quais seriam? Quaisquer que sejam – sociais, políticos, econômicos – desde que não unicamente atrelados à necessidade arrecadatória do Estado. O intuito é que a instituição da norma tributária sirva, pela condução do administrado, ao escopo de prestigiar ou desprestigiar dadas circunstâncias no seio da

---

[1] *Direito Tributário, Linguagem e Método*, p.240.

coletividade, na persecução de objetivos constitucionais tidos por preciosos. É exatamente o caso do *bem cultural*, a que o legislador constituinte devotou seus cuidados.

Geraldo Ataliba, sobre a extrafiscalidade, adverte que conhecê-la é conhecer seus "objetivos não fiscais, mas ordinatórios", a partir do "emprego deliberado do instrumento tributário" para regular "comportamentos sociais"[2]. Até aqui, parece ter-nos ficado clara a noção de que tais fins "ordinatórios" nada mais são senão o condicionamento de condutas sem que no caminho do títere se implante a imagem monopolizadora do cofre. Disso decorre a necessidade de dar nome às cordas. Afirmar simplesmente que a entidade tributante, por meio de *estímulos*, apenas empreende aquilo que a "ordem jurídica considera conveniente, interessante ou oportuno"[3] seria, por assim dizer, charmoso, mas também é amputar a verdade.

Roque Antônio Carraza ressalta que a extrafiscalidade não equivale sempre à "perda de numerário"[4] por parte do Estado. Antes, a prescrição de normas tributárias visando à realização de desígnios extrafiscais pode representar um acréscimo significativo de receitas, o que tende a ser verificado em inúmeros casos quando o Poder Público acerba a tributação sobre determinados fatos sociais considerados indesejáveis. Exemplos:

- consumo de cigarros: pelo expediente do princípio da seletividade, a Constituição da República determina que as alíquotas deverão ser seletivas em razão da *essencialidade* do produto, conforme art. 153, § 3°, inciso I, de maneira que é atribuído ao legislador ordinário o dever de tornar tão mais onerosos quanto mais supérfluos forem os produtos, o que configurará fatalmente impacto sobre o consumo;
- manutenção de propriedade territorial rural improdutiva ou de baixa produtividade: pelo comando que conduz à observação da função social de utilização do solo, a Constituição determina que sobre as propriedades imobiliárias insuficientemente exploradas incidirá a exação de

---

[2]   Cf. *Sistema Constitucional Tributário*. São Paulo, Revista dos Tribunais, 1968, p.150-1.

[3]   Carrazza, R.A. *Curso Constitucional de Direito Tributário*. 24.ed. São Paulo: Malheiros, 2008, p.843.

[4]   "Há extrafiscalidade quando o legislador, em nome do interesse coletivo, aumenta ou diminui as alíquotas e/ou as bases de cálculo dos tributos, com o objetivo principal de induzir os contribuintes a fazer ou deixar de fazer alguma coisa." *Curso de Direito Constitucional Tributário*. 25.ed. São Paulo, Malheiros, 2005, p.109.

forma mais dispendiosa, em razão do desperdício que a referida manutenção representa para a sociedade.

Ruy Barbosa Nogueira dá um exemplo formidável, servindo-se da terminologia classificatória alemã[5], da função extrafiscal da norma. O exemplo é retirado de uma lei do Município de Americana, que institui um imposto segundo o qual, pelo agravamento da base de cálculo, obriga os proprietários de imóveis a construírem calçadas, muros ou remover ruínas e efetuar reconstruções. Por meio da legislação tributária, o Município empreendeu, legitimamente, o plano de organização urbanística que é de sua competência. Também exemplifica, em *Direito Tributário Aplicado*[6], por meio de um parecer esplêndido, a concessão de diversos incentivos no âmbito do Imposto de Renda a empresas que se comprometessem a auxiliar o governo ditatorial, após o golpe militar de 1964, no combate à inflação. Naquela ocasião, o governo federal andava atribulado com o controle de níveis assombrosos de inflação e, dentre outras medidas, serviu-se da legislação tributária para levar à frente sua política de contenção de preços e aumento da produtividade no setor privado, oferecendo "estímulos" em troca de cooperação.

Falar em extrafiscalidade, portanto, é falar em manejo da norma jurídica tributária visando à condução do sujeito passivo, do responsável tributário ou de qualquer sujeito, ainda que só indiretamente envolvido na relação jurídico-tributária, como o consumidor de certo produto, para que se oriente em direção a valores sociais, metas econômicas ou fins políticos tidos circunstancialmente por relevantes.[7] Quando pretendem dirigir o comportamento do sujeito, contribuinte, de maneira tal que não represente somente a sua ida aos órgãos de arrecadação para entregar-lhes o montante estabelecido em lei, esta pretensão tem finalidades extrafiscais, melhor seria dizer *extra-arrecadatórias*. Desse modo, as normas tributárias ingressam no ordenamento jurídico com a finalidade de conduzir o sujeito não à mera realização do comportamento "pagar tributo",

---

[5] O autor alude à função "regulatória" da exação. (*Curso*, p.207)

[6] Ruy Barbosa Nogueira. *Direito Tributário Aplicado*, Rio de Janeiro, Forense, São Paulo, Edusp, 1975, p.13.

[7] Paulo de Barros Carvalho leciona que é pelo emprego de fórmulas jurídico-tributárias que a *extrafiscalidade* atua visando à "obtenção de metas que prevaleçem sobre os fins meramente arrecadatórios de recursos monetários" e pontua: "A essa forma de manejar elementos jurídicos usados na configuração dos tributos, perseguindo objetivos alheios aos meramente arrecadatórios, dá-se o nome de *extrafiscalidade*." *Curso de Direito Tributário*, 17.ed. São Paulo, 2005, p.235-6.

mas sim à realização de valores maiores, diversos dos de simples arrecadação. Neste sentido sim, e só neste, olhando para a norma tributária, e não para o tributo em si, posso falar em "extrafiscalidade".

Carazza aduz que a extrafiscalidade também se manifesta por intermédio de *desestímulos*[8], quando o contribuinte é induzido a não realizar condutas que, embora lícitas, compõem o rol de desinteresse do Estado, seja sob o aspecto político, econômico ou social. Tal objetivo se alcança por meio da exacerbação da carga tributária, através, por exemplo, da manipulação do critério quantitativo do consequente da regra-matriz do imposto de importação, elevando-se significativamente a alíquota de certos produtos, tidos por supérfluos ou voluptuários, como os perfumes ou o cigarro, conforme exemplo do capítulo anterior. Em certos casos, mais do que propriamente favorecer o aumento da carga tributária, a norma jurídica possibilita a proteção da indústria nacional.

Como Becker já havia aludido ao fato de que a extrafiscalidade serve tanto aos auspícios da "reforma social" como pode atentar contra ela, alguns autores defendem a ideia de extrafiscalidade de efeito positivo e aquela de efeito negativo ou regressivo. Inserido no âmbito da primeira estariam os incentivos fiscais, pela concessão dos quais a norma visa estimular determinada conduta. Pela extrafiscalidade de efeito negativo, buscar-se-ia o desestímulo, inibição ou restrição a determinada conduta, esta muito conhecida na seara do direito ambiental. E há inclusive quem entreveja uma terceira classe[9], a "extrafiscalidade distributiva" que harmonizaria as relações sociais pela distribuição de riqueza. Esta classificação, no entanto, não nos parece apropriada para os fins do presente trabalho, visto pretender fixar como foco justamente aquele ponto nebuloso situado fora dos limites do alcance do direito positivo tributário. Além disso, a referência é frágil, uma vez que, se a norma estimula determinada conduta, acaba sempre desestimulando outras e vice-versa, a composição dialética é inevitável.

O modo de utilização, ou manipulação, das entidades tributárias é o mote para que sejam enquadradas nesta ou naquela classe. Dissemos "nesta ou naquela" porque vislumbramos tal mote apenas para o caso das categorias "fiscalidade" e "extrafiscalidade". A "parafiscalidade", que a doutrina insiste em meter de braço dado com as outras duas, como se fossem muito próximas em seus

---

[8] Cf. *Curso de Direito Constitucional Tributário*, p.844.
[9] Abraham, M. *A extrafiscalidade – o poder estatal de harmonização social*, p.122.

anseios e procedimentos, tais quais Olga, Irina e Masha, possui outros alvitres, o que justifica nosso constante espanto ao depararmo-nos com a tríade aparentemente inquebrantável. Parafiscalidade, tal qual desenhada no âmbito dos problemas de competência, possui, às escâncaras, natureza distinta daquelas outras duas figuras – pode, quando muito, ser considerada uma irmã torta. O fenômeno jurídico da parafiscalidade consiste na atribuição da disponibilidade dos recursos arrecadados a título de tributo a sujeito ativo diverso daquele que detém a competência para instituição da exação. A elaboração da categoria gira em torno, portanto, da pessoa legalmente habilitada para levar a efeito a exigência do montante tributário. Esta pessoa, para ser encaixilhada na categoria da parafiscalidade, não pode deter também a competência legislativa para instituição do tributo.

Vê-se, desse modo, que são distintos os critérios que informam o par "fiscalidade" e "extrafiscalidade", o qual se baseia no fim precípuo da norma tributária, estando em pauta, mais de perto, o escopo do impacto nas condutas sociais, e a categoria "parafiscalidade", que em tudo destoa, estando atrelada fundamentalmente à estrutura impositiva de instituição e arrecadação tributária.

Capítulo XV

MAQUIAVEL É PINTO

Intervenção do Estado na economia e vice-versa

Por seu predicado essencialmente extrafiscal, a utilização dos incentivos fiscais desloca para segundo plano o interesse arrecadatório do Estado e sobreleva outros interesses alinhados, em geral, com projetos de desenvolvimento social e com objetivos da política econômica, nos termos estabelecidos pela Constituição da República. É a Lei Maior que estatui, explicitamente, em seu art. 151, inciso I, a exceção ao princípio da uniformidade geográfica dos tributos instituídos pela União, o que configura a ratificação do postulado federativo e da autonomia municipal. A Constituição não admite instituição de tributo que provoque descompasso ou represente preferência entre os entes federados. A única ressalva a esta diretriz diz respeito justamente aos incentivos fiscais, os quais são manipulados como forma de intervencionismo do Estado na vida socioeconômica dos administrados.

Estabelecendo distinção entre "intervencionismo" e "dirigismo"[1], Tércio Sampaio Ferraz Jr. aponta que este é próprio das economias planificadas, já que pressupõe um Estado com papel centralizador de decisões econômicas porque

---

[1] Congelamento de preços – Tabelamentos oficiais. In: *Revista de Direito Público*, julho-setembro de 1989, p.76-7.

detentor da propriedade dos meios de produção, devendo, por isso mesmo, fixar preços e definir os objetivos da economia segundo parâmetros eminentemente políticos. O intervencionismo, por sua vez, diz respeito à atividade empreendida pela autoridade política, concernente à atuação sistemática nos lindes da economia, pelo que se verificam o estreitamento e mesmo a intersecção entre as esferas do subsistema político, jurídico e econômico, na medida em que aquela ação estatal exige dos agentes econômicos uma "otimização de resultados e do Estado a realização da ordem jurídica como ordem do bem-estar social".

Para o autor, portanto, não se trata de um fenômeno – ele fala a respeito da intervenção estatal – que negue o papel da livre concorrência das forças do mercado, mas, ao revés, que visa assegurá-las e estimulá-las, "na crença de que delas depende a realização do bem-estar social". O emprego do substantivo "crença", a despeito de não nos determos em arrazoados ideológicos, é bastante oportuno. Não deixa de ser inquietante que, ainda hoje, autores razoáveis, seguindo em geral a trilha do pensamento estrangeiro, defendam, a sério, ideias segundo as quais o "interesse geral" seria melhor atingido quando a ação política beneficia um grupo social específico. Há aqui diversos pesos e diversas medidas a serem ponderadas antes de deixarmos pender dos beiços um *amém* consensual.

Luis Eduardo Schoueri adota a acepção de "intervenção econômica" defendida, sem dor, por Eros Roberto Grau: "ação desenvolvida pelo Estado no e sobre o processo econômico, em direção a um mesmo objetivo: correção das distorções do liberalismo, para a preservação da instituição básica do sistema capitalista, o *mercado*"[2]. Eros rejeita a distinção entre "intervencionismo" e "dirigismo", por considerá-las expressões que designam momentos e modalidades de um mesmo processo. A seu modo, Schoueri assevera que a *intervenção* dá-se de duas formas: "por direção" e "por indução" e que ambas são compatíveis com o ordenamento. Embora admita serem às vezes de difícil distinção, afirma renderem-se a ponderações constitucionais distintas, uma vez que implicam restrições à liberdade do administrado – no caso, algum agente do mercado. O aparecimento de certa limitação à liberdade individual do tal agente é a senha para que o autor se coloque intrepidamente empertigado com uma

---

[2] Schoueri, L.E. *Normas Tributárias Indutoras e Intervenção Econômica*. Rio de Janeiro, Forense, 2005.

bandeira em punho – o rígido controle constitucional de quaisquer medidas semelhantes a entraves.[3] Levando esse raciocínio ao seu nó máximo de consequências, o próprio planejamento estatal, enquanto forma racional de intervencionismo, deveria abrir bem as pernas para uma revista minuciosa.

Os temores de Schoueri são agravados por uma passagem do texto de Tércio Sampaio Ferraz Jr., na coletânea *Bobbio no Brasil – um retrato intelectual*, que fizemos questão de sair à cata para transcrevê-lo abaixo:

> Saber se, no caso das técnicas de encorajamento, a autonomia da vontade não estaria sutilmente sendo escamoteada, implicando isso o reconhecimento de que o Estado com função promocional desenvolve formas de poder ainda mais amplas que o Estado protetor. Isto é, ao prometer subsídios, incentivos, isenções, ele [o Estado] se substitui, como disse, ao mercado e à sociedade no modo de *controlar* (no sentido amplo da palavra) o comportamento.[4]

O alarme todo, diz-se, é agravado pela situação dos contribuintes não contemplados pela norma incentivadora, que teriam sua carga tributária elevada, visto que o número dos que a suportavam decresceu, o que revelaria o "interesse de toda a sociedade". Acresce-se, evidentemente, à problemática, já que se está em pauta o mercado, a questão concorrencial – alguns contribuintes estariam em situação de "vantagem" em relação a outros e, de novo, restaria hialina, como o mais puro dos quartzos, a necessidade de deitar sobre tais "benefícios" os olhos, uns olhos bem abertos, arregalados.

Que os incentivos devem ser controlados, disso não se tem dúvida – é pressuposição de seu regime. Da mesma forma, a concessão de tais incentivos deve obediência aos ditames constitucionais, uma vez que compõem o rol das figuras que transitam na esfera tributária, nenhuma novidade há nisso. Todavia, se é cabível algum fanico em torno de tais cuidados, esta reação não deve ser desencadeada como repercussão da tortuosíssima ameaça do Estado em tolher os tentáculos longos e marotos do mercado, mas sim como temor a eventual abalo do próprio encadeamento estrutural das normas jurídicas, o que abateria

---

[3] Ibidem, p.50.

[4] Cf. O pensamento Jurídico de Norberto Bobbio. Cardim, C.H. (org.). Brasília, UnB, São Paulo, Imprensa Oficial do Estado, 2001, p.49.

o funcionamento do todo o sistema tributário e, por conseguinte, o desempenho de todo o ordenamento.

Moderado, José Afonso da Silva diz:

> A atuação do Estado não é nada mais nada menos do que uma tentativa de pôr ordem na vida econômica e social, arrumar a desordem que provinha do liberalismo. Isso tem efeitos especiais, porque importa em impor condicionamentos à atividade econômica, do que derivam os *direitos econômicos* que consubstanciam o conteúdo da constituição econômica. Mas daí não se conclui que tais efeitos beneficiem as classes populares.[5]

Mas, o azedume de Becker é o que nos permite entrever com mais clareza as intervenções mútuas entre Estado e mercado:

> O liberalismo capitalista, ao criticar o planejamento intervencionista do Estado, esquece que o próprio liberalismo capitalista repousa também sobre um planejamento que as forças econômicas privadas estabelecem para manter sua hegemonia graças ao intervencionismo da força bruta (poderio econômico natural) orientada (ela também) pelas "leis" naturais da economia política. O planejamento intervencionista do Estado destrói estes planejamentos egoístas; estes são o instrumento da liberdade de alguns; aquele, o instrumento da liberdade de todos.[6]

Becker não titubeia. Defende como inadiável mais, muito mais, intervenção do Estado na ordem social e na economia. Engrossemos o coro, neste clamor, no que se refere à questão dos incentivos à cultura, todavia, ensaie-se aqui uma ressalva preliminar: o intervencionismo na esfera cultural pelo Estado pode dar-se de inúmeros modos e a partir de razoável quantidade de mecanismos, no entanto isto não garante ao Estado o *status* de "produtor" de cultura nem o privilégio de sub-rogar-se no lugar de quem o deve fazer. O Estado, enquanto intervencionista racional, deve apenas favorecer a promoção, o

---

[5] *Curso de Direito Constitucional Positivo*, p.786.
[6] *Teoria Geral do Direito Tributário*. 4.ed. São Paulo, Noeses, 2007, p.625.

fomento, o acesso à cultura, jamais deve pretender produzi-la por si próprio. Qualquer passo nesse sentido significa descambar para o totalitarismo, para o modelo fascista de atuação.[7] O Estado não tem respaldo constitucional para substituir o cidadão na produção de manifestações culturais, não está autorizado a criar cultura, ao menos aquela a que chamamos *estimulável*.

---

[7] Em setembro de 2009, mais de uma centena de grafiteiros tomou de assalto a Av. 23 de Maio, em São Paulo, para levar a efeito uma manifestação, colorindo alguns quilômetros do muro cinzento que ladeia a avenida. Poucos dias antes, a Prefeitura do Município de São Paulo havia mandado pintar os muros de cinza, encobrindo o grafite e pichações preexistentes. A intenção da Prefeitura era conceder autorização a empresas especializadas para que realizassem uma "grafitagem por encomenda". Indignados, os artistas de rua anteciparam-se aos planos da prefeitura e, apesar de algumas prisões, tomaram o espaço que diziam ser genuinamente seu, o espaço urbano. Notícia veiculada no jornal *Folha de São Paulo*, Caderno "Cotidiano", por Moacyr Lopes Júnior, em 14 de setembro de 2009.

CAPÍTULO XVI

BABEL TERMINOLÓGICA

Incentivo fiscal

Antes de avançarmos, é imperativa a menção: a Lei n° 5.172, de 25 de outubro de 1966, o Código Tributário Nacional, não traz em qualquer de seus dispositivos a expressão "incentivo fiscal". Em princípio, esta ausência não representa nenhum óbice à validade das inúmeras leis ordinárias federais, estaduais, municipais e distritais que preconizam incentivos fiscais à cultura, já que todas encontram seu fundamento de validade no Texto Constitucional. No entanto, tendo sido o Código Tributário Nacional recepcionado pela Constituição Federal de 1988, como Lei Complementar, cabendo a ele estabelecer normas gerais em matéria tributária para dirimir conflitos de competência, bem como regular as limitações constitucionais ao poder de tributar, a legislação atinente aos incentivos fiscais à cultura acha-se sem um amparo mais minucioso de normas gerais, tal como alvitrado pelo art. 146, da Constituição da República.

Ademais, a terminologia que quer designar os incentivos fiscais é vasta e, não raramente, imprecisa ou restritiva demais, assumindo ora trejeitos metonímicos ora ares generalistas – é uma verdadeira "babel terminológica", para fazermos uso da hipérbole de José Souto Maior Borges[1]. O próprio legislador

---

[1]   Incentivos fiscais e financeiros. In: *Revista Trimestral de Direito Público*. n. 8, São Paulo, Malheiros, 1994, p.99.

constituinte, de 1988, lançou à baciada ideias esparsas para tentar abranger e demarcar todo o campo das figuras exonerativas e desonerativas – benefício, subsídio, incentivo, diferimento, isenção, subvenção – as palavras, tomadas assim ao léu, singram um mar de equivocidade a respeito do problema da natureza jurídica da figura que, por ora, escrutinizamos. Diz o legislador constitucional, na seção II, referente às limitações ao poder de tributar:

> Art. 150. Sem prejuízo de outras garantias asseguradas ao contribuinte, é vedado à União, aos Estados, ao Distrito Federal e aos Municípios:
> [...]
> § 6°. Qualquer subsídio ou isenção, redução de base de cálculo, concessão de crédito presumido, anistia ou remissão, relativos a impostos taxas ou contribuições, só poderá ser concedido mediante lei específica, federal, estadual ou municipal, que regule exclusivamente as matérias acima enumeradas ou o correspondente tributo ou contribuição, sem prejuízo do disposto no art. 155, § 2°, XII, g.

Mais atento a distinções, o legislador complementar traça uma sutil linha divisória entre as figuras do *incentivo* e do *benefício*, sobre as quais, visando alcançar uma compreensão geral do conceito de incentivo, nos debruçaremos mais atentamente neste capítulo. O *caput* do dispositivo a seguir foi extraído da lei complementar n° 101/2000:

> Art. 14. A concessão ou ampliação de incentivo ou benefício de natureza tributária da qual decorra renúncia de receita deverá estar acompanhada de estimativa do impacto orçamentário – financeiro no exercício em que deva iniciar sua vigência e nos dois seguintes, atender ao disposto na lei de diretrizes orçamentárias e a pelo menos uma das seguintes condições: [...]

A partir dos apontamentos do jurista espanhol Pedro Herrera Molina, podemos traçar uma primeira distinção bastante proveitosa, para os fins deste trabalho. Trata-se da distinção entre *incentivo* e *benefício*. Para Molina, os dois conceitos não são homocêntricos. Enquanto o benefício fiscal "es aquella exención fundada en principios ajenos a la capacidad contributiva: con él se busca otorgar una vantaja economica", tem-se que os incentivos "son aquellas exenciones configuradas de tal modo que estimulan la realización de determinada conducta"[2]. Diz que "El presupuesto fáctico del incentivo es un hecho imponible exento, consistente en la conducta que se desea fomentar", e que, por extensão podemos denominar *incentivo* "no solo al *efecto* estimulante, sino a las exenciones que lo provocan"[3].

Ou seja, aqui não estamos diante de questões de identidade e muito menos de gênero e espécie. O benefício fiscal diz respeito a uma vantagem econômica do ente que o angaria, em detrimento de uma efetiva ação política do Estado, em geral protecionista, no domínio econômico, sem que sejam exigidos do beneficiado uma conduta específica e condicional e, menos ainda, atenção ao postulado da capacidade contributiva. Já a noção de incentivo fiscal está mais intimamente ligada a uma ação normativa do Estado (prescrição de normas) que visa a uma reação da pessoa (realização de condutas) a favor de certos aspectos, programas ou valores perseguidos pela coletividade. Aqui a ação política encontra-se voltada para que a reação do administrado corresponda efetivamente a uma atividade protegida por um feixe de normas.

Importante notar ainda que todo o domínio em que se empreendem a ação e a reação anteriormente aludidas encontra-se nas bordas do direito positivo tributário, no campo próprio a que a doutrina costuma designar *extrafiscalidade*, estudada páginas atrás. É preciso, no entanto, destacar que, justamente por situarem-se na zona limítrofe entre direito positivo tributário e política fiscal, não se pode pretender que os conceitos sejam tratados com ares maniqueístas, visto que é bastante possível verificar a área de penumbra onde se interceptam. Em primeiro lugar, benefício e incentivo fiscal dizem respeito ao âmbito das normas exoneratórias e desoneratórias de natureza tributária; depois, tanto a concessão de um quanto a de outro exigem estatuição legal; por fim, se observada a dinâmica normativa a partir de um miradouro programático, em ambos os casos, seja pela outorga de benefícios fiscais, seja pelo meneio dos incentivos, o impacto sobre a receita pública é inevitável – o que irá variar é tão--somente a maior ou menor repercussão da medida tomada no plano social, já que esta constitui sempre resultado de uma plataforma política. De resto, incumbe salientar que não é correto pretender enquadrar no terreno próprio da *extrafiscalidade* benefícios de talantes outros como as subvenções e os subsídios

---

[2]   *La exención tributaria*. Torrejón de Ardoz (Madrid), Colex, 1990, p.57.

[3]   Ibidem, p.56-7.

que, por sua natureza eminentemente financeira, acarretam impacto orçamentário no âmbito da despesa pública.

Marcos André Vinhas Catão, em primeira e única abordagem, já que não depura suas elucubrações, um dos escassos autores que buscaram colmatar a lacuna doutrinária a respeito do tema dos incentivos, ensaia uma definição de incentivo fiscal que em nada serve para o exame de funcionamento do mecanismo na seara da cultura. O autor diz que os incentivos fiscais "são instrumentos de desoneração tributária, aprovados pelo próprio ente político autorizado à instituição do tributo, através de veículo legislativo específico, com o propósito de estimular o surgimento de relações jurídicas de cunho econômico". E completa, aduzindo que o fenômeno dos incentivos tem a ver com "uma suspensão parcial ou total, mas sempre provisória, do poder de tributar que lhe é inerente, a fim de conformar determinadas situações, diferindo a tributação para o momento em que a captação de riquezas (imposição fiscal) possa ser efetuada de maneira mais efetiva, eficiente e justa".[4]

É evidente em toda a obra a preocupação do autor com o postulado da justiça que, segundo entende, deve reger a aplicação do direito positivo tributário em uma confluência diretiva que ensejaria a realização máxima da justiça fiscal e, por conseguinte, social. A intenção do autor é verificar as razões e finalidades que justificam a positivação de enunciados no âmbito do sistema tributário para o exercício de uma política fiscal. Os fins do presente trabalho não comungam dos daquele. A despeito de considerarmos inapelável a observação de todos os princípios insertos no texto da Constituição Federal para a concretização de seus ideais maiores, deixamos de atrelar, com Kelsen, para os arremates aqui circunscritos, a validade da norma jurídico-tributária à validade das normas de justiça. Até mesmo porque entendemos pressuposta a harmonia entre estas e aquela, caso tenham sido observados, durante os atos de enunciação próprios da produção legislativa, todos os primados postos no antecedente das normas veiculadoras de princípios.

Ademais, é mister ressaltar desde já um ponto de equivocidade no pensamento daquele autor – a ideia de "desoneração fiscal". Isto por uma razão evidente – "desoneração" equivale à remoção de onerosidade, à desobrigação, ou seja, para haver desoneração é preciso que tenha havido incidência da

---

[4] *Regime Jurídico dos Incentivos Fiscais*. Rio de Janeiro, Renovar, 2004, p.13.

norma de tributação. Conforme será adiante estudado, nem sempre haverá onerosidade, haja vista o caso das isenções, típica figura exoneratória. Adotar tal expressão segundo este arranjo de sentido, implicaria consentirmos naquela disputa de velocidade entre normas a que alude, criticamente, Paulo de Barros Carvalho, segundo a qual, diz-se, incidiria primeiro a norma tributária impositiva de exação e, em seguida, incidiria a norma isentiva, desobrigando o sujeito passivo de recolher o tributo, em algum momento devido. Não é esta a linha de nosso entendimento quanto à fenomenologia da incidência de normas atinentes à exoneração de tributos.

Fazendo alusão ao *drawback* como uma das formas mais antigas de incentivo fiscal, pela qual se paga o imposto de importação de mercadoria estrangeira, no momento de seu ingresso no país, sendo restituído quando for exportado o produto resultante da industrialização dessa mercadoria, Aurélio Pitanga Seixas Filho, para discutir a questão da capacidade contributiva e da isonomia, sempre afeitas às isenções, chega a designar os incentivos fiscais como "isenções extrafiscais". Diz que, ao contrário da "isenção fiscal", que atua fundamentalmente na composição da norma tributária, produzindo uma "consequência jurídico-tributária", a "isenção extrafiscal" é instrumento jurídico-tributário que produz consequência estranha à norma tributária, devendo, portanto, ser caracterizada como "norma excepcional"[5].

A expressão é emprestada de José Souto Maior Borges[6], que a desdobrou na ideia de "incentivos extrafiscais", analisada em capítulo próprio. O autor é categoricamente adepto do pensamento segundo o qual a tal "isenção extrafiscal" seria "tema que cabe em uma teoria funcional e descabe em uma teoria estrutural geral do Direito Tributário". Posição que refutamos com veemência, uma vez que, tendo os incentivos fiscais por escopo intrínseco à sua estrutura lógica a intenção de engendrar no plano social tais e quais condutas intersubjetivas, transitam, sim, nos limites da fiscalidade rumo aos desígnios da extrafiscalidade, mas não vedam a possibilidade de exame de seu regime jurídico a partir de hipóteses de exoneração e desoneração, como o faremos.

---

[5] *Obrigação tributária – uma introdução metodológica*. São Paulo, Saraiva, 1984, p.19.
[6] *Teoria geral da isenção tributária*. 3.ed. São Paulo, Malheiros, 2001, p.70.

CAPÍTULO XVII

TO BE OR NOT TO BE

As classificações dos incentivos fiscais

Extirpado, na medida do possível, o bocado nevoento do conceito de benefício que vaza para dentro da esfera dos incentivos, resta ainda ter em conta que acerca dela, desta esfera, o pouco cismado pela doutrina é escuro e confuso. Há ali muito farelo e os raros grãos inteiros que se acham despedaçam-se ao mais leve toque. O problema da classificação dos incentivos é um dos grãos.

Não bastassem toda a imprecisão terminológica e os arranques metonímicos aos quais já nos referimos, o critério que norteia a classificação mais difundida dos incentivos fiscais possui viés financeiro e não propriamente tributário. Costuma-se afirmar que os incentivos fiscais compõem a categoria de mecanismos que operam sobre a receita pública. Estes seriam "incentivos fiscais por excelência"[1]. Ao lado deles, elencar-se-iam os incentivos que atuam na vertente da despesa pública, os quais possibilitam maior controle orçamentário. O foco aqui está evidentemente voltado para os ingressos nos cofres do tesouro e não para a relação jurídico-tributária desencadeada pela fenomenologia da

---

[1] Pires, A.R. Ligeiras reflexões sobre a questão dos incentivos fiscais no Brasil. In: *Incentivos fiscais – questões pontuais nas esferas federal, estadual e municipal.* São Paulo, MP Editora, 2007, p.20.

incidência sobre um fato jurídico, em um determinado espaço e tempo, entre sujeitos de direito.

Além disso, insiste-se na ideia geral de que o incentivo fiscal estaria necessariamente relacionado com a supressão ou redução da carga tributária, decorrente da "desoneração fiscal"[2]. José Souto Maior Borges, por exemplo, em sua breve alusão aos incentivos fiscais que, segundo o autor, podem ou não abranger isenções, alíquotas reduzidas, bonificações, deduções para depreciação acelerada, suspensão de impostos, crédito de imposto para aplicação em certos investimentos etc., defende que é a partir da redução da carga tributária de determinado contribuinte que o Estado pretende conduzi-lo a realizar determinada conduta, fazê-lo praticar certa atividade.[3]

O estrabismo da doutrina é patente. Na dúvida entre olhar para a situação jurídica do contribuinte a quem foi concedido certo incentivo ou encarar a circunstância em que se encontra o ente público competente para a instituição, cobrança e arrecadação do tributo em questão, a doutrina esticou um olho para lá, outro para cá, e o ponto fulcral, a norma jurídica, objeto precípuo da Ciência do direito, ficou fora de quadro. A grande dificuldade inicial no enfrentamento do problema dos incentivos é que não existe uma teoria geral voltada para o escrutínio de seus atributos, sua natureza. O tema é vítima da excessiva compartimentação da Ciência do direito. E, sendo tópico de fronteira, não só entre matérias jurídicas, mas entre estas e outras, chamadas de "não jurídicas" pelos órfãos retardatários de Kelsen, vem, até o presente momento, sendo escamoteado ora com simples ressaibo ora com pouco-caso, conforme visto.

Antes de qualquer impulso rumo à análise das parcas tentativas de classificação dos incentivos fiscais, é preciso ter em mente que os critérios adotados são, invariavelmente, alheios à estrutura da norma jurídica concessiva, sendo privilegiados fatores de ordem político-econômica. Ocorre que nem toda norma veiculadora de incentivo fiscal está inserida na órbita das normas de que o Estado se serve para intervir no *domínio econômico*. As normas instituidoras de incentivo fiscal à cultura, por exemplo, são normas de intervenção, antes de tudo, no *domínio social*, não obstante os respingos da propalada e insossa *economia da cultura*.

O motivo econômico para a intervenção estatal, estudado por Henry Tilbery, é o ponto de partida para a compreensão dos mecanismos de incentivo mediante

---

[2]   Idem.
[3]   *Teoria e prática das isenções*. p.114-5.

a complexidade que, em relação às isenções, constitui-os enquanto gênero e, simultaneamente, conjunto interceptado. O autor não chega propriamente a elaborar uma classificação dos incentivos fiscais, no entanto, aponta uma interessante relação entre incentivo e isenção, asseverando que esta é espécie daquele e advertindo: "isto não quer dizer que o conceito de 'isenção fiscal' seja, simplesmente, nada mais do que um conceito subordinado ao gênero 'incentivo fiscal'. Os dois conceitos representam dois campos, que se cruzam".[4]

A partir desta ilação, Tilbery vislumbra seis categorias de isenção, baseadas em *motivos* extranormativos, que poderão ou não coincidir com os eventuais motivos de concessão de incentivos, estando lastreadas nos seguintes exemplos: 1) *motivos sociais*, caso da isenção do Imposto de Renda sobre o mínimo necessário; 2) *motivos filantrópicos e humanitários*, caso da isenção do Imposto sobre Produtos Industrializados para caixões funerários; 3) *motivos políticos*, caso da isenção de imposto de importação, concedida a missões diplomáticas e repartições consulares de caráter permanente, e a seus integrantes; 4) *motivos administrativos*, caso da isenção do imposto sobre serviços de qualquer natureza, concedida a determinados prestadores de serviço, a qual, segundo o autor, dar-se-ia em benefício do próprio Estado, uma vez que este não necessitará despender esforços para arrecadar quantias insignificantes, sobrecarregando o aparelho estatal administrativo; 5) *motivos culturais e educacionais*, caso da isenção do antigo Imposto sobre Circulação de Mercadoria sobre "discos didáticos"; e, por fim, 6) *motivos econômicos*, caso de toda isenção cuja meta seja o desenvolvimento industrial, agropecuário, criação de empregos, estabilidade financeira, redistribuição de rendas, integração do território nacional, fortalecimento da balança comercial, aumento da renda per capita.

Seguindo o rastro do conjunto das isenções, e enfatizando que o trabalho se dá em uma área de intersecção, o autor elenca somente alguns dos *motivos* para concessão de incentivos fiscais, os de maior amplitude, dentre o quais se destacam: proteção do desenvolvimento industrial, agrícola, fomento de exploração de recursos naturais, como pesca e recursos minerais, para disciplinar o mercado financeiro, além, claro, daqueles voltados para "setores", como modo de impulsionar certas atividades privadas – considera construção de hotéis e, por

---

[4]   *Direito Tributário – 4ª coletânea*. Elementos de Problemas Tributários, São Paulo, José Bushatsky, 1971, p.19-20.

conseguinte, todo o setor turístico como privado – e aqueles regionais, a partir de ingerência programática, como fazia o Estado com as extintas SUDAM e SUDENE.[5]

Dois lampejos de raciocínio assaltam-nos, a partir de uma singela passada de olhos sobre os "motivos" de Tilbery, sejam os que engendram isenções, enquanto espécie e conjunto autônomo, sejam os que dão ensejo a incentivos fiscais. O primeiro é que todos os motivos são exteriores e anteriores à norma jurídico-tributária, são causas políticas, econômicas, administrativas etc., que compõem o rol das fontes da fonte do direito tributário, insondáveis a partir das meras investidas da Ciência do direito. O outro lampejo consiste na convicção, assentada em um olhar panorâmico, segundo a qual todos esses motivos, de uma ou de outra forma, imbricam-se entre si, descabendo o estabelecimento estático, exaustivo ou isolado de quaisquer das categorias que dariam causa, em específico, à instituição de norma atinente aos incentivos fiscais.

Quanto à classificação dos incentivos em *setoriais* e *regionais*, mais difundida em legislações anteriores à Constituição Federal de 1988, mas que ainda habita diversos enunciados constitucionais, como o art. 48, inciso IV, ela está sempre associada à noção programática de plano de *desenvolvimento*, mas se revela improfícua para os fins do presente estudo. Primeiro porque não abarca a realidade teleológica e estrutural dos incentivos fiscais à cultura, que não se enquadram nem na qualidade de *regionais* nem na de *setoriais*, depois porque, conforme já estudado, não partem da estrutura formal da norma jurídica e sim do campo de abrangência em que, circunstancialmente, estas normas estariam situadas.

Há autores que ainda classificam os incentivos fiscais, a partir da aplicação de uma miscelânea de critérios que muitas vezes não encontram amparo de conformidade entre si, e outros que pretendem esquadrinhar aquela figura jurídica relegando todas as atenções a apenas um critério, de modo a se atingir "espécies" inconciliáveis. É o caso da classificação dos incentivos em *gerais* e *especiais*, lado a lado com os *setoriais* e *regionais*, apresentada no texto de Maria Aparecida Vera Cruz Bruni de Moura.[6] Os incentivos gerais, dentre os quais a autora apresenta como exemplo os incentivos à poupança privada, seriam aqueles que duram no tempo, não havendo prazo limitado, bem como se caracterizam pela pluralidade de atividades econômicas que envolvem. Os incentivos

---

5   Ibidem, p.21-4.

6   Texto componente da 4ª Coletânea da obra *Direito Tributário*, coordenada por Ruy Barbosa Nogueira, p.149.

especiais diriam respeito justamente àqueles cuja duração no tempo é limitada, uma vez que se confirmam como medidas adotadas frente a situações excepcionais, tais como os incentivos à contenção de preços ou de importação ou de produção de certa mercadoria ou realização de determinada meta que se consome em lapso de tempo previamente especificado. Cessada a causa, cessaria a implicação que, no caso, é o próprio incentivo fiscal.

Vê-se que o critério adotado pela autora não é, na verdade, outro senão o atributo da duração do incentivo no tempo. No entanto, sua tentativa de sistematização é frustrada, pois não há possibilidade de elaborar-se uma classificação única, a partir deste critério, em que convivam harmoniosa e distintivamente os referidos incentivos especiais, gerais, setoriais e regionais. Os critérios são diversos, as categorias também. Melhor será esboçar uma subdistinção entre as espécies de incentivo fiscal, segundo um lapso temporal predeterminado ou não. O legislador condiciona a concessão do incentivo por um lapso de tempo específico, o qual, após cessado, o beneficiário deixa de receber o particular tratamento jurídico-tributário decorrente daquela determinação legal.

A despeito de algumas expressões terminológicas pouco rigorosas, como incentivos *temporários* e *permanentes*, também localizáveis na doutrina, parece-nos mais acertado, dada a limitação objetiva, referirmo-nos neste quesito a incentivo condicionado e não condicionado a certo lapso de tempo, uma vez que, do ponto de vista da norma, todos os incentivos serão temporários, pois cedo ou tarde nova legislação pode suceder a lei concessiva e revogá-la. O limite temporal, cabe ainda ressaltar, longe de representar uma restrição negativa para os desígnios extrafiscais pretendidos pela norma instituidora, em geral significa um ponto positivo, uma vez que visa dar ímpeto acelerado a certo plano de desenvolvimento.

Tendo em vista o amplo espectro taxonômico até o momento traçado, é patente que no caso dos incentivos fiscais à cultura, conforme distinção anteriormente efetuada em relação ao conceito de "benefício", a contraprestação é imprescindível. A sistematização dessa contraprestação, bem como aquela concernente ao limite temporal, decorre do preceito estatuído pela Lei nº 5.172/66, Código Tributário Nacional, no campo das isenções, que por extensão corre em nosso auxílio. Em face do teor do art. 178, o qual admite, em princípio, a revogabilidade da isenção, "salvo se concedida por prazo certo ou em função de determinadas condições", tem-se que as duas ressalvas fincam bases mais certeiras para o estudo dos incentivos. Importante ressaltar que este mandamento legal não equivale a uma cláusula independente da conduta do sujeito passivo, uma vez que este geralmente deverá preencher certos requisitos para auferir o incentivo, ainda que "por prazo certo" e "em função de determinadas condições". E mesmo a questão das ressalvas quanto à revogabilidade, não a vemos como imutável, podendo, sim, ser alterada em razão de emergência e necessidade social superveniente.

Ainda quanto ao aspecto da contraprestação, um apontamento faz-se imprescindível. É corrente, pelo menos em tese, que no Estado Democrático de Direito não mais se permitiu a manipulação de tributos com o fito de instaurar privilégios odiosos. Diz-se "em tese" porque sabemos que a prática é muito diversa da teoria. Os privilégios odiosos, não raro, habitam a legislação tributária por meio de expressões eufemísticas como "benefício" ou mesmo "incentivo". Um exemplo bastante recente será a seguir dado, ao tratarmos o caso do amasio entre cultura e esporte. Não se pretende, é preciso deixar claro, condenar a figura do benefício fiscal pelo simples fato de não prever contrapartida. Em alguns casos, a repercussão benévola de certa atividade é, para a sociedade, de tal ordem sensível que a concessão do benefício justifica-se por si só. Não que no caso da cultura isto não poderia ocorrer, pode, mas, no Brasil, nunca houve um programa de desenvolvimento social lastreado em mecanismos de incentivo à cultura tão contundente quanto os programas de desenvolvimento regional – o que nos impele irremediavelmente à uma postura cética quanto ao emprego de benefícios fiscais em um país cravejado por desigualdades sociais tão ferozes.

CAPÍTULO XVIII

CUPELOBO

A trepanação dos três "S"

As matas do Nordeste, sobretudo as do Pindaré, são habitadas por um bicho feroz – não tão feroz quanto a desigualdade de que falamos anteriormente, mas também capaz de assombrar. Os timbiras viam-no de quando em quando. É o Cupelobo[1]: um monstro terrível, corpo de homem, todo peludo, cascos em forma de garrafa no lugar dos pés, o focinho idêntico ao de um tamanduá-bandeira, dado a aparições medonhas e guinchados mais assustadores ainda. A vítima, preferencialmente humana, é abatida por uma trepanação, pelo que, tendo o crânio imobilizado, vê-se incapaz de escapar ao seu terrível fado – ter toda a sua massa cefálica sorvida pelo focinho do Cupelobo, apoiado como uma ventosa no orifício.

Se esta imagem parecer demasiadamente enfática, não será, por conta disso, menos admirável, e seu emprego se justifica por duas razões – em primeiro lugar, é imprescindível sorver ou "supar"[2], como dizem os índios, algumas

---

[1] Câmara Cascudo registrou-o com o nome de "Capelobo" e diz que também há referências dele nos rios paraenses, onde goza de popularidade e assombra principalmente indígenas caçadores – "O nome Capelobo é um hibridismo de *capê*, que tem osso quebrado, torto, pernas tortas, e o substantivo português *lobo*". Cf. *Geografia dos mitos brasileiros*. 2.ed. São Paulo, Global, 2002, p.225-6.

[2] Frois Abreu. *Na terra das palmeiras*. Rio de Janeiro, Oficina Industrial Gráfica, 1931, p.188-9.

formulações cerebrinas fundamentais, de certos estudiosos, para melhor elucidação dos conceitos que viemos desenvolvendo até este ponto, bem como melhor encaminhamento de outros, novos; em segundo lugar, e este motivo não é menos relevante, é preciso dar alguma cor à abordagem de temas sisudos que, neste momento do livro, desenrolam-se já quase neurastênicos. Uma corzinha não mata o conhecimento e se essa nossa intuição, por si só, não for capaz de convencer, vão lá, leiam em Wittgenstein o terceiro aforismo do ano de 1929[3], que aqui deixamos de transcrever para não roubar aos infatigáveis perscrutadores a oportunidade de consultar o texto original, *in loco*, e descobrir na mesma página outras máximas tão formidáveis quanto a que indicamos.

A despeito da reconhecida integridade científica dos três autores a seguir trepanados, o que nos impele à recomendação efusiva de várias de suas obras, é forçoso traçar objeções, não às obras nem às vítimas de nossa ventosa, mas a pontos específicos de suas teorias, com o fito único de explanar o nosso objeto de análise. Debruçar-nos-emos sobre os três "S", a "elite"[4], no direito brasileiro, do estudo da matéria exoneratória e desoneratória: Souto, Sacha e Schoueri.

---

[3]   *Cultura e valor.* Lisboa, Edições 70, 2000, p.13.
[4]   O termo "elite" não é utilizado aqui com a precisão da sociologia, mas sim no sentido empregado por Paulo de Barros Carvalho. Cf. *Vilém Flusser e juristas: comemoração dos 25 anos do grupo de estudos Paulo de Barros Carvalho.* São Paulo, Noeses, 2009, p.XXIV.

CAPÍTULO XIX

PEDANTES E BEATOS

Incentivos extrafiscais

O primeiro mote quem nos dá é José Souto Maior Borges que, ao fazer uma análise da norma inserta no art. 155, § 2º, inciso XII, alínea "g", da Constituição Federal, acusa o legislador constituinte de redundante. Diz: "Nesse dispositivo, a CF de 1988, no afã de não deixar nada de fora da lei complementar, foi até pleonástica. Porque todo 'benefício fiscal' acaba por confundir-se com um 'incentivo'"[1]. Essa discussão já foi superada neste trabalho. Vimos, com Molina, que *benefício* e *incentivo*, não obstante possuam uma zona nebulosa de intersecção, *a priori* são conceitos distintos, estando relacionados precipuamente com o modo de intervenção estatal na conduta do sujeito beneficiado e do incentivado, colhendo aquele, em geral, meras benesses, e este, os meios para engendrar, por si, as benesses. Esse "modo de intervenção", saliente-se, estará devidamente delineado na norma jurídica instituidora, dado que o sistema tributário nacional não permite que sejam concedidos benefícios ou incentivos fiscais sem lei específica.

Conquanto sejam diversas as atecnias dos textos do direito positivo, é forçoso render salvas de elogio, vez ou outra, aos acertos do legislador, como no presente caso. Entre *benefício* e *incentivo* não há o propalado pleonasmo.

---

[1] "Incentivos fiscais e financeiros", idem.

Caso a insistência vença o arrazoado acima e se pretenda, com paixão, encontrar qualquer afã redundante no referido dispositivo, este será identificado no arrabalde que encerra a enumeração "isenções, benefícios e incentivos fiscais", posto que as isenções, enquanto categoria que são, podem representar ora benefícios, ora incentivos.

O sinal da trepanação em Souto, no entanto, não se verifica ali, mas sim na gradação argumentativa que o impele a concluir o quanto segue. O autor pontua que o incentivo pode, estipulativamente, "qualificar-se como *fiscal*, se concedido em função de incapacidade contributiva" – o exemplo citado é aquele disposto no art. 153, §4°, inciso II, da Constituição Federal, ao proclamar que o imposto territorial rural "não incidirá sobre pequenas glebas rurais, definidas em lei, quando as explore o proprietário que não possua outro imóvel". A despeito da controvérsia sobre a questão da capacidade contributiva e de sua efetiva constatação na situação prevista constitucionalmente, já que, a depender da estatuição legal, a "pequena gleba" não necessariamente representará signo presuntivo de "incapacidade contributiva", o que nos fará advogar ora a existência de um benefício ora a de um incentivo, é preciso destacar que o caso não é de "isenção", como explicita o autor. É caso típico de prescrição constitucional formulada em termos imperativos-negativos – "não incidirá", é uma imunidade. Conforme veremos nos capítulos ulteriores, as imunidades também podem constituir incentivos, se bem que sempre beirando a área de penumbra em comum entre estes e os benefícios.

Afora o deslize conceitual em que o autor emprega "isenção" no lugar de imunidade, institutos inteiramente diversos, seja quanto à fenomenologia da incidência seja quanto ao *status* de hierarquia normativa, a noção de incentivo fiscal não se encontra completamente inutilizada, muito embora esteja inarredavelmente conexa, segundo entende o trepanado, a questões de capacidade contributiva, o que compreende apenas uma das facetas da figura jurídica. Mas, para o momento, o que é digno de zelosa nota, é a ideia de *incentivo extrafiscal*, que Souto esboça como aquele "outorgado em razão de política econômica", para o desenvolvimento industrial, por exemplo. Diz o autor:

> No jargão tributário somente costuma falar-se em "incentivo fiscal" quando relacionado com os incentivos de caráter industrial e semelhantes, que a rigor são

decorrentes da função "extrafiscal". Melhor dir-se-ia portanto, mas com risco de preciosismo pedante: incentivos extrafiscais.[2]

Sobre pedantaria, não somos nós que iremos apontar nas ponderações do autor este pecado, até mesmo por conta do preceito bíblico – "não queirais julgar para que não sejais julgados"[3] – e todos sabemos que uma sentença dita com convicção é o suficiente para que os dedos acusadores da soberba alheia ergam-se com frêmito. Mas, quanto ao "preciosismo" aludido, cabe a objeção. Levando-se em conta que o autor, ao empregar a expressão "incentivos extra-fiscais", não está se referindo a incentivos de outras ordens, extrajurídicas, como incentivo logístico, incentivo político ou até mesmo incentivo moral, uma vez que trata do Fundo para o Desenvolvimento das Atividades Portuárias (Fundap), criado pela Lei nº 2.508, de 22 de maio de 1970, e dos incentivos operantes no âmbito do ICMS, não há meio de apresentarmos qualquer ponto de concordância com o raciocínio.

O ponto de partida para suas ilações em torno dessa ideia de incentivo é a formulação primária de *isenções extrafiscais*, que consistiriam na "exoneração total ou parcial da carga tributária", sem que isso tenha relação com a "riqueza do contribuinte", exercendo, isto sim, "uma função reguladora alheia à justiça tributária". Mais uma vez, é o critério da capacidade contributiva pairando sobre a noção de incentivo. Segundo Souto, sob estas circunstâncias, as isenções representariam um "*método* a serviço dos objetivos em função dos quais se definem os fins da política fiscal".[4] Justiça tributária, política fiscal, incentivo como *método* para consecução de fins, todas essas menções extrapolam a pers-pectiva jurídica e, mais propriamente, o escrutínio analítico da norma.

Ora, a natureza *fiscal* do incentivo diz respeito à estrutura da norma, não à sua eventual finalidade. A ocorrência da conduta desejada, diversa daquela que impinge o sujeito a levar dinheiro aos cofres públicos, somente interessa ao direito tributário na medida em que haja incompleta subsunção do fato à norma, vale dizer, para o caso da cultura, na medida em que o incentivo fiscal concedido não tenha, efetivamente, como contrapartida, as condutas-chave de investimento, patrocínio ou doação a determinado projeto cultural ou apoio a

---

[2] Idem.
[3] Mateus, 7.1.
[4] *Teoria Geral da Isenção Tributária*, p.70-1.

certo fundo de fomento à cultura. É nesse sentido que o mecanismo é chamado de *incentivo fiscal*, porque o conjunto de normas atua de maneira a tecer, articulando onde pode e desarticulando o que lhe convém, a relação jurídica entre entidade competente e o sujeito a quem concederá certo estímulo fiscal para o desenvolvimento de atividades caras à coletividade. Não há, portanto, "preciosismo" na tentativa de Souto, mas também não há desleixo. O que se vislumbra no pensamento do autor é tão-somente confusão entre a natureza da norma e sua repercussão no plano social.

De resto, cumpre destacar que sua postura contra a "beatice" dos estímulos fiscais – termo que tomou de Sainz de Bujanda[5] –, preconizando, de par com este jurista, como razoável a "restrição paulatina das isenções extrafiscais", tem em vista o temor quanto ao seu emprego abusivo, sacrificando a "justiça tributária" por uma "justiça social". Outro autor que defende o caráter excepcional dos incentivos é Gilberto Bercovici. Ele afirma que "é (ou, ao menos, deveria ser)"[6] uma característica básica dos incentivos fiscais, que estes não devem ser permanentes, que o mais "conveniente" é, a partir do estabelecimento de objetivos claros, a "supressão gradual" de tais mecanismos. Chega a apontar, como problema do "caso brasileiro", a falta de um "plano racional" para a concessão de incentivos fiscais, regida por prazos e objetivos determinados, como maneira de evitar a prorrogação *ad aeternum* de incentivos, segundo o modelo vigente para o desenvolvimento regional até o advento das Medidas Provisórias nº 2.156-5 e 2.157-5, de 2001, que extinguiram, respectivamente, a Sudene e a Sudam. Quanto ao problema brasileiro, em linhas gerais, angaria nossa concordância; no entanto, não entendemos que a conveniência assinalada encontre amparo quanto à questão dos incentivos fiscais à cultura, pelo menos em curto e médio prazo. Caso lembremos-nos da lição de Becker quanto aos *objetivos* do direito tributário, teremos em conta que a "justiça tributária", se é que existe uma, não poderá jamais ser perseguida como um fim isolado e anterior à justiça social.

---

5   Concordando com o jurista espanhol, Souto pontua que os estímulos fiscais não podem ser considerados "panaceia para todos os males", e que a solução para não sacrificar a "justiça tributária" seria, conforme Bujanda, a "substituição do método dos 'estímulos' ocasionais e fragmentários e, em certas ocasiões, arbitrários, por um 'sistema tributário estimulante' em que a organização dos impostos para coadjuvar os fins da política social e econômica não necessita abrir contínuas brechas na justa repartição da carga fiscal". (Ibidem, p.72-3).

6   Op. cit., p.131.

Capítulo XX

DISPUTA INTRANORMATIVA

Exonerações internas

Sacha Calmon Navarro Coelho, em sua *Teoria Geral do Tributo e da Exoneração Tributária*, diz que pode haver dois tipos de alterações legislativas de impacto certeiro na "norma de tributação": uma se dá no âmbito da hipótese, subtraindo ou acrescentando "fatos" que determinam *"tipos específicos* de exoneração"; a outra ocorre no âmbito do consequente, acarretando "mutações no perfil do dever jurídico". Até aqui, embora o uso da terminologia soe com um quê de ambíguo, revela-se minimamente satisfatório o corte empreendido nas duas fatias máximas da estrutura lógica da norma. No entanto, ao classificá-las, o trepanado refere-se à primeira alteração como sendo "qualitativa", porque, em última instância, qualificariam ou desqualificariam fatos, tornando-os "aptos a 'gerar' tributação", e, quanto à segunda alteração, considera-a "quantitativa" porque afetaria "apenas o quantum do *dever jurídico de pagar tributos".*[1]

Bem se vê que a simplificação de um modelo de escrutínio exegético implica o risco, como o que aqui se verifica, de reducionismo das formas de aproximação do objeto. Dizer simplesmente que, no primeiro caso, a imposição da norma de isenção tem *efeito desqualificante* sobre os "fatos jurígenos" impedindo a

---

[1] Sacha Calmon Navarro Coelho. *Teoria geral do tributo e da exoneração tributária*. São Paulo, Revista dos Tribunais, 1982, p.118.

incidência da norma de tributação e a própria consubstanciação da obrigação não explica exatamente a dinâmica internormativa, nem nos permite vislumbrar todas as suas esferas de alcance. No âmbito da hipótese de incidência poderá haver "desqualificação", ou mutilação, não só na esfera da materialidade, mas também nos próprios aspectos temporal ou espacial dos fatos jurídicos tributários, o que nos faz considerar reducionista a atribuição de "alteração qualitativa".

Na mesma linha, sendo, contudo, ainda mais preocupante, no domínio da consequência normativa, não basta dizer que será "quantitativa" a exoneração que se der no âmbito do *dever jurídico*. O prescritor pode ser açoitado tanto em seu aspecto quantitativo quanto em seu aspecto pessoal, havendo, portanto, desdobramentos exonerativos por decorrência do ataque empreendido pela norma isentante contra determinações da regra-matriz de incidência no que diz respeito à base de cálculo, à alíquota, ao sujeito ativo ou ao sujeito passivo. Nesse ponto, não é somente o *quantum* que importa, relativizado pela norma isentante na interação base de cálculo *versus* alíquota, mas também *quem* é o sujeito da obrigação responsável pelo pagamento de certo montante e aquele ao qual cabe o respectivo pagamento.

Além disso, toda a compreensão da dinâmica relacional entre regra-matriz de incidência e norma de isenção tributária é prejudicada, caso sigamos os passos do autor, uma vez que entra em cena a velha disputa de velocidade entre normas, agravada pela consideração de que a mesma norma isentante, a depender de qual ponto da regra-matriz de incidência pretenda mutilar, poderia incidir ou não. Segundo Sacha, caso o "fato jurígeno" fosse desqualificado, isto é, houvesse "alteração legislativa" no âmbito da hipótese de incidência tributária, a norma de tributação não incidiria, não se instaurando a obrigação entre sujeitos de direito. Por outro lado, caso o "dever jurídico" ou, em seu entendimento, o *quantum* estabelecido pela norma *strictu sensu* fosse atacado pelos comandos de isenção, a obrigação tributária teria sido deflagrada, irremediavelmente. Isso porque, conforme expõe, o fenômeno jurídico da incidência da norma acontece quando os fatos "desenhados nas *hipóteses normativas* ocorrem no mundo real, fenomênico". E conclui:

> "Aliás é exatamente por tal razão que se fala em *hipóteses de incidência das normas*. A instauração de deveres jurídicos-tributários concretos se dá, portanto, como *consequência* da incidência das normas de tributação".[2]

---

[2]   Ibidem, p.119.

Entrevê-se aqui a ultrapassada compreensão da incidência tributária como automática e infalível, tão atacada por Alfredo Augusto Becker. E não só. O que é mais importante para o estudo cá em tela: o autor expressa uma convicção bastante exótica, no estudo das exonerações, segundo a qual, o encontro da norma isentiva com a regra-matriz de incidência poderia implicar, ou não, a obrigação tributária, a depender exclusivamente de qual esfera da norma de tributação foi atacada pela norma de isenção. Se o alvo for a hipótese, o acometimento é *qualitativo*, o que impede a incidência da regra-matriz sobre determinados fatos realizados pelos sujeitos e, consequentemente, o surgimento da obrigação tributária. Caso a norma isentiva tenha na mira o prescritor normativo, o ataque é tão-somente *quantitativo*, e o fato jurídico descrito no antecedente, uma vez efetivamente realizado no mundo fenomênico, é hábil a levar a efeito a incidência tributária, de maneira indestrinçável.

Denota-se, no encalço de Sacha, que a competição de celeridade quanto à fenomenologia de incidência pode dar-se, não só entre normas, o que revela uma compreensão cronológica e não dinâmica da incidência, mas também uma disputa entre as próprias estruturas lógicas da norma, uma disputa aberrante entre prótase (antecedente) e apódose (consequente), em que a norma de isenção não obstaria a incidência de parte da regra-matriz, importando necessariamente afirmar da possibilidade de incidência de estruturas implicacionais amputadas.

CAPÍTULO XXI

DESEJOS (QUASE) OCULTOS

Normas indutoras

Por fim, cabe uma alusão ao derradeiro "S": Luís Eduardo Schoueri. O autor é bastante fleumático no emprego sinonímico de expressões como *incentivos*, *benefícios*, *isenções* – estas últimas categorizadas enquanto *técnica* que serviria tanto a "objetivos extrafiscais"[1] quanto aos arrecadatórios e simplificadores[2]. Com os dois pés fincados na *kultur* germânica, o autor defende a distinção das normas tributárias em duas classes básicas: *normas arrecadatórias* e *normas indutoras*. O primeiro grande drama em torno de sua teoria está relacionado com o próprio critério apto a proporcionar uma diferenciação satisfatória entre as ditas *normas indutoras* e quaisquer outras normas tributárias.[3] Schoueri passa ao exame do

---

[1] *Normas tributárias indutoras e intervenção econômica*. Rio de Janeiro, Forense, 2005, p.207.

[2] Quanto ao objetivo "simplificador", diz tratar-se de uma "função das normas tributárias regida pelo princípio da praticabilidade, autorizando o aplicador da lei a adotar medidas globais, generalizantes, com a finalidade de simplificar o sistema tributário". Ibidem, p.32.

[3] Maria da Motta Pacheco defende o conceito de "normas jurídicas indutoras de conduta", afirmando que são "uma terceira espécie de norma jurídica: aquela que nem obriga nem proíbe, mas induz o cidadão a um comportamento. Deixa-lhe a opção de realizar ou não os pressupostos criados na hipótese da norma para obtenção de uma vantagem ou de um prêmio". Cf. Denúncia espontânea e Isenções – Duas Figuras da Tipologia das Normas Indutoras de Conduta. *Revista Dialética de Direito Tributário*. n. 57, junho de 2000, p.7-18.

critério finalístico, o mais utilizado entre os alemães. Este critério, segundo expõe, refere-se à finalidade primeira, esboçada pelo legislador nos contornos da norma jurídica instituidora de tributo, e pode ser investigado tanto segundo uma análise objetiva, quanto subjetiva, e mesmo pela combinação de ambas. Diz o autor: "Em qualquer caso, revelando-se o desejo deliberado de influir na ordem econômica e social, ter-se-ia norma tributária indutora".[4]

O problema de tal raciocínio é que sempre há "desejo" por parte do Poder Legislativo e, de maneira ampla, por parte do Estado, de influir na ordem econômica e social. No caso dos incentivos à cultura, o desígnio seria a interferência primordial na esfera ampla cognominada "social". Será sempre difícil discernir qual norma tributária adentraria o ordenamento com o fim único de "induzir" certa conduta, distinta daquela relacionada ao pagamento de tributo, a qual visaria meramente ao cumprimento de uma função arrecadatória. Do mesmo modo, é absolutamente plausível a instituição de uma norma tributária com fins primordialmente arrecadatórios que provoque uma repercussão tal sobre a atividade sobre a qual incide que termine por desestimulá-la. Seria uma espécie de "agravamento", nos termos classificatórios das técnicas de indução por normas tributárias delineados por Schoueri[5], quando a onerosidade incita o contribuinte a adotar comportamento diverso do que vinha adotando.

Na própria matéria aqui estudada, há exemplo relativamente recente de agravamento. No apagar das luzes de 2008, a Lei Complementar 128, publicada no Diário Oficial da União, em 22 de dezembro, elevou sensivelmente os impostos das pessoas jurídicas do segmento cultural optantes do Simples Nacional. As empresas cinematográficas, de produção cultural, artes cênicas, escolas de dança, dentre outras, foram reclassificadas e, do salto de uma tabela anexa à outra, tiveram o seu consequente sensivelmente agravado, pela prescrição de alíquotas até então aplicadas somente a empresas de outros setores. Uma vez optantes de um regime de tributação simplificado que lhes refletia o porte institucional e econômico, algumas das referidas pessoas jurídicas, abaladas pelo impacto da carga tributária, chegaram a encerrar suas atividades, o que configura o desestímulo e, conforme apontado por militantes, um golpe político para desarticular o setor.

---

[4] No fim das contas, o autor defende que as normas tributárias indutoras são identificadas a partir de sua "função", a indutora, uma das funções dentre as muitas que a norma tributária desempenharia (p.17 e 30).

[5] Op. cit., p.205.

Longe de pertencer ao universo mais imediato de nossas inquietações, a ideia de "golpe" propugnada serve-nos ao escopo alusivo do possível alcance de uma norma tributária no amplo domínio social, bem como ao entendimento de que é improvável, a não ser que a exposição de motivos do texto legal apresente justificativa expressa, a verificação basáltica dessa tentativa, desse "desejo" do legislador de desferir um "golpe" contra um ramo de atividade econômica organicamente acanhado, mas substancialmente relevante.

Todo o raciocínio de Schoueri parte do pressuposto, seguindo Eros Roberto Grau, de que a intervenção estatal distingue-se em "por direção" e "por indução". Intervenção por direção seria aquela cogente, que se dá por meio de comandos imperativos que impõem certos comportamentos a serem cumpridos, obrigatoria-mente, pelos agentes da atividade econômica, como pelo controle de preços. À hipótese corresponde um único consequente. Já as normas de intervenção por indução caracterizam-se por serem, segundo o autor, "dispositivas" e não "impo-sitivas". O agente econômico poderia cumpri-las ou não, ele dispõe de alternativas, há diante dele potenciais estímulos e desestímulos que atuam no campo de sua vontade, mas que o levam, geralmente, à conduta desejada pelo legislador. Con-forme o autor, o Estado estaria "abrindo mão" de seu "poder de dar ordens", é como se a autoridade legiferante fosse dada a lançar isca aos administrados. Nesse caso, haveria, segundo o autor, duas consequências atreladas a uma mesma hipótese.[6]

Sua tentativa de formalização da norma de indução conduz-nos a dois abismos: o primeiro deles é o próprio estado abismal de espírito, o segundo é a ponta da falésia em que se encontram todos os paradoxos. Schoueri ratifica em diversas passagens a distinção anteriormente aludida entre as formas de intervenção por direção e por indução, no entanto, com o fito de "esclarecer o caráter normativo de seu objeto", o que, salienta, o fará com brevidade, dado o "enfoque pragmático" de seu estudo, diz:

> Ao se destacar uma função da norma tributária, *in casu*, a função indutora, o que se faz é um novo desdobramento da norma primária. Ter-se-á, uma primeira norma primária, na qual se fará presente a própria indução, pelo legislador, que, do ponto de vista jurídico, nada mais é que uma ordem para que o sujeito passivo adote certo comportamento. Não se perfazendo o comportamento, nasce uma obrigação

---

[6] Op. cit., p.43-4.

tributária, que colocará o sujeito passivo em situação mais onerosa que aquela em que se situaria se adotado o comportamento prescrito pelo legislador. Finalmente, não se altera a norma secundária, já que do descumprimento da obrigação tributária surgirá a providência sancionatória, aplicada pelo Estado.[7]

Segundo a teoria da estrutura dual da norma jurídica adotada por Lourival Vilanova[8] e a terminologia de Carlos Cossio, ambos professados por Schoueri, na linha de Paulo de Barros Carvalho, a norma primária, ou endonorma, prescreve um dever, se e quando ocorrido o fato previsto no antecedente, enquanto a norma secundária, ou perinorma, prescreve uma sanção, no caso de descumprimento da conduta estabelecida na norma primária. O suposto da norma secundária, portanto, apontará, necessariamente, para a conduta violadora do dever estatuído no antecedente da norma primária, ao passo que o prescritor estabelece a consequência, a relação jurídica decorrente da violação.[9] O desdobramento que Schoueri faz da norma primária é arbitrário, não decorre da composição estrutural dela. O autor tenta pilar na articulação básica de uma norma qualquer a sua "função indutora" como um "dever", uma "ordem", contradizendo sua própria argumentação de que a "indução" não é impositiva, de que o administrado teria diante de si a liberdade de escolha entre uma e outra conduta. Por seu giro, a norma indutora seria tão cogente quanto qualquer outra, passaria a *condutora*.

Em seguida, o autor atribui à incidência tributária uma "não conduta", como se essa estivesse prescrita no antecedente da norma primária "desdobrada", isto é, o sujeito estaria obrigado a realizar o pagamento do tributo porque deixou de fazer algo e não porque o fez. Este raciocínio subverte toda lógica da fenomenologia da incidência. Ao invés de a norma tributária incidir sobre certa conduta humana prevista no suposto da regra-matriz, segundo Schoueri, ela incidiria sobre a ausência de uma conduta. Nessa esteira, surgiria,

---

[7] Op. cit., p.31.

[8] Para Lourival Vilanova, a norma jurídica completa é composta por duas partes, designadas "norma primária" e "norma secundária". Diz: "Naquela, estatuem-se as relações deônticas direitos/deveres, como consequência da verificação de pressupostos, fixados na proposição descritiva de situações fácticas ou situações já juridicamente qualificadas; nesta, preceituam-se as consequências sancionadoras, no pressuposto do não cumprimento do estatuído na norma determinante da conduta juridicamente devida". Cf. *As Estruturas lógicas e o sistema do direito positivo*. São Paulo, Noeses, 2005, p.105.

[9] Paulo de Barros Carvalho. *Direito Tributário, Linguagem e Método*, p.137.

como consequência, uma relação jurídico-tributária entre o indivíduo e o Estado, na qual este figura como sujeito ativo e aquele como sujeito passivo, dada a não realização de uma conduta.

Importante consignar que aqui não se trata de agravamento, mas de incidência tributária pura e simples. O indivíduo estaria sendo coagido pelo Estado a realizar determinada atividade, sob pena de, não o fazendo, ter sua inércia alcançada pela incidência da norma de tributação. Com isso, além da ideia de liberdade de escolha entre alternativas, antes preconizada, ter sido demolida, o que compromete toda a construção teórica em torno da distinção entre "direção" e "indução", a incidência da norma de tributação assume contornos de punição, como se o tributo pudesse incidir sobre fato inexistente ou, pior, como se o sujeito estivesse cumprindo uma "não conduta" prevista no suposto normativo, o que, sem dúvida, está dissociado da lógica.

Para efeitos do presente estudo, a tese do autor equivaleria a supor que existe uma norma primária cujo antecedente é, utilizando o ICMS como exemplo, prestar serviço de comunicação e patrocinar projeto cultural no estado de São Paulo, e o consequente seria a relação entre o Estado e o sujeito passivo na qual este recolheria aos cofres daquele determinado montante com o abatimento preconizado na legislação estadual. Por sua vez, a norma primária "desdobrada" teria como suposto a prestação de serviço de comunicação e o "não patrocínio" a projeto cultural, do que decorreria a consequência correspondente ao pagamento do imposto, sem qualquer dedução.

Vê-se que, ao tentar integrar à estrutura da regra-matriz elementos estranhos à sua composição material, a propalada "função indutora", o autor termina por imiscuir partes inconciliáveis em uma estrutura básica condicional, fazendo romper a organização interna da norma. A natureza extrafiscal da norma não está burilada em sua forma, nem se lhe pode apanhar desmontando proposições, buscando em suas articulações mecanismos ocultos pelos quais se impinge o sujeito a realizar certa conduta. A extrafiscalidade somente pode ser verificada no âmbito da eficácia social; nas cercanias da norma haverá, quando muito, vestígios da intencionalidade do legislador.

CAPÍTULO XXII

EXONERAÇÕES E DESONERAÇÕES

Tipologia dos incentivos fiscais

Após analisarmos pontos viscerais da obra de três das maiores autoridades brasileiras acerca da matéria aqui em análise, passando pela compreensão de Souto quanto às "isenções extrafiscais" e seu divórcio em relação aos desígnios do princípio da capacidade contributiva, em detrimento de uma política fiscal, bem como pelo exame empreendido por Sacha no interior da composição normativa, em que propugna a ligeireza do antecedente frente à norma de isenção que ataque qualquer dos critérios do consequente, e, por fim, ingressando no núcleo do pensamento de Schoueri, que pretende construir a norma tributária "indutora", em contraposição à arrecadatória e simplificadora, a partir do resgate de sua função nas engrenagens do próprio arcabouço normativo, podemos seguir rumo à formulação nuclear que sustenta as traves deste livro: o *discrímen* dos incentivos em exonerações, desonerações e imunidades.

É importante termos em conta o problema da fenomenologia da incidência tributária visto que todo o tema da exoneração, em particular, que abrange as isenções enquanto espécie, é abalado pelas dificuldades que reverberam daquele. Incumbe-nos, inicialmente, traçar uma distinção bastante relevante no que diz respeito às exonerações. Alguns autores defendem, no estudo da tipologia exonerativa, a existência de exonerações "internas" e "externas", tendo como referência a própria estrutura da norma.[1] Misabel Abreu Machado Derzi, no rastro de Sacha, classifica as formas de exoneração tributária em "exógenas" – supervenientes ao surgimento da obrigação tributária – e "endógenas" – atuantes na estrutura da norma.[2] Reportemo-nos à terminologia de Sacha, cuja obra está sendo mais largamente analisada.

Segundo o autor, as chamadas exonerações internas distinguir-se-iam das externas por estarem aquelas alojadas na hipótese normativa ou no prescritor, isto é, teriam por *habitat* o interior da norma e resguardariam, conforme já estudado, natureza *qualitativa* ou *quantitativa*. As exonerações internas qualitativas corresponderiam às imunidades e isenções, ao passo que as exonerações internas quantitativas diriam respeito às reduções da base de cálculo e alíquotas, bem como às deduções tributárias de despesas presumidas e concessão de créditos presumidos. As exonerações externas, por seu turno, seriam aquelas instituídas fora do espectro estrutural normativo, sendo representadas pelas remissões e devolução de tributos pagos legitimamente, segundo o entendimento do autor.

Seja porque nosso pensamento não se coaduna com a categorização das exonerações tendo como critério o seu *tópos*, seja porque o próprio modo de classificar em esferas exonerativas não se apresente hábil, diante do problema da incidência tributária e do encontro ou sobreposição de normas, esta classificação não será utilizada para os fins do presente trabalho, servindo apenas como exercício de compreensão do objeto imediato – os incentivos fiscais. De todo modo, cabe uma distinção entre conceitos de que faremos uso aqui e acolá – exonerações e desonerações. Tanto umas quanto outras podem ser manejadas enquanto incentivos fiscais concedidos a alguma atividade desenvolvida no domínio social, sempre que de interesse público, dentro do recorte traçado pelos limites constitucionais, para que não acarretem a mera verticalização do tratamento desigual entre contribuintes que estejam na mesma situação jurídica.

As *exonerações* tributárias nada mais são do que mecanismos jurídicos, os quais, por meio de lei específica, incidem sobre a realidade social e, operando em uma dinâmica simultânea à da incidência da regra-matriz de determinado tributo, tolhem o campo de alcance desta, fazendo com que, parcialmente,

---

[1] Sacha Calmon é um dos mais ardorosos defensores. Cf. Op. cit., p.120-205.

[2] Cf. Notas atualizadoras em Baleeiro, A. *Direito Tributário Brasileiro*. Rio de Janeiro, Forense, 11.ed. 2004, p.398.

algum critério normativo seja inutilizado ou obstaculizado, o que implica a impossibilidade de deflagrar-se a incidência plena daquela norma e, por conseguinte, o próprio surgimento da obrigação. Tendo esta vindo à luz das relações intersubjetivas, considera-se também *exoneração*, para fins analíticos, aqueles mecanismos capazes de provocar o sustamento, ainda que temporário, da exigibilidade do crédito tributário.

São abrangidas pelas exonerações algumas das clássicas formas de, segundo expressões empregadas pelo Código Tributário Nacional, "exclusão do crédito tributário" – as isenções – e "suspensão do crédito tributário" – diferimento e moratória, que no panorama geral dos incentivos fiscais podem representar alento substancial no incremento de projetos desenvolvidos para o fomento da cultura. Enfim, em um resumo categórico, já que o conceito foi largamente delineado, exonerar é abster o sujeito de pagar, seja porque a norma tributária não logrou incidir sobre a atividade realizada por ele, não havendo, portanto, obrigação tributária, seja porque, deflagrada a obrigação, a norma concede ao sujeito facilidades de caráter, em geral, temporal, para cumprimento do dever jurídico. Nestes casos, ou a obrigação tributária nunca surgiu ou ela está, temporariamente, despida do tônus da exigibilidade.

As *desonerações*, por sua vez, indicam que em algum momento foi detonado o estopim de uma obrigação de natureza tributária ou sancionatória, sendo conhecidos todos os critérios da regra-matriz de incidência ou da norma de sanção. No entanto, a legislação estabelece mecanismos tais que são capazes de liberar o sujeito passivo do encargo de pagar determinada quantia ao Poder Público ou de submeter-se a certa pena, decorrente de infração. Nestes casos, diz-se que o sujeito foi "desobrigado" de uma compulsão pretérita ou, simplesmente, que houve o perdão[3]. São consideradas desonerações, em matéria tributária, basicamente duas formas de perdão: a remissão e a anistia, muito semelhantes entre si, mas com bases jurídicas absolutamente diversas e repercussões distintas sobre o direito subjetivo do indivíduo desonerado.

---

[3] A *transação* e a *compensação*, enquanto formas extintivas da obrigação tributária, embora não constituam exatamente perdão, poderiam ser consideradas, grosso modo, formas de desoneração, posto que envolvem sempre um componente de condescendência por parte do Poder Público. No entanto, não serão abordadas no presente trabalho, uma vez que a extensa e vigente legislação estadual, municipal, distrital e federal acerca dos incentivos fiscais à cultura não as abarca, pelo que temos visto.

A remissão diz respeito ao "indulto"[4] concedido por lei, pelo qual desaparece o direito subjetivo do Estado de exigir certo montante de natureza tributária, bem como desaparece o dever jurídico atinente ao pagamento da quantia pelo sujeito passivo. A anistia é aplicada à infração ou à penalidade decorrente do descumprimento de quaisquer normas tributárias e, sendo dirigida para apagar relações jurídicas acontecidas no passado, tem evidente caráter retroativo. Embora não se refiram propriamente a tributos, já que dizem do "perdão da falta cometida pelo infrator de deveres tributários", bem como o "perdão da penalidade a ele imposta por ter infringido mandamento legal"[5], as anistias, sempre concedidas por comando do legislador, constituem importante forma de desoneração que, embora nem sempre envolva o perdão de obrigações com desdobramento patrimonial, libera o sujeito de uma relação que o comprimia. Mais uma vez, em suma peremptória, as desonerações correspondem, quanto à remissão, à propalada *renúncia de receita*, estudada no âmbito do direito financeiro. Importante notar que a exoneração nunca será renúncia de receita, seja porque jamais houve receita alguma à qual o Poder Público faria jus, caso das isenções, seja porque os institutos que apenas procrastinam ou afetam o modo de pagamento do tributo não levam o Estado-administração propriamente à renúncia do montante devido, que será pago, um dia, segundo regime diferenciado somente.

Resta ainda o exame das imunidades que, por possuírem *status* e regime jurídico absolutamente diverso, e sem paralelos em relação às exonerações e desonerações, serão tratadas em capítulo à parte. Antes, apresentemos em tempo um exemplo raro, no ordenamento jurídico brasileiro, de instrumento normativo que estabelece desoneração como mecanismo de incentivo à cultura.

---

[4] Paulo de Barros Carvalho leciona: "Remissão, do verbo remitir, é perdão, indulgência, indulto, diferente de *remição*, de verbo *remir*, e que significa resgatar". Cf. *Curso de Direito Tributário*. 17.ed. São Paulo, Saraiva, 2005, p.462.

[5] Paulo de Barros Carvalho. *Direito tributário, linguagem e método*. São Paulo, Noeses, 2008, p.524.

Capítulo XXIII

DEVEDORES INCENTIVADORES

Incentivos no âmbito da Dívida Ativa

Primoroso exemplo de que as formas de desoneração podem ser manipuladas em conjunto, e com efetividade, é dado pela Lei Estadual mineira nº 12.733, de 30 de dezembro de 1997, regulamentada pelo Decreto nº 40.851/99, trazendo para a ordem dos incentivos fiscais à cultura uma regência pouco habitual em relação aos mecanismos tradicionalmente empregados pelos entes federativos. Além de prever a exoneração[1] corriqueira, andou bem o legislador ao fincar o outro patamar possível na relação Fisco *versus* contribuinte do ICMS, no âmbito de concessão de incentivos fiscais – o estado de Minas Gerais chama para compor o repertório de possíveis proponentes aqueles contribuintes com débito perante o Poder Público.

O diploma mineiro admite, em seu art. 5º, que sujeitos passivos inscritos na Dívida Ativa do Estado sejam incentivadores de cultura, podendo quitar o débito junto aos órgãos da Fazenda Estadual com "desconto" de 25%, desde que comprove apoio financeiro a projetos culturais devidamente aprovados pela Comissão Técnica de Análise de Projetos (CTAP). Pelo texto da referida lei, em

---

[1] O art. 3º da lei 12.733/97 estatui que o contribuinte do ICMS que apoiar financeiramente projeto cultural poderá deduzir até 3% do valor do imposto devido mensalmente.

termos matemáticos puros, o decréscimo do valor devido e inscrito nos livros da Dívida Ativa corresponde ao próprio incentivo fiscal. O contribuinte incentivador, para fazer jus à concessão, deverá requerê-la à Secretaria de Estado da Fazenda e, após a consolidação do montante a ser pago, já com o desconto, deverá, nos termos dos incisos I e II, entregar ao cofre público, pelo documento de arrecadação estadual, a quantia equivalente a 75% do valor consolidado, e não do valor inscrito, e, simultaneamente, repassar de forma direta ao empreendedor cultural os 25% restantes.

Importante notar que o estatuto estabelece que o "desconto" dar-se-á sobre todo e qualquer débito tributário "inscrito em dívida ativa", mas, segundo o mandamento constitucional inserido no art. 195, §3°, a pessoa jurídica com débito perante a seguridade social não poderá receber do Poder Público benefícios ou incentivos fiscais. Obviamente que a regra constitucional cabe também para as exonerações, mas a observação aqui delineada vem em socorro de situações concretas, no estado mineiro, em que os pleiteantes de concessão do incentivo deverão ter em conta este óbice de natureza supralegal. A lei, do mesmo modo, não especifica se as multas isoladas por descumprimento de deveres tributários estão ou não abarcadas pela concessão, bem como não estabelece se o percentual descontado repercutirá sobre o valor principal ou sobre a eventual multa ou sobre ambos, no momento da consolidação. De todo modo, caso a porção "descontada" refira-se tão-somente ao *quantum* correspondente ao valor principal, estar-se-á diante de verdadeira *remissão*, já que o Estado dispensa o pagamento do débito como maneira de incentivar atividades culturais, ao passo que, caso o percentual perdoado seja fragmento de eventual multa, considera-se configurada a anistia.

A inovação trazida a lume pelo legislador estadual mineiro é plenamente possível, já que a remissão tem base legal, conforme preconiza o art. 150, § 6°, da Constituição Federal, e obedece à regra inserta no art. 172, incisos IV e V, do Código Tributário Nacional[2], figurando, conforme estudado, entre as hipóteses de desoneração, espécie da qual o incentivo é o gênero. A utilização deste mecanismo, é preciso salientar, traduz-se claramente por política de Estado para

---

[2] "Art. 172. A lei pode autorizar a autoridade administrativa a conceder, por despacho fundamentado, remissão total ou parcial do crédito tributário, atendendo: [...] IV – a considerações de equidade, em relação com as características pessoais ou materiais do caso; V – a condições peculiares a determinada região do território da entidade tributante."

fomento à cultura, uma vez que amplia, a cântaros, as possibilidades de destinação de recursos a projetos culturais. Estes encontram-se emperrados na máquina enferrujada da Dívida Ativa, os quais quedariam inertes, na maioria das vezes, uma vez passado o rolo compressor de uma execução fiscal, por exemplo.[3]

A remissão de que trata o art. 5º, nos termos anteriormente alinhavados, não se aplica ao crédito inscrito em Dívida Ativa que seja decorrente de ato praticado com evidência de dolo, fraude ou simulação pelo sujeito passivo, conforme estatui o § 4º, do mesmo dispositivo. Aqui desponta questão de ordem eminentemente probatória. Nesse sentido, a decisão terminativa do processo administrativo não deverá conter imputação de infrações de natureza fraudulenta, tipificadas na Lei nº 8.137/1990, nem, menos ainda, o contribuinte ter sido condenado na esfera criminal por delitos referentes ao valor inscrito.

Da sistemática de remissão e anistia decorre outra grande e evidente vantagem: a prescindibilidade de sujeição dos projetos aprovados pela CTAP ao edital anual da Lei de Incentivo nº 12.733/97, visto que a captação possui base na Inscrição em Dívida Ativa. Por essa via, os projetos são apresentados e analisados mensalmente. Existe, no entanto, um empecilho de ordem constitucional que é enfrentado diariamente pelos empreendedores agentes de cultura para angariarem patrocínio de empresas inscritas na Dívida Ativa do Estado de Minas Gerais – tal empecilho consiste no sigilo de dados, preconizado pelo art. 5º, inciso XII.[4]

---

[3] A critério da Secretaria de Estado da Fazenda de Minas Gerais, conforme dispõe o § 2º, do art. 5º, da Lei nº 12.733/97, o recolhimento do valor consolidado, descontada a fatia que cabe ao proponente, pode ser parcelado, o que deve conduzir a impasses, visto que a lei não disciplina casos de eventual exclusão do parcelamento, não elucida como ficaria a remissão concedida. A exclusão do parcelamento conduziria o contribuinte à sua situação inicial frente ao valor integral da dívida? Entendemos que não. Ainda que o regulamento estadual disponha em sentido contrário, a este veículo introdutor de normas é dado disciplinar acerca somente, e tão-somente, da forma e prazos do parcelamento – o regulamento não tem o condão de condicionar a remissão estabelecida em lei. Se a exclusão do parcelamento fosse causa para a recondução do contribuinte à situação jurídica primária de devedor do débito integral, isto deveria estar expresso no diploma, de modo a não restar dúvida que a indulgência estaria condicionada ao pagamento da última parcela.

[4] A Secretaria da Fazenda do Estado de Minas Gerais, já que não pode burlar o mandamento constitucional, vem tentando equilibrar forças junto à Secretaria de Estado de Cultura, pelo que procura divulgar entre os devedores do erário estadual o dispositivo 5º, constante da lei 12.733/97, que possibilita o "desconto".

No campo das exonerações, um aspecto relevante da Lei nº 12.733/97 pode ser extraído do art. 11 que veda a concessão do incentivo fiscal a órgão ou entidade da administração pública direta e indireta de qualquer esfera federativa. O parágrafo único do dispositivo, no entanto, determina que a vedação não se aplica a entidade da *administração pública indireta* que desenvolva atividade artístico-cultural, bem como não se aplica à pessoa jurídica de direito privado sem fins lucrativos criada com o fim de "dar suporte" a museu, biblioteca, arquivo ou unidade cultural pertencente ao Poder Público. O art. 12 ainda estabelece que o total de recursos destinados aos empreendedores não poderá ultrapassar o montante de 35% da parcela da receita do ICMS disponibilizada pelo Estado anualmente para projetos de cunho cultural.[5]

A primeira dificuldade está em saber quais seriam essas "entidades da administração indireta"[6]. A expressão "administração indireta" é utilizada pelo legislador constitucional e infraconstitucional com sofreguidão de técnica legislativa, mediante elaborações do tipo "administração indireta, inclusive as fundações"[7], como se estas não integrassem aquelas. De todo modo, o direito positivo brasileiro toma como componentes das entidades da administração indireta as autarquias, sociedades de economia mista, empresas públicas e fundações.[8] As autarquias e algumas fundações, estas a depender do regime que lhe for atribuído pela lei instituidora, são pessoas jurídicas de direito público, ao passo que as demais são de direito privado.

---

5   O art. 4º da lei 12.733/97 estatui: "Art. 4º – A soma dos recursos do ICMS disponibilizados pelo Estado para efeito do art. 3º não poderá exceder, relativamente ao montante da receita líquida anual do imposto, aos seguintes percentuais: I – 0,15% (zero vírgula quinze por cento), no exercício de 1998; II – 0,20% (zero vírgula vinte por cento), no exercício de 1999; III – 0,25% (zero vírgula vinte e cinco por cento), no exercício de 2000; IV – 0,30% (zero vírgula trinta por cento), nos exercícios de 2001 e seguintes. Parágrafo único – Atingido o limite previsto neste artigo, o projeto cultural aprovado deverá aguardar o próximo exercício fiscal para receber o incentivo".

6   Maria Sylvia Zanella di Pietro leciona que "a Constituição usa a expressão *Administração Indireta* [...] para designar o conjunto de pessoas jurídicas, de direito público ou privado, criadas por lei, para desempenhar atividades assumidas pelo Estado, seja como serviço público, seja a título de intervenção no domínio econômico". Cf. *Direito Administrativo*. 17.ed. São Paulo, Atlas, 2004, p.361.

7   Cf. art. 71, II, art. 165, § 5º, I e III, e art. 169, § 1º, da Constituição Federal de 1988.

8   Segundo Maria Sylvia Zanella di Pietro, as empresas concessionárias, bem como as permissionárias de serviços públicos, constituídas ou não com participação acionária do Estado, deveriam ser, tecnicamente, incluídas no conceito de administração indireta (Op. cit., p.364).

Delineado este breve esboço de composição da administração indireta, podemos perceber que, não obstante sua iniciativa de ampliar o espectro de possibilidades reais de incentivo fiscal à cultura, instituindo a prática das desonerações, a lei do estado de Minas Gerais também concebe a possibilidade de uma verdadeira competição entre entidades públicas e privadas por recursos, junto às empresas incentivadas, destinados à promoção de projetos culturais, o que não chega a constituir novidade nesta seara da legislação brasileira.

Analisadas as desonerações, vejamos agora como se processam os mecanismos exoneratórios, em especial as isenções.

CAPÍTULO XXIV

RESQUÍCIOS DE INTENCIONALIDADE

O *habitat* das isenções

O Estado Fiscal, ou Estado de Tributo, como alguns costumam designar,[1] corresponde à forma de organização social, encabeçada politicamente por *dirigentes*, seja qual for o sistema de representação, que tem por unidade motora básica, para o funcionamento do todo, o conjunto de recursos financeiros advindos da arrecadação tributária. A sanha arrecadatória, todavia, conforme exposto alhures, cede espaço a exceções de toda ordem quando certos desígnios axiológicos preponderam sobre a prescrição de condutas atinentes à realização compulsória do recolhimento de certo montante a título de tributo. Sempre que houver essa proeminência valorativa no fundo das intenções, ainda que ocultas, do legislador, porque não transparecem na estrutura formal da norma, estaremos emaranhados nas tranças da extrafiscalidade.

Trabalhando firme nas arestas da carga tributária, os mecanismos desoneratórios e os isencionais – que não repercutem propriamente sobre a carga, a não ser que se vislumbre o fenômeno exonerativo segundo o aspecto temporal – são

---

[1] Ricardo Lobo Torres, em uma análise de fundo histórico sobre a evolução do Estado moderno, assevera que o chamado Estado Fiscal, hoje predominante, corresponde ao modelo típico das sociedades cujo modo de produção é capitalista. Cf. *A ideia de liberdade no Estado patrimonial e no Estado Fiscal*. Rio de Janeiro, Renovar, 1991.

largamente utilizados como instrumentos de extrafiscalidade. A fenomenologia das isenções, tema espinhoso em que poucos ousaram meter as mãos (e os que o fizeram foram obrigados a lamber as próprias feridas), foi magistralmente abordado por Paulo de Barros Carvalho, um dos primeiros a alardear com veemência as dificuldades ingentes da matéria. É sem dúvida um dos pontos altos de sua Teoria.

Nos arredores de toda norma de isenção, é possível coletar, aqui e acolá, quando da investigação semântica de questões diversas pelo intérprete, senão o roteiro completo deixado pelo ator legislativo, um ou outro resquício da "intencionalidade que presidiu a elaboração legal"[2], para utilizarmos as palavras do Mestre. O incremento da efetivação do gênero *direitos sociais*, do qual o *direito cultural* é espécie, e, em sentido estrito, aquela cultura tida aqui por "incentivável", por meio das leis de incentivo fiscal, conduz o estudioso a especulações que extrapolam o âmbito do objeto jurídico. O *habitat* das isenções é constituído por um substrato axiológico que não nos é dado ignorar. Evidente que tê-lo em conta equivale a encorpar uma argamassa capaz de manter o edifício de pé, mas não é o momento de problematizá-lo. O que nos basta, por ora, é conhecer as coordenadas do *locus* e atentar, quanto aos motes não positivados que co-habitam o parque, para a dica quase sorrateira que Paulo de Barros Carvalho deixa escapar:

> A contingência de carecerem de positivação explícita não deve conduzir-nos ao absurdo de negá-los, mesmo porque penetram a disciplina normativa e ficam depositados, implicitamente, nos textos do direito posto.[3]

"Ficam depositados, implicitamente, nos textos" – sim, senhor! Estamos a falar do fenômeno da intertextualidade. Nenhum texto existe sozinho ou se pode pretender conhecê-lo isoladamente. No plano maior, desenhado por Lotman, essa impossibilidade é ainda mais latente, sendo a cultura, e o direito, por sua vez, como objeto de cultura que é, um imenso *codex rescriptus*. Se observarmos atentamente, os vestígios saltarão de todos os cantos; não sendo possível sua análise a olho nu, a semiótica, enquanto processo químico apropriado, apresentará os

---

[2] Carvalho, P. de B. *Direito tributário, linguagem e método*. São Paulo, Noeses, 2008, p.524.
[3] Idem.

reagentes hábeis a reconstruir o manuscrito encoberto, sem danificar o palimpsesto. Ocorre muitas vezes, no entanto, que o borrão de tantas reescrituras torna o texto ininteligível até para o mais perspicaz dos analistas. Neste caso, recorre-se à historicidade que nada mais é senão a própria semântica, conforme lição de Norma Discini, e, neste jogo de identidade, obviamente, a semântica nada mais é senão a própria história.

Não se deve olvidar, e muito menos temer, esta verdade: o direito é um objeto cultural preso em seu tempo; advém do processo histórico e reflete esse mesmo processo, em um ciclo que tende à preservação de um estado de coisas, mas que também pode significar renovação. Não poderia ser diferente, uma vez que, para além do aspecto sintático ou lógico da linguagem das normas jurídicas, elas não teriam razão de ser caso fossem destituídas de seu cerne semântico. Este cerne que é o próprio tutano do direito positivo não é coisa diferente da história, conforme veremos, brevemente, quando do exame do conceito de "cultura" preconizado na Constituição Federal de 1988.

Vestígios, intenções, história. Estudar o *habitat* das isenções, sem as amarras seguras e o foco no objeto seria tergiversar ao sabor de ventos ruidosos e nossas velas, dadas a mares escarpados, deixar-se-iam ir, pelo que conhecemos. Por isso, manteremos debaixo dos pés a tábua firme do texto do direito positivo, de onde deve partir todo arroubo interpretativo, ainda que para firmar diálogo com outros discursos, afinal, o próprio sistema jurídico é que deve conduzir o intérprete durante o ingresso no plano do conteúdo do texto jurídico.

CAPÍTULO XXV

DISPENSA DA NÃO INCIDÊNCIA IMPEDITIVA

História do vocábulo "isenção" no direito positivo brasileiro

O leitor mais atento constatará, de pronto, a cerzidura absurda do título deste capítulo. Simplesmente conglomeraram-se, em uma única expressão, os três sentidos de maior tradição na tentativa de definir o conceito de isenção. Isenção não é "dispensa da não incidência impeditiva", mas bem que poderia ser, acaso algum exímio equilibrista, desses que caminham intrépidos na corda bamba da retórica, acordasse um dia decidido a afirmar que sim, que isenção é este Frankenstein e ponto final.

Não estivéssemos com a atenção voltada para dentro e para fora do discurso, passaria despercebido um lembrete que deixo aqui, em tempo, gravado – este trabalho não é um estudo acerca de normas isentivas. No entanto, como a maior parte das leis de incentivo à cultura – com exceção das leis de fundo e das que preveem mecanismos de desoneração – estabelece um regime jurídico atrelado, quase que invariavelmente, a isenções tributárias, cabe a presente digressão.

Feita a ressalva, destrincemos o monstro em três pedaços: dispensa / não incidência / impeditivo. Com o auxílio de linha e agulha, cosamos cada qual a suas tripas, braços e cabeças e eis aqui os corpos originais, não menos teratológicos: *dispensa do pagamento do tributo devido, hipótese de não incidência legalmente qualificada, fato impeditivo.*

Combatida com ferocidade por José Souto Maior Borges a ideia de isenção como "dispensa do pagamento do tributo devido" é, dentre todas, a que há mais tempo paira, com repercussões nos presentes dias, sobre a atormentada consciência jurídica nacional. Lançou-se, inclusive, às ganas de culpar a doutrina estrangeira, seria melhor dizer os seus adeptos, pela confusão aqui instaurada, em torno das isenções, que decorreria da teima em se "transplantar"[1] ensinamentos d'além mar.

Ex professo, é o próprio José Souto quem, a partir da elaboração do *iter* jurídico, investiga o raciocínio por trás do qual a isenção seria tida pela doutrina colonizada como dispensa legal do pagamento de tributo devido: em primeiro lugar, haveria a incidência da lei tributária sobre o fato jurídico descrito em seu antecedente; em seguida, ocorrida a incidência, surgiria a obrigação de o sujeito passivo realizar o pagamento do tributo; por fim, havendo a "dispensa", disciplinada pela lei isentiva, a exigibilidade do crédito tributário estaria excluída; logo, o "quase" contribuinte nada deveria recolher aos cofres, uma vez que fora dispensado. Trazendo para o tenro da fé este pensamento, ocorreria, nas palavras do autor, uma "metamorfose jurídica", segundo a qual o "fato gerador" transmutar-se-ia em "fato isento". O arremate é formidável:

> Sucede entretanto que, em decorrência do princípio da reserva de lei, da natureza legal da obrigação tributária, não se converte o fato gerador, por uma espécie de transubstanciação legal, em fato isento. Se fosse possível tal fenomenologia, a norma que estabelece a isenção estaria a rigor em contradição com a norma que definisse o fato gerador da obrigação tributária, e duas proposições normativas contraditórias não poderiam ser ambas válidas.[2]

Considerando-se validade como o vínculo harmônico da norma com o sistema jurídico, tem-se que, com um só golpe, o autor levou ao chão ninguém menos que Geraldo Ataliba, Rubens Gomes de Souza e Amílcar de Araújo Falcão. Defende que as normas de isenção são "normas excepcionais", visto que regulam fatos que sofreriam a incidência de normas de tributação, caso não se interpusesse entre o fato e a norma tributária aquela exceção normativa que excluirá total ou parcialmente a disciplina da norma geral.[3]

Paulo de Barros Carvalho, conforme será visto no capítulo adiante, desenvolveu sofisticado entendimento a respeito da fenomenologia da incidência tributária que explica o feito isencional pelo exame internormativo.

---

[1] Cf. *Teoria geral das isenções tributárias*. 3.ed. São Paulo, Malheiros, 2001, p.162.

[2] Ibidem, p.163.

[3] Ibidem, p.116.

Capítulo XXVI

UMA METÁFORA POR OUTRA

A fenomenologia da incidência da norma de isenção

É conhecida a lição de Paulo de Barros Carvalho sobre a fenomenologia da incidência das normas de isenção. Lição que adotamos com convicção para os fins do presente trabalho. O Professor faz alusão a uma metáfora para explicar de que maneira uma norma jurídica é atalhada por outra, resultando disso uma relação em que o sujeito está desobrigado de efetuar o recolhimento de qualquer quantia, uma vez que a obrigação tributária não logrou instaurar-se. A figura de linguagem utilizada é a imagem da "mutilação" – uma norma mutila a outra, de sorte que restaria impedido o surgimento do vínculo obrigacional naqueles exatos casos previstos no antecedente da norma mutiladora.

Sigamos mais de perto o raciocínio.

Paulo de Barros Carvalho compreende as normas de isenção como integrantes da categoria *regras de estrutura*. Tais normas, não obstante preservem sua autonomia normativa, empreendem, por intromissão, modificações nos lindes específicos da regra-matriz de incidência tributária. Esta ingerência de uma norma, a norma de isenção, na estrutura de outra, a norma-padrão de incidência tributária, dá-se pelo acometimento de um ou mais critérios desta norma, segundo previsão do suposto daquela. É uma engenharia normativa, a partir da qual o encontro entre as duas normas, no plano etéreo da incidência, tem como consequência fulcral a inibição da incidência tributária sobre aqueles eventos qualificados, *in abstrato*, na hipótese da norma isentiva, seja pelo comprometimento estrutural da hipótese da regra-matriz de incidência tributária, seja pelo golpe desferido contra seu consequente. Em qualquer caso, para todos os efeitos, havendo norma isentiva, não ocorre incidência tributária, ao contrário do que rezam as correntes anteriormente aludidas. Por conseguinte, não havendo incidência, não há obrigação tributária e, menos ainda, fato jurídico tributário.[1]

Esse golpe que a norma isentiva desfere contra a estrutura da regra-matriz de incidência tributária, seja no âmbito do antecedente, seja no âmbito do consequente, é descrito por Paulo de Barros Carvalho como um fenômeno "mutilador", pelo qual o preceito da norma de isenção subtrai parcela do campo de abrangência da regra-matriz. A amputação da funcionalidade desta dá-se, independentemente de em qual domínio estrutural, de oito maneiras distintas, as quais ficam a seguir registradas.

Pelo ataque aos critérios da hipótese:

1) mutilação do critério material, pela desqualificação do verbo;
2) mutilação do critério material, pela desqualificação do complemento;
3) mutilação do critério espacial;
4) mutilação do critério temporal.

Pelo ataque aos critérios do consequente:

1) mutilação do critério pessoal, atingindo-se o sujeito passivo;
2) mutilação do critério pessoal, atingindo-se o sujeito ativo;
3) mutilação do critério quantitativo, atingindo-se a base de cálculo;
4) mutilação do critério quantitativo, atingindo-se a alíquota.

Diz Paulo de Barros Carvalho:

> De qualquer maneira, a regra de isenção ataca a própria esquematização formal da norma-padrão de incidência, para destruí-la em casos particulares, sem aniquilar a regra-matriz, que continua atuando regularmente para outras situações.[2]

---

[1] *Direito tributário, linguagem e método.* São Paulo, Noeses, 2008, p.521.
[2] Idem.

Os verbos "aniquilar" e "destruir" reforçam ainda mais o sentido desolador que o vocábulo "mutilação" pretende alcançar. A força da imagem metafórica de uma norma jurídica tributária, qual um dos tentáculos do ordenamento positivo, tencionando atingir determinados fatos com vistas a configurar o vínculo obrigacional e sendo, no entanto, amputada pelo alfanje de uma norma isentiva, é de uma violência tal que, como qualquer grande metáfora, permite ao estudioso absorver a ideia, a despeito da custosa trama percorrida.

Para a compreensão dessa particular relação internormativa no plexo do direito positivo, as imagens da norma mutiladora e da norma mutilada bastam. No entanto, pensando adiante, na "vida" e no "convívio" de ambas as normas, leia-se "seu período de vigência", apareceu-nos um ponto que fez retinirem os sinos da inquietação. A fenomenologia da incidência tributária, no que tange à globalidade e coexistência entre normas que preveem acontecimentos tributáveis e normas que negam a estas últimas o alcance a situações específicas, não acaba quando os silvos metálicos anunciam mais um membro decepado. É preciso engavetar o coto, casquejar a ferida, conter as supurações, afinal o mesmo braço que com ferro feriu pode ser, ele próprio, extirpado. Falamos de outro fenômeno jurídico, mais pujante que qualquer norma isentiva, posto que acomete de "morte", definitivamente, a norma, expulsando-a do ordenamento – a revogação.

Não são raros os casos de isenção em que a ciranda normativa é subitamente interrompida pela intrusão de uma norma que revoga a norma de isenção. Nesse caso, o que ocorre com aquelas situações sobre as quais não podia incidir tributo dada a amputação do membro normativo que antes as alcançam ou alcançariam caso não houvesse o corte? A expulsão do tentáculo isentivo dos lindes do ordenamento propicia que a situação antes isenta seja agora alcançada pela norma de imposição tributária? Lembremos que a regra-matriz de incidência encontra-se parcialmente mutilada, aniquilada, destruída.

A não ser que se fale em regeneração instantânea, e isto somente serviria para arrefecer o impacto metafórico gerado pela imagem empregada por Paulo de Barros Carvalho, o baque outrora desferido contra a estrutura formal da norma-padrão não pode ser olvidado. Não há meio de recompor um objeto destruído senão pela colagem minuciosa dos cacos, não há modo de remediar uma mutilação senão pela cosedura do membro decepado. Seja como for, o reparo do aniquilamento parcial da regra-matriz de incidência, em caso de revogação da norma de isenção, requereria mais do que a atuação espontânea das forças da natureza. Seria preciso, caso insistamos na utilização da metáfora da "mutilação", uma nova norma, posterior à norma de revogação, que estatua o liame jurídico hipotético entre a situação fática antes isenta e a regra-matriz de incidência, de modo a permitir-se a cobrança de tributo. Nesse caso, fazendo uso da máxima atribuída a Bocage, a emenda sairia pior que o soneto. A dinâmica normativa seria abalada por um purismo meramente formal, sem razão de existir.

Seria então a deixa para lançarmos mão de outra figura de linguagem que abarque situações limite como aquela provocada pela incidência de uma norma de revogação. Conceitualmente, permanecemos rentes ao pensamento de Paulo de Barros Carvalho; apenas sugerimos a substituição de uma metáfora por outra. Uma nova imagem. Uma imagem cuja virulência não seja assim tão poderosa, capaz de aniquilar-se a si própria. Para tanto, é possível, a partir de outra perspectiva, distinta daquela que entrevê a dinâmica normativa como um encontro de normas e, em casos como o presente, como uma verdadeira colisão, um abalroamento apto a produzir destroços, conduzir o intérprete à melhor apreensão do fenômeno. Com esse intuito, vislumbramos o cenário da incidência tributária como o seguinte: uma imensa extensão de terra açoitada por um temporal; em pontos específicos, tugúrios de lona mantêm-se impávidos, sem muita ordenação entre si; de tempos em tempos, os tugúrios são carregados pela ventania e reerguidos nos mesmos pontos ou em outros igualmente estratégicos.

Pronto. Está esboçado, com pinceladas grosseiras, o panorama da incidência tributária, sob o mote da coexistência entre normas de isenção, revogação e incidência de tributo. Ora, as pesadas nuvens equivalem a normas de incidência tributária, de onde despenca a torrente caudalosa de tributos rumo ao amplo terreno da realidade social. Os tugúrios, sempre instáveis, correspondem às isenções tributárias, que protegem os pontos-chave daquele terreno – as coberturas, conquanto sejam exíguas, impossibilitam que chova exação naquelas estritas áreas. Os ventos que derrubam os tugúrios representam as normas de revogação, capazes de extirpar a cobertura isencional, ao mesmo tempo em que deixam o chão fático a céu aberto para receber a incidência fluida que banha todo o terreno. Qualquer tentativa de reerguer aquilo que foi arrebatado pelos ventos corresponde à própria atividade legislativa, único meio de edificação de uma norma de isenção.

Antes que se conjecture haver em nossa intenção, expressa nas linhas acima, o desfrute de um jogo de metáforas bastante em si mesmo, alertamos que o exercício aqui proposto é, antes de tudo, um exercício de compreensão. Busca-se esmiuçar, enxergar de um mirante afastado, de que modo as prescrições instauradas no espaço do direito positivo imbricam-se entre si. Por isto, escolhemos o ponto de observação cuja vista englobasse também o terreno da faticidade social, de modo a perceber melhor, desta perspectiva privilegiada, de que modo se interceptam a regra-matriz de incidência tributária, a norma isentiva e a norma de revogação. Evidentemente que o assento tomado neste mirante tem suas consequências, as quais assumimos todas. Por exemplo, sob tal ótica desaparece a relevância da categorização das normas em *norma de conduta* e *norma de estrutura*. Nosso olhar dispôs a norma-padrão em um sobre-plano e a norma isencional bem abaixo, rente ao solo da faticidade, de modo que, se fossemos instados a eleger esta ou aquela classe, dada a proximidade, estaríamos, em um primeiro momento, inclinados a colocar a norma de isenção no rol das normas de comportamento, como o faz Pedro Lunardelli[3]. Mas esta discussão, tomada a posição que assumo, é realmente infértil, conforme já disse. Quanto à metáfora, apegamo-nos tão-somente à simplicidade que, se não é pródiga em força, socorre em praticidade. Sigamos com ela em mente.

---

[3]   Cf. *Isenções Tributárias*. São Paulo, Dialética, 1999.

CAPÍTULO XXVII

ALÔ, ALÔ, MARCIANO

A imunidade dos livros como incentivo fiscal

– Acho um perigo a introdução intelectual dos Estados Unidos no Brasil.[1]

Com essa frase, Nelson Palma Travassos, empresário e intelectual, membro ativo do I Congresso Brasileiro de Escritores, em janeiro de 1945, no Teatro Municipal de São Paulo, inicia uma polêmica: chama a atenção dos poderes públicos para a maneira, que designou de "criminosa", com que se vinha embrenhando a cultura americana em solo brasileiro, por meio da importação de livros e periódicos diversos. Na época, os americanos criaram um caso por causa da proposta de exportação, para lá, dos livros de Jorge Amado, em inglês. Não admitiam a ideia de importarem livros impressos em outro país e, muito menos, a de exportarem suas máquinas de impressão. Alegavam a impossibilidade do transporte de máquinas, a grande dificuldade...

A consulta aos anais do Congresso, coordenado por Sérgio Milliet, sob a presidência de Aníbal Machado, e com Pontes de Miranda integrando a Comissão Jurídica, é interessantíssima, por refletirem os fantasmas ideológicos que aquela geração mediunizou. Com um tom acentuadamente antinacionalista, mas também

---

[1] Atas do I Congresso Brasileiro de Escritores. São Paulo, 22 a 27 de janeiro de 1945. Promovido pela Associação Brasileira de Escritores (ABDE).

com laivos incipientes do nacionalismo burguês (como o de Travassos), e uma noção de cultura atrelada à erudição, noção esta que impregnou o texto da Constituição de 1946, a tese da restrição do uso de *flans* importados nas publicações nacionais, de Vicente Guimarães, foi hostilizada por ser nacionalista e acusada de representar interesses meramente comerciais e privados – o autor era proprietário de uma revista infantil, segundo apontou Milton Pedrosa.

Sem negar nenhuma das objeções à tese, ninguém menos que Carlos Lacerda, contrário a qualquer restrição a importações de material gráfico, decidiu contemporizar, firmando apoio a esta tese específica, visto que os *flans* importados, segundo entendia, serviam para a "deformação sistemática da mentalidade infantil", pela divulgação de revistas como *Super-Homem*, *Fantasma*, entre outras. "A verdade é que nós estamos importando veneno para as nossas crianças", disse. Apresentando sua concordância, Ayres da Mata-Machado pediu a palavra e defendeu a restrição para evitar prejuízo à "formação da mocidade" e "melhorar o teor moral e educativo das revistas"[2].

Aliomar Baleeiro, em seu maior clássico, conta que o próprio Jorge Amado, durante a Assembleia Constituinte de 1946, ou seja, logo após a realização do Congresso, teria defendido como "franquia"[3] a imunidade do papel destinado à impressão de livros, o que terminou por vicejar, sendo prescrita a norma do art. 31, inciso V, que vedava a instituição de imposto não só sobre o papel destinado a livros, mas também a jornais e periódicos. O núcleo do discurso do escritor fora justamente a questão do "interesse cultural", já que a matéria-prima do livro é o papel e, certamente, qualquer prescrição tributária sobre ele afetaria, ainda que minimamente, a livre circulação de ideias, o estímulo à cultura escrita. A norma, como se sabe, permaneceu no ordenamento jurídico brasileiro, alcançando a Constituição de 1988 com a seguinte feição linguística:

> Art. 150. Sem prejuízo de outras garantias asseguradas ao contribuinte, é vedado à União, aos Estados, ao Distrito Federal e aos Municípios: [...] VI – instituir imposto sobre: [...] d) livros, jornais, periódicos e o papel destinado a sua impressão.

---

[2] Sobre a questão do nacionalismo, aproveitou para pontuar: "Eu não vejo por que devamos considerar o nacionalismo como uma coisa nefanda". Retomaremos essa discussão nas páginas ulteriores.

[3] *Limitações Constitucionais ao Poder de Tributar*. 2.ed. Rio de Janeiro, Forense, 1960, p.191.

Mais de quarenta anos depois, outro tipo de revista, não mais as de história em quadrinhos norte-americanas, também teve seu conteúdo publicamente criticado, mas dessa vez a questão primordial não era a importação de *flans* ou de máquinas. Em 4 de novembro de 1987, o Supremo Tribunal Federal julgava um assunto buliçoso – a altercação era entre a empresa *Guias Telefônicos do Brasil Ltda.* e a Prefeitura Municipal de Porto Alegre.[4] A contenda bateu à porta da Suprema Corte, dadas as exigências reiteradas do Município em tela para que a empresa recolhesse o Imposto sobre Serviços de Qualquer Natureza, ao qual se considerava imune, nos termos do art. 19, inciso III, alínea "d", da Constituição de 1969.

Não obstante o jogo de persuasão e pura retórica típicos da advocacia, é curioso, para os lindes do presente trabalho, observar o tipo de argumentação que levou os Ministros da mais alta Corte do país ao convencimento. Descaracterizados, em primeira instância e pelo antigo Tribunal de Alçada do Estado do Rio Grande do Sul, como veículo de "divulgação de ideias e pensamentos", os catálogos telefônicos foram rechaçados, para efeitos de imunidade, pois, segundo entendera a Câmara Julgadora, as tais listas "além do rol de assinantes, só contém textos de propaganda", segundo citação do acórdão proferido pelo Supremo Tribunal Federal.

No momento ápice da sustentação oral, o advogado Ives Gandra da Silva Martins, patrono da empresa recorrente, dizendo-se "constrangido" pelo que viria a fazer, exibiu em plenário uma revista pornográfica e pediu a sua juntada aos autos do processo, de maneira a "ilustrar" seus argumentos. De fato, os argumentos estavam à altura do material apresentado:

> A imunidade é objetiva e ampla. Não é subjetiva, nem teleológica. Se o fosse, as revistas pornográficas, as revistas para a comunidade gay, as revistas que deformam a juventude não seriam imunes, pois não contribuem "para a cultura, o esclarecimento e a formação pública", e são reconhecidas como publicações imunes.[5]

---

4   Recurso Extraordinário nº 101.441-5, Tribunal Pleno. Supremo Tribunal Federal.
5   *Digesto da advocacia Gandra Martins – uma história de luta em defesa dos direitos da cidadania.* São Paulo, Quadrante, 2005, p.163.

Revistas que "deformam a juventude" – eis uma assertiva gêmea daquela formulada por Carlos Lacerda e Ayres da Mata-Machado. O advogado prossegue atribuindo às revistas pornográficas o caráter de "deletérias" e às fotografias a pecha de degradarem a "natureza humana", e conclui que o texto nelas inserido, "de péssimo gosto e baixo nível", não propicia "nem formação, nem informação, não sendo, por outro lado, expressão de cultura". Afirma que a "corrosiva veiculação das revistas [...] destroem a liberdade de educar os filhos, à medida em que (sic) infestam visualmente todas as bancas de jornais do país". Por fim, diz que as tais revistas "afetam a Nação, a família e as instituições".

Evidentemente, esses disparos contra a publicação de natureza pornográfica serviram, e de maneira contundente, ao arrazoado em favor da imunidade das listas telefônicas. O paralelo com as listas e o elogio de seus predicados "culturais", ainda que residuais e secundários, mesmo no sentido de "cultura" empregado pela defesa, fizeram-se imperativos.[6] Percebe-se que, não obstante tenha o advogado inicialmente sustentado que o tema das imunidades em questão deveria ser considerado sem subjetivismos, a única linha de objetividade de sua argumentação reside no asserto de que as listas são periódicos, linha esta que não perdura quanto ao mote substancial. Também não se mantém coerente com o raciocínio de que a imunidade não seria teleológica, já que apela, repetidamente, para a "utilidade" da publicação que defende. De qualquer forma, o que nos fica, para o momento, é que o uso da revista pornográfica como contraponto argumentativo à negativa de reconhecimento, pelas autoridades tributantes, da imunidade das listas telefônicas e, em especial, o confronto entre o aspecto "cultural" destas e o "deletério" daquela foram decisivos para que a maioria dos Ministros do Supremo Tribunal Federal, após intensos debates e pedidos de vista, desse provimento ao recurso.[7]

É possível, com Aliomar Baleeiro, entender que, ao instituir norma imunizante, o legislador constituinte teria, no íntimo de suas intenções, a ideia

---

[6] "Os livros telefônicos ao contrário, sobre prestarem informações necessárias e constarem textos de formação cultural (as 32 páginas de esclarecimentos sobre a história, geografia, economia e atrações das cidades brasileiras exigidas pela Telebrás possuem mais texto escrito do que as 55 linhas da revista pornográfica), atendem a serviço público essencial sobre representarem notável manifestação da evolução tecnológica da humanidade". (Idem).

[7] Os votos dos Ministros foram absolutamente cautelosos quanto à consideração da natureza cultural das listas, reservando-se a entender que o alcance da imunidade deve-se à periodicidade da publicação e a sua "utilidade pública".

de proteger objetivamente "a coisa apta ao fim"[8]. Mas a questão-chave é saber se a imunidade hoje estipulada pela Constituição Federal aos livros, periódicos, jornais e ao papel destinado a sua impressão configurariam "incentivo à cultura". O quadro que expusemos nos dá, de maneira singela, a dimensão do problema – a mesma norma garante a publicação, sem ônus tributário, de um *Sagarana*, do gibi do Pato Donald, da lista telefônica e das estripulias zoófilas de uma ninfeta qualquer.

Consideramos, de maneira ampla, que sim, as imunidades são, antes de tudo, formas originárias de incentivo fiscal a certos empreendimentos. Os incentivos instituídos por imunidade são mecanismos excelsos, sem derivações, topograficamente situados no ápice do ordenamento jurídico – a Constituição. Mas para nos posicionarmos a respeito da natureza do incentivo concedido à indústria editorial, se ele teria ou não reflexos culturais, seria preciso, segundo o conceito de cultura a seguir delineado, ingressar na análise do conteúdo de todas as publicações disponibilizadas para consumo, o que impossibilita qualquer tentativa de sistematização do assunto. Desse modo, limitamo-nos a atribuir a tais imunidades o caráter de *potencial* mecanismo de incentivo à cultura, na medida em que a Constituição Federal visa à proteção e fomento de, entre outras produções gráficas, literatura apta à transcendência do sujeito e, portanto, passível de compor as filigranas da iconoclastia.

---

[8] Aliomar Baleeiro diz que, ao imunizar o "papel destinado exclusivamente à impressão de jornais, periódicos e livros", a Constituição de 1946 "alveja duplo objetivo", qual seja: "amparar e estimular a cultura através dos livros, periódicos e jornais; garantir a liberdade de manifestação do pensamento, o direito de crítica e a propaganda partidária". (Op. cit., idem).

CAPÍTULO XXVIII

CONHEÇO TUAS OBRAS

Função administrativa na concessão dos incentivos fiscais

Toda norma tributária de natureza extrafiscal encontra seu fundamento de validade no texto da Constituição da República. Os princípios, nesta seara, dão mostra de toda a sua importância como não o fazem claramente em nenhuma outra. Assim como toda norma tributária está submetida a controle de constitucionalidade, toda norma desonerativa também pode ser extirpada pela declaração de inconstitucionalidade. O controle jurisdicional, portanto, far-se-á presente.

A respeito do controle jurisdicional e, especialmente, da observância de princípios constitucionais, Marcos André Vinhas Catão defende a tese segundo a qual a concessão de incentivos fiscais deve estar atrelada a princípios de orbe administrativa, especialmente aqueles insculpidos no art. 37 da Constituição Federal, quais sejam, a moralidade e a publicidade. Alardeia a necessidade de haver, no instante da concessão, "interesse público, devidamente pré-avaliado pelo legislador" e que, ausente tal requisito, "o gozo do incentivo desandará ao privilégio"[1].

É realmente complexa, não a fala em si, mas a possível repercussão da fala do autor. Condicionar a atividade do agente da administração pública direta ou

---

[1] Op. cit, p.42.

indireta, atinente à operacionalização da concessão dos incentivos fiscais, à observação do interesse público, parece-nos tautologia, dada a natureza da atividade e da própria investidura. Também é importante demarcar que o interesse público não é simplesmente "pré-avaliado pelo legislador", mas sim posto pelo Poder Legislativo quando da edição de normas gerais e abstratas, tanto no que concerne à instituição de norma tributária impositiva, quanto concessiva, quanto às normas que delimitam o próprio exercício da função pública dos agentes da Administração de quaisquer dos Poderes da União, dos Estados, dos Municípios e do Distrito Federal.

Quanto à moralidade e publicidade, estes princípios estão diretamente relacionados aos demais preconizados no *caput* do dispositivo aludido: legalidade, impessoalidade e eficiência, que não mais fazem senão reafirmar os cânones do Estado Democrático de Direito e o próprio postulado do interesse público. No caso específico do incentivo fiscal à cultura, a atividade do agente da Administração é fulcral para o discernimento e aplicação da norma geral concessiva. Tal função, de cunho absolutamente subjetivo, nesse particular, é o que possibilitará a efetivação dos próprios princípios constitucionais voltados para o fomento da cultura, com os quais deverá estar alinhada, quais sejam, mais de perto, *liberdade* e *igualdade*. Em curtas palavras, é o Estado, em primeira e última instância, ou seja, desde o momento da promulgação da norma até o instante da concessão do incentivo a determinado projeto de cultura, quem decidirá qual forma de expressão cultural poderá ser contemplada pelos mecanismos exoneratórios e desoneratórios estatuídos pelo próprio Estado. Evidentemente que esta dinâmica se torna mais complexa em uma sociedade de mercado, como vem sendo examinado e será melhor abordado mais adiante.

Para o presente momento, compete-nos salientar que é bastante árido o entendimento segundo o qual, uma vez detectado o vício de inconstitucionalidade ou ilegitimidade de determinada norma concessiva de incentivo fiscal, especialmente aqueles voltados para a cultura, poderia o agente do Poder Executivo, ainda que em sua função judicante, afastar-lhe a aplicação. Entendemos que tal relação com a norma posta encontra limite no quesito pétreo da separação de poderes, não havendo demasiado campo para a discricionariedade do agente da Administração, a quem cabe aplicar o comando, de modo que o controle de legalidade e constitucionalidade cabe precipuamente ao Poder Judiciário, bem como ao crivo de revisão do legislador competente.

Capítulo XXIX

UMA QUESTÃO DE PRIVILÉGIO

Os desarranjos legais e a concentração odiosa

Ao contrário dos já aludidos privilégios fiscais injustificáveis albergados em outras espécies de incentivo, que podem ocasionar desacertos capazes de afetar o próprio direito de concorrência, ou mesmo aqueles historicamente conhecidos – as célebres isenções de imposto de renda, enquanto privilégio de poucas castas, como a dos militares, diplomatas, jogadores de futebol, jornalistas e até de certas empresas, como a Petrobrás[1], que hoje jazem nos planejamentos fiscais mais arrojados –, a problemática em torno dos incentivos fiscais à cultura tem como alvo das setas mais certeiras outro calcanhar de Aquiles. Dissemos "outro", no singular, não porque seja um só o problema, mas porque é uma tábua tão ampla que praticamente toda a soltura desagua nela. E foi justamente este outro calcanhar que fez da chamada Lei Rouanet uma espécie de *anti-herói*.

---

[1] A Lei nº 2004/53 estipulava isenção do imposto de renda sobre os resultados da atividade operacional da Petrobrás, o que significava não só o privilégio da União Federal, enquanto controladora, mas também, por tratar-se de um sociedade de economia mista, de todos os acionistas particulares. Como não foi confirmada por lei, nos termos do art. 41, § 1º, do ADCT, a isenção foi revogada, em obediência ao disposto no art. 173, § 2º, da Constituição Federal.

A questão possui várias frentes. Heleno Taveira Torres, ao assegurar o que segue, assume o tom interjetivo dos brocardos. Diz o autor que "toda isenção é forma de regime excepcional, forma de privilégio e, como tal, superadora dos limites do princípio da isonomia tributária".[2] Combate-se esse pensamento pela evidência de que o regime jurídico de determinadas formas de isenção longe de representar qualquer privilégio reflete justamente a concretização do tratamento isonômico entre aqueles indivíduos ou grupos de indivíduos que efetuam condutas similares, seja qual for a leitura que se queira fazer de tais condutas – expressão de cidadania, interesse econômico, entre outras.

Seguindo a trilha de Becker, resta claro que o pensamento de Heleno não se coaduna, em qualquer hipótese, com o caso dos incentivos fiscais à cultura e ao esporte, exemplares máximos da tese oposta àquela divulgada pelo autor. Além de não representar privilégio, pois o montante correspondente à isenção é empregado no apoio a atividades culturais e esportivas, havendo sempre o dispêndio pecuniário para a pessoa física ou jurídica incentivadora, seria escatológico considerar que a simples razão de o incentivador fazer jus à dedução tributária, frente aquele que não incentiva e portanto não faz jus, implica "desigualdade" de tratamento, uma vez que nada mais tece a norma tributária senão o próprio postulado da extrafiscalidade, baia na qual ingressa todo aquele que deseja fomentar atividades social e juridicamente valiosas. A propósito, a expressão "incentivo fiscal à cultura" é equívoca. Melhor seria dizer: "incentivo fiscal aos patrocinadores, investidores e doadores de recursos pecuniários para projetos artístico-culturais". Quem faz jus ao incentivo fiscal não é o artista ou produtor cultural. Toda a legislação ordinária veda a utilização do incentivo para projetos de que sejam beneficiárias as empresas incentivadas, suas coligadas ou sobre controle comum, bem como o cônjuge e os parentes até o terceiro grau, inclusive os afins e os dependentes do contribuinte ou dos titulares, administradores, acionistas ou sócios de pessoas jurídicas incentivadas.

Retomando, Antônio Roberto Sampaio Dória, ao fazer menção às isenções que não poderiam ser enquadradas como incentivo fiscal, exemplifica: "isenções fiscais concedidas para diplomatas estrangeiros não têm relações com

---

[2] Isenções no ICMS – Limites formais e materiais. Aplicação da LC n° 24/75. Constitucionalidade dos chamados convênios autorizativos. In: *Revista Dialética de Direito Tributário*. São Paulo, Dialética, n. 72, 2001, p.89.

incentivos fiscais"[3]. De fato, em tais normas isentivas não se vislumbra outra coisa senão o privilégio. Não está caracterizada a natureza extrafiscal da norma, não se entrevê qualquer resquício de intenção do legislador em pretender fazer com que o sujeito, o diplomata, realize conduta desvinculada da que é precipuamente imposta pela norma tributária. A escolha dos diplomatas para o gozo da isenção é resquício, quando muito, das franjas do poder de uma esfera de atuação política em outra. Poderia ser o ministro, o jogador de futebol, o apresentador de televisão, qualquer um, ao bel prazer de escolha do legislador e acuidade das tratativas de corredor, respeitadas, claro, as devidas brechas do Texto Constitucional.

Mas o privilégio em si pode dar-se também em instâncias posteriores à extinção da relação jurídica entre o sujeito passivo e o ente que possui a capacidade tributária ativa e este é, sem dúvida, no caso da Lei Rouanet, um dos principais flancos de fragilidade, a lacuna que permite a concentração de recursos em certas regiões do país – para ser mais exato, na região Sudeste; para ser mais exato ainda, no eixo Rio de Janeiro–São Paulo. Por que é importante esta discussão em um trabalho jurídico tributário? Simples. Porque o desarranjo tem repercussão na seara tributária, trata-se justamente do plano de efetividade de que fala Kelsen. Se a norma, para ser válida, tem de ter o mínimo de eficácia, uma vez que certa norma tributária de natureza extrafiscal visa ao alcance de certos valores – em nosso caso, a proteção e o fomento da cultura – e acaba incorrendo em vícios como o de privilégios tributários conduzidos para o colo de um número restrito de pessoas jurídicas, ainda que estatais, situadas em regiões específicas do país, sendo que a lei é de âmbito nacional, temos uma questão normativa tributária a ser investigada. A concentração engendra, antes de tudo, o próprio esquema de *dominação* – este e a cultura são inconciliáveis.

---

[3] *Incentivos fiscais para o desenvolvimento*, São Paulo, José Bushatsky Editor, 1971.

CAPÍTULO XXX

ATMOSFERAS ARTIFICIAIS

Incentivo e planos de desenvolvimento

Desde o final da Segunda Guerra Mundial, os incentivos fiscais pululam nos programas globais de desenvolvimento. Foram utilizados com êxito, em termos de desenvolvimento econômico, em diversos países que souberam manipular estes mecanismos jurídicos para a expansão da indústria e do comércio, bem como a implantação de novos empreendimentos, especialmente no setor de serviços. Os chamados países "em desenvolvimento" ou "subdesenvolvidos", conforme designação de sociólogos norte-americanos da década de 1950, foram os que mais fortemente procuraram intervir na dinâmica socioeconômica interna, atraindo tanto capitais nacionais como estrangeiros, para atividades tidas como interessantes para o *progresso*. Note-se que na maioria dos casos, de modo geral, este progresso foi substancialmente econômico e, evidentemente, em benefício de grupos dominantes, não chegando a se disseminar com verve nos setores sociais menos favorecidos, muito pelo contrário – o desenvolvimento operado em tais circunscrições não fez outra coisa senão aprofundar, em uma perspectiva abissal, desigualdades d'outras eras.

Cientes disso e, após todo o estudo acima traçado, podemos agora fixar um breve resumo, com o fito de conduzir ao desenlace desta parte do trabalho. Comecemos por pontuar que os incentivos fiscais habitam uma zona de penumbra entre o direito tributário, o direito financeiro, o direito administrativo e a política. Para os lindes que importam à Ciência do direito tributário, podemos condensar os pontos principais já abordados, do modo a seguir. Em oposição ao que reza grande parte da obtusa doutrina que estuda o tema, os incentivos fiscais não são medidas que dizem respeito somente a formas de exclusão do crédito tributário, tendo em vista o fomento de certo setor da economia ou região de um país. Muito mais vastos podem ser os campos de semeadura dos incentivos. Tudo o que possa representar, imediatamente, um estímulo de ordem pecuniária, relativo ao montante tributário recolhido periodicamente pelo sujeito passivo, visando à realização de conduta estranha ao simples pagamento do tributo, deve ser considerado incentivo fiscal. Foi nesse sentido que consideramos incentivos fiscais algumas formas de suspensão do crédito tributário, como a moratória e o parcelamento, e mesmo outras como a remissão e a transação, enquanto modos de extinção do crédito. Logo, os incentivos fiscais podem ser: exonerações, desonerações e imunidades. A não incidência não pode ser considerada – ela é, no máximo, um privilégio, nunca incentivo porque há ausência de instrumento normativo determinando isenção, remissão ou qualquer outra. Não há também, como vimos, imunidades preconizadas pelo ordenamento jurídico nacional que favoreçam imediatamente o campo da cultura, apenas aquelas que favorecem mediatamente, como ocorre na atividade editorial.

No caso daqueles incentivos concedidos para o desenvolvimento de indústria ou setores específicos do comércio, há, em geral, prazo, a partir do qual cessam os efeitos da norma exonerativa ou desonerativa. Nenhum veículo introdutor de normas atinentes a incentivos fiscais à cultura, na legislação brasileira vigente, atua com prazo determinado, o que evidencia um regime de concessão perene, refreável apenas por determinações legais vindouras. De maneira geral, resta claro em toda a legislação de incentivo à cultura que o foco não diz respeito a um setor específico da economia, aquele ao qual costumam designar como "setor cultural", genericamente aglutinante, em que se perfilam produtores, empreendedores, artistas, agentes das mais variadas matizes, há evidentemente uma política de incentivos, mas esta política deverá estar atrelada ao que dispõe a legislação tributária, de modo que a atuação estatal, caso vise a algum desenvolvimento, este não será outro senão o *desenvolvimento social*. É manifesto que este desenvolvimento social dá-se por vias indiretas, uma vez que toda revolução produzida pelo acesso

TRÊS VINTÉNS PARA A CULTURA   161

à cultura é instaurada, antes de tudo, no íntimo individual, no sujeito, e por meio dele, mais propriamente da *práxis*, é que extravasa as bordas de seu corpo e modifica o espaço de relações intersubjetivas, que é a sociedade.

Apenas para o esboço de distinção que se faz necessário, nos incentivos para o fomento da indústria, por exemplo, em que ela fica isenta do pagamento de tributos, em razão do estímulo à produção ou outras considerações de ordem político-econômicas, a contrapartida esperada pelo Poder Executivo é, em geral, a criação de novos postos de trabalho, redução de preços, modernização de tecnologia, mas impende salientar que tudo isso é ínsito à própria atividade e aos interesses do industrial ou, ao menos, relacionado com tais interesses. Na cultura, não. O investidor, patrocinador ou doador, a quem caberá o incentivo fiscal, não possui vínculo substancial com o projeto incentivado, isto é, o conteúdo do projeto a ser desenvolvido, os procedimentos aplicados, a forma de manifestação artístico-cultural não são da alçada daqueles, de maneira que sua contrapartida resume-se à entrega de recurso pecuniário para a efetivação das atividades por quem couber fazê-lo. O interesse da pessoa jurídica ou física isenta de tributação dado seu envolvimento com certo projeto cultural, aprovado em qualquer esfera das pessoas políticas de direito público interno, termina, para fins de direito tributário positivo, quando é realizado o destaque, na nota fiscal, da dedução empreendida. Isso, claro, encontra exceções, havendo irregularidades na realização do projeto, mas todas elas deverão estar estabelecidas nas respectivas leis de incentivo.

Ainda cabe reiterar um ponto fulcral. Utilizemos, para tanto, a lição de Fábio Fanucchi, para quem o *tributo* é caracterizado como extrafiscal "no instante em que se manifestem, com sua cobrança, outros interesses que não sejam os de simples arrecadação de recursos financeiros"[1]. Consigna-se, em primeiro lugar, que sempre haverá incontáveis interesses girando na órbita da arrecadação tributária, sendo um equívoco considerar, ainda que apenas teoricamente, todo um arrojo estatal simplesmente em busca de recursos financeiros para o erário. Depois, há a questão da "natureza extrafiscal", que a doutrina insiste em assinalar como sendo do tributo. Não é. A extrafiscalidade não é do tributo, é da norma jurídica tributaria. A norma é quem delimita a conduta perseguida; o tributo corresponde tão-somente àquela prestação

---

[1]   *Curso de direito tributário brasileiro*. v. I. São Paulo, Resenha Tributária, 1986, p.56.

pecuniária compulsória, atinente a um *quantum* cobrado mediante atividade administrativa plenamente vinculada, que não constitua sanção de ato ilícito, nos termos do art. 3º, do Código Tributário Nacional. Já a finalidade extrafiscal, e esta, saliente-se, nem sempre é alcançada, não é nem do tributo nem da norma, é da *política*.

Neste campo não metemos os braços, mas é realmente digno de nota o tratamento doutrinário, sempre rente à teoria política, dispensado aos incentivos fiscais, como aquelas medidas que são capazes de encobrir com o manto do intangível, frente à norma de tributação, determinadas atividades tidas por valiosas, social e economicamente estratégicas. Ruy Barbosa Nogueira é enfático ao afirmar que, a despeito de todo o debate doutrinário acerca da finalidade intervencionista das "exonerações fiscais", há um ponto de concórdia entre os digladiadores: "É o de que estas medidas, por si só, não são suficientes para provocar o resultado desejado. Somente quando acompanhadas de outras medidas, criando condições econômicas e sociais favoráveis, é que poderão atingir o seu objetivo"[2].

Cita como exemplo o caso do Mercado Comum Europeu, criado pelo Tratado de Roma, 1957, que, não obstante sua tônica eminentemente fiscal, baseada na eliminação de barreiras alfandegárias entre os países-membros, exigiu um imenso esforço político em todas as esferas do convívio social para que o bloco lograsse êxito. Antônio Roberto Sampaio Dória, no prefácio à obra coordenada sob sua tutoria, intitulada *Incentivos Fiscais para o Desenvolvimento*, aludida anteriormente, assinala: "Do ângulo positivo, revelou o incentivo fiscal extraordinária flexibilidade em se acomodar aos mais diversificados escopos", e que, do ângulo negativo, o incentivo requer "constantes adequações de rumo"[3], já que cria "artificiais atmosferas" e estas, uma vez suprimidas, teriam o condão de comprometer a continuidade dos empreendimentos sociais favorecidos. Para o caso da cultura, isso é verdade em termos, dado que o impacto social decorrente do desenvolvimento cultural de todo um povo não escoa tão facilmente pelo ralo, a não ser pela atuação de um Estado que implante uma máscara de folha-de-flandres em cada rosto.

Falando a respeito da intersecção entre os incentivos fiscais e os planos de desenvolvimento socioeconômicos, Ruy Barbosa Nogueira lembra que, a partir de 1964, o governo federal deu início a uma ampla e inédita política de

---

[2] Nogueira, R.B. *Curso de direito tributário*. 6.ed., São Paulo, Saraiva, 1986.
[3] Op. cit., p.9.

incentivos, visando desenvolver regiões desfavorecidas em termos de urbanização e industrialização, dentre as quais o Norte e Nordeste eram, e ainda são, os exemplos clássicos.[4] Evidentemente que o plano de incentivos fiscais visava primordialmente conduzir os investimentos particulares para atividades de "interesse nacional" – é a própria ideia da natureza extrafiscal da norma tomando de assalto as formas concretas de sua efetivação. O autor, fazendo alusão a "desenvolvimento regional" e "desenvolvimento setorial", filia-se a esse tipo de classificação, reiterando que é determinação do Código Tributário, na sua qualidade de "lei nacional", tendo em vista a desigualdade geográfica de desenvolvimento, a permissão para que as isenções sejam restritas a determinada região, em função das condições a ela peculiares.

Ou seja, a ideia de "incentivo", para Ruy Barbosa Nogueira está ligada à noção de desenvolvimento, seja de uma região, seja de um setor específico. Conforme já visto, essa classificação é frágil, sendo que muitas vezes o incentivo a determinado setor acaba incorrendo em repercussões de outras ordens, inclusive regionais, que não estavam previstas. É, historicamente, o caso daqueles incentivos fiscais relacionados à indústria da pesca, ao reflorestamento e ao turismo. Este último, por sua íntima e tradicional imbricação com a cultura, será objeto de análise do próximo capítulo.

---

[4] *Direito Tributário – estudos de problemas tributários*. 2ª coletânea. São Paulo, José Bushatsky, 1971, p.19.

Capítulo XXXI

O PORCO-DO-MATO NA CORRENTINHA

Cultura e turismo

O *slogan* "Turismo é cultura" vem sendo utilizado largamente pelas secretarias de turismo de diversos Estados da federação e dos Municípios que desejam atrair maior fluxo de pessoas para consumo de bens e, principalmente, serviços, seja em qual ponto do território for. Sendo um conceito relativamente recente, próprio do século XX, derivado do substantivo inglês *tour*, o *turismo* transitou, ao longo do tempo, da simples ideia de viagem recreativa a todo e qualquer deslocamento temporário de pessoas, sob qualquer motivação, em área distinta daquela onde o visitante tenha residência fixa.

O governo do estado de Rondônia, por exemplo, embora não tenha promulgado qualquer lei de incentivo fiscal à cultura, instituiu, por meio do Decreto nº 8.528, de 30 de outubro de 1998, uma fundação que vincula a cultura ao turismo, a Fundação Cultural e Turística do Estado de Rondônia (Funcetur). O caso da Bahia é bem mais complexo, em termos de arranjo normativo. Este ente federado possui um dos programas de incentivo à cultura mais funcionais de que se tem notícia no Brasil. O "Programa Estadual de Incentivo à Cultura", conhecido pelo epíteto de "Fazcultura", instituído pela Lei nº 7.015, de 09 de dezembro de 1996, possui estreita relação com o Fundo de Cultura da Bahia (FCBA), que será estudado adiante, e com a própria pauta do turismo que repercute fortemente no orçamento estadual, levando a efeito, em uma análise puramente econômica, as diretrizes traçadas pelo art. 180 da Constituição Federal, já visto. Para se ter uma dimensão da relação entre cultura e turismo no estado da Bahia, os abatimentos do Imposto sobre Circulação de Mercadorias e Serviços de Transporte Interestadual e Intermunicipal e de Comunicação (ICMS), concedidos às empresas patrocinadoras, pressupõem a aprovação de projetos culturais por uma secretaria única – a Secretaria de Estado de Cultura e Turismo.[1]

Pela lei baiana, o incentivo limita-se a, no máximo, 5% do valor do ICMS a ser recolhido pela pessoa jurídica patrocinadora, e não pode constituir cifra superior a oitenta por cento do valor total do projeto a ser incentivado. A norma isentiva aqui encobre o critério quantitativo da regra-matriz do ICMS, mais exatamente a base de cálculo, excluindo dela o valor referido. Embora a lei empregue expressões como "abatimento da parcela do imposto a recolher" e o Regulamento desta lei específica, o Decreto nº 9.232, de 11 de novembro de 2004, determine que a escrituração do "abatimento" deve ser feita pelo patrocinador na coluna relativa ao "imposto devido", no livro Registro de Apuração do ICMS, é evidente que nada haveria a recolher, na precisa proporção, dada a incidência da norma isentiva, isto, claro, formalizadas devidamente as provas de transferência de recursos ao proponente. Tais provas devem demonstrar que a empresa contribuiu financeiramente com recursos próprios no montante equivalente a, pelo menos, 20% do valor total de sua participação no projeto. Somente após o pagamento integral, pela empresa patrocinadora, dos recursos empregados no projeto é que o abatimento da parcela do "imposto a recolher" poderá ser levado a efeito.[2] Além de tudo, o pedido de concessão de incentivo passa pelo crivo da Secretaria da Fazenda do Estado da Bahia,

---

[1]   Diferentemente da maioria dos Estados, em que as áreas de Cultura e Turismo são tratadas por Secretarias autônomas, embora sejam inegáveis as zonas de intersecção entre ambas, não apenas econômicas e políticas, mas também jurídicas, o estado da Bahia unificou as matérias perante um só órgão estatal, na tentativa evidente de potencializar a experiência mercadológica de ambas.

[2]   O montante de recursos disponíveis para o incentivo fiscal à cultura é fixado, anualmente, pelo Governo do Estado. O § 5º, do art. 1º da Lei nº 7.015/96, inserido no bojo das alterações trazidas pela Lei nº 9.846, de 28 de dezembro de 2005, estabelece que, do montante de recursos disponíveis para o incentivo, tal qual fixado, até 5% poderão, ao contrário do que prevê a maior parte da legislação de incentivo de outros estados, ser destinados ao custeio de administração do Programa.

devendo o patrocinador, além de ter observado estritamente as áreas artístico-culturais contempladas pela lei baiana, submeter-se à verificação da regularidade de sua situação fiscal, a que fica sujeito o deferimento do pedido, perante o Fisco Estadual, de sorte que nenhuma concessão será efetuada caso a empresa apresente qualquer débito junto ao Poder Público.

O estado do Mato Grosso do Sul é outro ente federativo que tratou de unificar, sob a égide do Poder Executivo estadual, as pautas da cultura, do turismo e mais – do meio ambiente. Este Estado, não obstante tenha sido um dos pioneiros na estatuição de normas prevendo incentivos fiscais à empresa que patrocinasse manifestações culturais, sancionados pelo próprio Governador do Estado, que concedia isenção de ICMS à proporção dos valores efetivamente transferidos a projetos culturais, hoje não acompanha mais o paradigma federal, dispondo apenas de um fundo, o Fundo de Investimentos Culturais do Estado do Mato Grosso do Sul (FIC/MS) instituído pela Lei nº 2.366, de 20 de dezembro de 2001,[3] e vinculado à Secretaria de Estado de Meio Ambiente, Cultura e Turismo.

O caso do estado do Mato Grosso do Sul reflete a tônica dos países ditos "em desenvolvimento", especialmente aqueles com fôlego industrial considerável, situação do Brasil, que trataram de sistematizar a legislação referente ao turismo, à cultura e ao meio ambiente, em uma estratégia única, de modo a propiciar a proteção do meio ambiente frente aos agentes poluidores e destruidores, bem como instituir a demarcação de áreas adequadas à visitação e regozijo público, fazendo girar o chamado *capital turístico natural*, ao mesmo tempo que não só transforma em mercadoria todo um conjunto de bens naturais e artificiais, atrativos uns e outros por designação cultural, quanto verte em objeto cultural as próprias irrupções sensoriais, o próprio gozo que é prometido ao turista e que este quer levar para casa, por pensar tê-lo comprado também, antecipadamente.

Portanto, não é sem razão que essas legislações estaduais possuem alcance temático aglutinador. A ação estatal passou a encarar, no Brasil, o setor do turismo como estratégico a partir da década de 1960, quando da institucionalização orgânica e implementação das diretrizes norteadoras da Política Nacional do Turismo, delineadas pelo Decreto-Lei nº 55/1966, que criou

---

[3] Esta lei foi profundamente alterada pela Lei nº 2.645, de 11 de julho de 2003, que revogou quase todas as disposições daquela, com exceção dos artigos que modificaram pontos estruturais relativos ao Conselho Estadual de Cultura.

o Sistema Nacional do Turismo e a Empresa Brasileira de Turismo (EMBRATUR). Os objetivos, estrutura e a competência de cada órgão integrante do Sistema foram regulamentados pelo Decreto n° 60.224, de 16 de fevereiro de 1967. A partir deste arroubo institucional, a ação do Estado sobre o setor firmou-se solidamente, de maneira a conduzir a iniciativa privada aos desígnios próprios do modelo econômico.

Os benefícios e malefícios do mutualismo entre turismo e cultura, e entre estes dois e meio ambiente, podem ser identificados a céu aberto, em todo o território nacional. Por um lado, a ação estatal, amparada na legislação infra-constitucional e na própria Constituição Federal, art. 24, incisos VII e VIII, e art. 180, que formam, em conjunto, o fundamento de validade de qualquer lei referente ao turismo, impõe o comando disciplinador sobre o uso do chamado *patrimônio turístico*, caucionando, conforme ensina José Afonso da Silva, a manutenção de um estado adequado para fruição dos *bens culturais*, bem como lhe impedindo a deterioração ou a perda das "características originais"[4]. O autor, no entanto, admite que a compatibilização prática das atividades turís-ticas com a defesa dos bens que estimulam e justificam o próprio turismo é um problema sério. Sério não, seriíssimo, diríamos. Porque se há aquela ação por parte do Poder Público que visa promover o turismo e, por conseguinte, o consumo de bens, ao mesmo tempo que persegue sua proteção, ainda que somente pela conveniência econômica de manter a burra que lhe serve, o risco de macaquear os espaços físicos de vocação turística e as próprias formas de manifestação cultural é desmesurado.

A visitação a edifícios tombados ou cidades de intensa circulação turística, por motivos históricos e arquitetônicos, dá-nos uma noção ligeira do perigo aludido. Não raro, forjam-se os ditos "modos de criar, fazer e viver" de uma dada época, tal como preconizados pelo art. 216 da Constituição Federal, com-pondo muito mais um quadro de alienação a ser consumido pelo turista do que se lhe propicia o contato com expressões culturais genuínas. Um único desem-bocar em qualquer das ladeiras do centro histórico da cidade de Salvador, mais exatamente o Pelourinho, expõe a olho nu o que acabamos de asseverar – negras e mulatas desfilam com seus tabuleiros de doces, metidas em vestidos frondosos, claros, atulhadas de pulseiras e colares, e ostentando um turbante

---

4   *Comentário Contextual à Constituição*, p.734.

na cabeça, à moda das escravas malês, em uma clara alusão romântica a um estado de coisas que nada tinha de festivo e colorido, quando as escravas prostravam-se, de sol a sol, pelas ladeiras da Bahia colonial vendendo bolo para alforriar-se ou reforçar o orçamento doméstico da sinhá.[5]

Quanto ao patrimônio histórico imobiliário, as distorções podem beirar a pândega circense. O caso da cidade de Ouro Preto é um exemplo saboroso. A cidade sofreu intervenções drásticas operadas pelo Instituto do Patrimônio Histórico e Artístico Nacional (IPHAN) em uma tentativa de homogeneizar e conferir unidade estilística a edifícios e conjuntos urbanos que jamais gozaram de singularidade. A avaliação conceitual do Instituto, tão respaldada naquilo que entendia por "qualidade arquitetônica" quanto distante de uma visão histórica mais abrangente, acabou por imprimir em todo o espaço urbano ares de uma alegoria colonial, tornando a cidade uma caricatura de si mesma. Quem nos explica a técnica deste empreendimento é a arquiteta Jurema Machado:

> Em Ouro Preto, por exemplo, onde a tipologia arquitetônica corresponde ao período colonial, predominava quantitativamente no conjunto urbano, mas não era exclusiva, exemplares de ecletismo, testemunho importante de um esforço de modernização empreendido pela cidade na virada do século. Foram mascarados por beirais em cachorrada e apagados com pintura cinza insossa. A adoção generalizada do branco nas fachadas também serviu ao objetivo de homogeneização, uma vez que representou, na melhor das hipóteses, a eleição do padrão de uma determinada época e que a sua escolha foi fortemente induzida por uma opção estética.[6]

A opção estética é a máscara com que se pretende simular um passado arquitetônico que nunca existiu em tal grau de sincronicidade. É uma farsa com que se maquia o presente, falseando a história e alienando o turista; uma ciranda que a todos envolve em um simulacro perfeito. Não se pode, diante disso, seja em Ouro Preto seja em qualquer outra cidade cenografizada, pretender que o turista compreenda, na essência, toda uma ordem de coisas

---

[5] Quem empreende uma reconstrução quase cândida desta realidade é Gilberto Freyre, no clássico *Casa-Grande & Senzala*. São Paulo, Global, 2006, p.541-549.

[6] *A preservação do Patrimônio Cultural a partir do Município: perspectivas e estratégias*. Curitiba, março de 1999, mimeo, p.78-9.

TRÊS VINTÉNS PARA A CULTURA   169

passadas e o próprio presente que delas decorre. Seria como ir ao Cairo e gabar-se de ter visto por lá o sujeito passeando com o porco-do-mato na correntinha. É absurda tal lembrança. Não há, no Cairo, esse sujeito, esse porco, nem as "mangueiras evaporando das ruas"[7] – isto tudo só se vê em Belém do Pará –, é o que garante Mário de Andrade, reflexivo, em uma ida àquela cidade, em 20 de maio de 1927.

No dia seguinte, após longa visita ao Museu Goeldi e terminada a prova de roupas de linho, que o fez abandonar todas as outras, trazidas de São Paulo, por causa do calor, Mário conclui de si para consigo:

> É incrível como vivo excitado, se vê que não sei viajar, gozo demais, concordo demais, não saboreio bem a minha vida.[8]

A preocupação do escritor abre as comportas de uma inquietação a respeito do próprio conceito de turismo. Ele diz "não saber" viajar porque goza e concorda "demais", isto é, deixa-se agarrar pelos tentáculos do deleite que prejudicam sua intenção cognoscente, tolhem sua expectativa íntima quanto à viagem. Esta ansiedade revela que o turismo pode ter inúmeras razões, nenhuma delas condenável por si. Mas quando estão em jogo os interesses públicos, consagrados pela legislação sob a forma de incentivo, o Estado deve apresentar diretrizes claras, tendo em vista o alcance daqueles intentos.

O incentivo ao turismo pode andar em comunhão com o incentivo à cultura, mas isto não é um dogma, já que há o turismo meramente recreativo, para o descanso, o gozo de outros ócios e prazeres. No entanto, uma vez tenha a legislação o desígnio de atribuir-lhes, à cultura e ao turismo, tratamento mutualístico, tendo em vista a proteção daquela para o fomento deste, é preciso que as bases regulatórias sejam exatas para que o agente do Poder Executivo dirija sua ação de maneira a propiciar ao administrado o contato com elementos e convenções de uma realidade minimamente verossímil, que o dê a conhecer ou possibilite aproximar-se de sua própria realidade, para em seguida transcendê-la. Não pode o Estado incitar o indivíduo à visitação da frondosa mangueira do Cairo ou à compra do ímã com o desenho do porco-do-mato egípcio.

---

[7] *O turista aprendiz*, introdução e notas de Telê Porto Ancona Lopez, Belo Horizonte, Itatiaia, 2002, p.62.

[8] Ibidem, p.63.

CAPÍTULO XXXII

ARBEIT MACHT FREI

A cultura trabalhando para o turismo

Historicamente, e isto será estudado adiante com maior vagar, as Constituições brasileiras associam as ideias de educação e de família à noção de cultura. Desde a Revolução Industrial, com a massificação do trabalho e a estafa da classe operária, bem como a alavancagem da burguesia rumo a sua estabilização nas inúmeras esferas de poder institucional, evoluiu e ganhou relevância como fator de ordem, e mesmo controle social, a ideia do ócio recreativo, o lazer. Nenhum paralelo deve ser feito com o ócio de que gozavam os atenienses na Antiguidade Clássica – o modo de produção era outro, escravocrata, e o sentido atribuído ao "negócio", enquanto negação ao ócio, estava devidamente em consonância com a dinâmica social, perfazendo uma colcha de valores antípoda daquela em que se deita o mundo contemporâneo.

No explosivo *Manifesto contra o trabalho* escrito, em colaboração, por um grupo de intelectuais alemães, formado em torno da Revista *Krisis*, dentre os quais se destacam Robert Kurz, Franz Schandl, Ernst Lohoff, Norbert Trenkle, Claus Peter Ortlieb, Roswitha Scholz e Anselm Jappe, ativos desde a década de 1970, a denúncia é retumbante: "Um cadáver domina a sociedade – o cadáver do trabalho"[1].

---

[1] *Manifesto contra o trabalho*. Grupo *Krisis*. Heinz Dietermann & Cláudio Roberto Duarte (trad.). São Paulo, Conrad Editora do Brasil, 2003, Col. Baderna, p.15.

Os autores desfiam uma análise cortante da sociedade atual que, segundo eles, nunca foi tanto sociedade do trabalho, como nesta época em que o trabalho "se revela um irracional fim em si mesmo"[2], a partir do qual o grande sistema produtor de mercadorias, que domina os cinco continentes, só conhece e repete um lema: ao sujeito compete fazer com que a mercadoria possa ser transformada em dinheiro e o dinheiro em mais trabalho.

O Manifesto pontua que somente no sistema produtor de mercadorias é que a energia humana é dissociada de todas as outras relações e abstraída de qualquer conteúdo para compor a esfera do assim chamado "trabalho":

> Nessa esfera separada da vida, o tempo deixa de ser tempo vivo e vivenciado; torna-se simples matéria-prima que precisa ser otimizada: "tempo é dinheiro". A vida se realiza em outro lugar, ou não se realiza, porque o ritmo do tempo de trabalho reina sobre tudo. As crianças já são domadas pelo relógio para terem algum dia "capacidade de eficiência". As férias também só servem para a reprodução da "força de trabalho". E mesmo na hora da refeição, na festa e no amor o ponteiro dos segundos bate no fundo da cabeça.[3]

É mister que não nos enganemos. Este sujeito cuja vida é uma esfera distinta da do trabalho compõe as maiorias silenciosas de que fala Jean Baudrillard[4] e não as minorias mínimas, mais que mínimas, de ação tonitruante. O fenômeno atual do turismo, tratado no capítulo anterior, serve também, enquanto catarse das massas, a escopos da economia de mercado, o que, por si só, não constitui qualquer aberração, muito ao contrário, é um imperativo lógico. O lazer acaba tornando-se uma obrigação – é preciso descansar para produzir mais quando do retorno. O descanso é, em última instância, trabalho e só trabalho. Até este ponto, nenhuma resinga pode ser oposta à realidade que se impõe por seus próprios bofes.

Todavia, o grande problema, em um debruçar-se mais clínico, pode ser entrevisto nos dentes dos confrades que se riem um para o outro – a cultura e o turismo. Não demora a aparecer uma ponta de obliquidade, o músculo da

---

[2] Ibidem, p.16-7.
[3] Ibidem, p.34.
[4] *À sombra das maiorias silenciosas: o fim do social e surgimento das massas.* Jean Baudrillard. Suely Bastos (trad.). São Paulo, Brasiliense, 2004.

dissimulação quase imperceptível que denota o embuste. O estado de coisas, a partir da cooptação estimulada, quer fazer deitar no mesmo balaio teleológico a cultura e o turismo, como se siameses fossem, e atribuir-lhes regime de equivalência quanto a suas feições, naturezas, encantos, e tudo o mais. Nesse passo, é que o contato com os bens de cultura passa a ser compreendido como um encontro hedônico, para o gozo dos sentidos, em geral os mais facilmente excitáveis, sem qualquer apreensão para com o *a posteriori*. Daí para a própria cultura, e não somente o encontro entre o sujeito de regalo e o objeto, passar a assumir trejeitos de ventena, é um pulo.

Portanto, a atividade turística associada unicamente à ideia de lazer ou a arroubos recreativos quaisquer tende a se infiltrar na ideia de cultura seguindo um veio pernicioso, capaz de retirar dela todo o sentido, deixando o oco no lugar do tutano, para incrustar-se em torno dela como uma casca frívola, ao mesmo tempo em que se deixa ungir dos valores circunvizinhos à hospedeira. A relação passa de uma aproximação mutualística para o parasitismo puro. O correto mesmo seria dizer "rufianismo puro", porquanto é essa a relação moderna entre turismo e cultura, sendo uma apresentada pelo outro com belos brincos e de banho tomado, mas já que viemos utilizando noções da biologia, deixemos o raciocínio tal como se apresenta. O importante é saber que a noção de deleite não encontra fim no beiral dos produtos culturais assediados pelas atividades turísticas, sejam bens materiais ou de experimentação sensorial e contemplação, mas sim adentra o terreno daqueles de menor exploração apelativo-emocional, dos quais se passa também a esperar o jorro fácil do prazer.

CAPÍTULO XXXIII

SÁBIOS E FOLGAZÕES

As raízes do hedonismo

Nada é mais conveniente a regimes de dominação do que manter entretidos os dominados, enquanto se tece a quilométrica teia de caça aos alevinos. Consagrado pelo universo do *show business*, o *entertainer* atrai distraindo, ao mesmo tempo que distrai atraindo. A atração tem seu vetor apontado para o supérfluo, é um domínio de prestidigitador, enquanto se distrai a atenção dos espectadores daquilo que realmente importa: o espetáculo prestes a saltar o tapume e, antes, toda a trama do número arquitetada nos bastidores, da qual o grande público jamais terá notícia.

A depender da aplicação das normas existentes no ordenamento jurídico, a cultura pode reduzir-se à condição de *show-man* do Estado, atuando para entreter os indivíduos enquanto a máquina estatal ejeta seus vapores por detrás da coxia. "Entreter" significa "ter entre", ter no entreato, o intervalo do espetáculo principal, ou seria melhor dizer no "entremez"[1], do francês *entre mets*, em que bufões e saltimbancos realizavam, na Idade Média, uma encenação breve entre os momentos da ceia senhorial. A peculiaridade é que, no caso do entreato

---

[1] É o mesmo "intermezzo dramático". Cervantes escreveu oito entremezes, dos quais se destacam os famosos *O juiz dos divórcios*, *O rufião viúvo* e *O velho zeloso*.

social, o grande público não *partilhará* o prato com os Senhores, sentado à mesa, mas sim *será* o prato; é distraído justamente para isso, para ser conduzido à bandeja, sem estresse – a carne do animal é sempre mais macia quando não submetido à tensão antes do abate.

A cultura, portanto, funcionaria como aquela fricção gostosa que antecede o uso – o uso do sujeito pelo Estado. A concepção não utilitarista e meramente hedônica de cultura não poderia ter outro fim e, associada ao modelo educacional pré-Paulo Freire, ergueria, no Brasil, o mais firme conjunto de pilastras para cobrir com o dossel da letargia coletiva o abatedouro a que já se aludiu.

Hedônica, do grego *hedone*, é toda atividade que conduza ao prazer. A doutrina hedonista tem origem, no pensamento Ocidental, com a escola de Aristipo de Cirene (435-360 a.C.), um dos socráticos menores. A escola Cirenaica, ao lado da Cínica, de Antístenes, e da Megárica, de Euclides, mesclou os ensinamentos de Sócrates e a retórica dos sofistas para pôr em dúvida a possibilidade de abordagem racional das questões metafísicas que ocuparam Platão e Aristóteles. A filosofia das três escolas estava abertamente inclinada a uma orientação moral, mas é com Aristipo, seguindo lições de Protágoras, que a ideia de *sensação* ganha corpo, a ponto de sua escola afirmar que não existe verdade fora da experiência sensível. A sensação seria o único critério da verdade e a única fonte do conhecimento.

Marilena Chauí, ao analisar o pensamento cirenaico, traça um resumo dizendo que, segundo ele, "conhecemos apenas o que é percebido e tal como nos aparece na sensação", que "conhecemos *fenômenos*, ou seja, o aparecer das coisas para nós", que "só é real o instante presente da sensação", o "agora", que "só o presente é nosso".[2] As sensações determinantes de nossos estados emocionais seriam apenas três – calma, dor e prazer. A primeira equivale à indiferença e a segunda ao desgosto. Somente a terceira sensação, o prazer, é capaz de produzir felicidade – esta nada mais seria senão uma teia de prazeres articulados. Quanto maior a combinação de prazeres, maior o grau de felicidade, quanto mais tempo durar tal combinação, melhor.

A despeito da relativização destes "estados emocionais", pelo que a dor pode significar intenso prazer, justamente pelo fato de constituir-se dor, sem desnaturar-se, ao mesmo tempo que o prazer pode confundir-se com o sofrimento

---

[2] *Introdução à história da filosofia: dos pré-socráticos a Aristóteles*. vol. 1. 2.ed. rev. e ampl., São Paulo, Companhia das Letras, 2002, p.324-7.

profundo, o que comprovam os preceitos da culpa e autocastração, bem como a calma representar qualquer dos supostos extremos, a doutrina hedonista de Aristipo prega, simplesmente, que a dor é o foco natural de fuga do ser humano e o prazer, seu único alvo.

Seguindo o ideal da ataraxia, a imperturbabilidade como condição *sine qua non* para ser feliz, Epicuro (341-270 a.C.) reformula o hedonismo. Não admite a identidade entre prazer, sob qualquer forma, e felicidade. O hedonismo epicurista não equivale a outro prazer senão ao de espírito. Sua doutrina, profundamente impregnada de uma moral religiosa, o que se completava pelo próprio estilo de vida do filósofo que reunia em torno de si uma comunidade deísta adepta de práticas como preleções diuturnas a confissões orais, só encontra interesse na vida interior do indivíduo. Ao defenderem a ideia de que o objetivo da vida é o prazer, os epicuristas não incluem neste a conduta dos "dissolutos e folgazões", referem-se apenas ao prazer enquanto ausência de sofrimento do corpo e ausência de perturbação da alma – nota-se que em ambas as esferas está enquadrada a calma cirenaica.

Em síntese, não seriam os "simpósios e as festas contínuas", nem os "prazeres com meninos e mulheres" que tornariam a vida doce, mas sim o "sóbrio juízo". Para ser considerado um bem, o prazer deve respeitar os cânones da *phrónesis*, mais alta qualidade moral do sábio, oposta à soberba, à presunção, à insolência, aos excessos de ardor e impetuosidade. Apesar desses ensinamentos, o epicurismo foi condenado pelo cristianismo que, curiosamente, o considerou ateu e hedonista sexual[3], quando a razão maior para o rechaço seria, em nosso ver, tão-somente seu caráter niilista, o prazer pelo prazer, sem uma utilidade, um fim.

Observa-se que o hedonismo epicurista não nega o prazer, enquanto estado emocional próprio do homem, alardeado pelo hedonismo cirenaico, apenas restringe ao universo espiritual do sujeito aquelas sensações que o conduziriam à verdadeira felicidade. O indivíduo, de si para consigo, não se percebe enquanto ser social, mas sim como um ser único, em meio a tantos outros – esta é a doutrina atomista de Demócrito que tem grande influência

---

3 A doutrina epicurista chegou a desaparecer no século III d.C., mas foi retomada durante o Renascimento. Cf. "EPICURO" – verbete de Reinholdo Aloysio Ullmann. *Dicionário de filosofia do direito*, Barreto, V. de P. (coord.). São Leopoldo/RS, Ed. Unisinos, Rio de Janeiro/RJ, Ed. Renovar, 2006, p.267-8.

na obra de Epicuro. Desse modo, em nenhum outro lugar o homem poderia encontrar a felicidade senão dentro de si mesmo. Por isso, Epicuro não aconselha a prática da política, que estorva o atomismo, nem a prática da ciência, que viola a ataraxia. Em um ponto, entretanto, o epicurismo converge para o mesmo ideal traçado pelo hedonismo de Aristipo, o de que a felicidade será tanto mais passível de ser alcançada quanto mais sábio[4] for o homem.

Todo aquele que ainda hoje professe esses dois estados de alma do ser humano – dor e prazer –, visando apanhar o núcleo e o sentido da *felicidade*, toma, ainda que pelas transversais do tempo, a lição de Aristipo. Não obstante a relativização que já traçamos sobre o que seria dor e o que seria prazer no âmago humano, dizer que todo ser vivo foge daquela e busca este[5] é simplista a ponto de servir tanto para a análise do estado de alma de um Miguel Reale quanto de uma lagartixa refestelada ao sol. Mesmo o corte empreendido pela escola epicurista, que, preocupada com meios para se atingir a felicidade, limitou os prazeres àquelas sensações íntimas do *espírito* de cada ser humano, parece, hodiernamente, não ser capaz de provocar o mesmo abalo do largo passo desferido pelo filósofo de Cirene, quando o ponto em questão é a ideia de cultura.

Conforme será demonstrado, o acesso a bens culturais não garante prazer ou, na esteira dele, felicidade a ninguém. As macabeias são, certamente, mais felizes do que jamais sonhará ser qualquer Foucault.

---

[4] Para Aristipo, o sábio seria aquele homem capaz de conseguir "não só o maior número de prazeres, mas também o máximo que cada um deles pode realizar no agora, porque a sensação é sempre atual e não dispomos de prazeres passados ou futuros" (Chauí, op. cit., 2004, p.326).

[5] Diógenes de Laércio. *Vidas e doutrinas dos filósofos ilustres.* Mário da Gama Kury (trad.). Brasília, UnB, 1988, p.69.

CAPÍTULO XXXIV

VOCÊ TEM FOME DE QUÊ?

Comida, diversão e arte

Na sociedade do trabalho, o prazer tem seu ponto culminante no *lazer*[1], ou nos *momentos de lazer*, nos quais se inclui a cultura. Obviamente que, dada a natural disposição humana de aprender, inclusive de aprender a se submeter ao posto, ao costume – o homem é um ser que se "acostuma" –, é possível também encontrar prazer no trabalho[2], e há inúmeros exemplos disso, mas o que se observa é que em todos os casos, o modo de objetivação desse prazer corresponde a formas típicas do lazer: em primeiro lugar, o sujeito tem prazer em realizar toda atividade que escolheu livremente; do mesmo modo, a decisão quanto ao ritmo empregado na atividade escolhida também é fator determinante; por fim, e mais importante, a possibilidade de perceber suas habilidades

---

[1] Sem pretender estender-nos em minúcias, consideramos distintos os conceitos de "lazer" e "entretenimento" – este implica uma atitude passiva do sujeito, aquele uma atitude ativa. José Afonso da Silva compreende o lazer como "entrega à ociosidade repousante" e a "recreação", conceito mais amplo que o de "entretenimento", como "entrega ao divertimento, ao esporte, ao brinquedo". Entende que "ambos requerem lugares apropriados, tranquilos, repletos de folguedos e alegrias". (*Comentários*, p.186-7).

[2] Não adotamos a clássica separação do trabalho em manual e intelectual. Todo trabalho humano é decorrente de intelecção. Cf. *Tributação da prestação de serviços intelectuais*. Revista de Direito Tributário, n. 102, Malheiros, 2008, p.119-120.

íntimas impregnadas no produto resultante da atividade laboral é condição definitiva para a afeição devotada ao trabalho. Todos esses critérios são notados em atividades próprias do lazer, desde andar de bicicleta ao ato sexual. Max Kaplan defende o oposto do que expusemos linhas atrás. Assevera que o lazer é a antítese do trabalho, que é "um fim em si mesmo"[3], acompanhado por um componente de sonho e excitação, permitindo ao indivíduo evadir-se um tanto à incidência de regras sociais, garantindo-lhe a liberdade que não pode exercitar nas atividades desempenhadas no trabalho, que o lazer conteria, enfim, uma relação estreita com valores e atividades culturais. Pelo que viemos discorrendo, consideramos necessário refutar com veemência tais ideias, posto que é latente, na sociedade do trabalho em que vivemos, ser o lazer a outra face da exata mesma moeda na qual está burilado o trabalho.

Até mesmo os críticos mais perspicazes como Georges Friedman, um dos primeiros a fazer uma análise do lazer na sociedade pós-industrial, entende-o como uma espécie de compensação aos fatores alienantes do trabalho.[4] Dumazedier, sociólogo entusiasta do lazer enquanto "ação cultural", um dos idealizadores do movimento pós-guerra de educação popular *Peuple et Culture*, orientou suas reflexões para a compreensão do lazer como um "novo direito", o direito de "dispor de um tempo e de uma ação cujas finalidades são a autossatisfação", esse "tempo livre" seria outorgado ao indivíduo pela sociedade e estaria "orientado para a realização da pessoa como fim último"[5].

A outra ponta da seta dupla de uma compreensão do lazer nesses termos, como "direito", e, principalmente, de sua positivação no ordenamento jurídico é aquela que assombra grupos dominantes, em que o tempo livre poderia verter-se em uma ameaça a todo o corpo social, assumindo seu lado obscuro, a partir da sedução ambivalente do ócio. É o medo de que as garras da dominação afrouxem demais e que o sujeito atente contra elas. Em discussão sobre a mudança da legislação para a redução da jornada de trabalho, o deputado federal Nelson Marquezelli, em entrevista à rádio CBN, defendendo a manutenção da legislação trabalhista exatamente como se encontra, expôs, em alto e bom som, as razões de sua paúra diante da possibilidade de diminuição da carga horária:

---

[3] Cf. *A linguagem da Cultura*. São Paulo, Perspectiva, Sesc, 2003, p.370.
[4] Ibidem, p.372.
[5] Idem.

Se você reduzir a carga horária, o que vai fazer o trabalhador? Eles [os defensores da redução] dizem: vai para casa para ter lazer. Eu digo: vai para o boteco, beber álcool, vai para o jogo. Não vai para casa. Então, veja bem, aí é que está o mal, ele gastar o tempo onde ele quiser, se nós podemos deixá-lo produzindo para a sociedade brasileira.[6]

A fala do deputado encerra uma riqueza de preconceitos não muito rara para o padrão dos membros do Poder Legislativo nacional. O discurso é antigo, mas cabe revisitá-lo para ter em conta que ainda hoje o pensamento novecentista industrial serve de argumento para, em primeiro lugar, justificar a manutenção de um esquema lucrativo de exploração de mão de obra, que seria em prol da "sociedade", e, em segundo, expressar o quão retrógrada pode ser a visão de controle social mesmo diante de mecanismos sofisticados como a cultura e da sutileza do toque de suas arestas sobre a película do lazer.

Por que apear do equino tão cedo, se é possível mantê-lo à brida por mais tempo? Ao afirmar que "Bebida é água" e que "Comida é pasto", indagando sobre a sede e a fome do interlocutor, o eu-lírico da famosa canção *Comida*[7] expõe a crueza da sociedade do trabalho que pastoreia homens e mulheres como se fossem quadrúpedes, para os quais bastaria um tonel d'água e uma porção de capim. Sem qualquer resposta do interlocutor oculto, que é o próprio ouvinte, o eu-lírico prossegue falando em nome de todos: "A gente não quer só comida/A gente quer comida, diversão e arte", isto é, a letra provocativa propõe uma aproximação entre a condição real de subsistência da maioria dos seres humanos, que é animalizada, e o "desejo, necessidade e vontade" de cada um. "Diversão" e "arte" podem ser identificadas, respectivamente, com lazer e cultura, seja porque a primeira, *diversão*, corresponde ao lúdico descompromissado, ao "brinquedo", de que fala José Afonso da Silva, seja porque a segunda, *arte*, diz respeito a mais elevada forma de expressão cultural. A letra prossegue participando ao interlocutor dos anseios gerais: "A gente quer saída para qualquer parte", em uma alusão evidente a um dos postulados máximos do Estado Democrático de Direito – a liberdade, outro valor reivindicado pelo homem para exercício da própria condição humana, valor este que estaria sendo violado

---

[6] Deputado pelo PTB-SP – entrevista realizada em 26.08.09.
[7] Titãs. *Comida*. A. Antunes, S. Brito, M. Fromer [Compositores]. In: *Jesus não tem dentes no país dos banguelas*. Prod. Liminha, WEA, Brasil, 1987. Faixa 2 (3min 59s).

pelos "currais" da sociedade do trabalho que fazem cativo, a pasto e água, o trabalhador. E arremata: "A gente quer prazer para aliviar a dor". A dor, por certo, é efeito do peso dos caçuás, e, resignado, não vendo solução para sua condição animalesca, o eu-lírico expressa sua necessidade de *prazer*, ainda que sirva tão-somente para "aliviar" a expiação provocada pela carga inevitável.

O sistema jurídico, que reflete e cria outros sistemas, não se esqueceu de que tal "alívio", na atual sociedade, pode ser engendrado pelas instâncias do lazer. Todas as aparições do vocábulo "lazer", na Constituição da República, surgem homologadas à ideia de trabalho. A redação original do art. 6º dispunha, lado a lado, como direitos sociais, o trabalho e o lazer. Esta gradação foi habilmente rompida pela Emenda Constitucional nº 26/2000, que fez inserir, entre aqueles dois, outro direito social, a moradia. No entanto, a homologação persiste em outros dispositivos, como no art. 7º que, dispondo sobre os direitos dos "trabalhadores urbanos e rurais", elenca no inciso IV, dentre outros, o lazer. A única homologação contígua, na Constituição Federal de 1988, entre as ideias de lazer, trabalho e cultura, é verificada no art. 227, em que se impõe à família, à sociedade e ao Estado o dever de "assegurar à criança e ao adolescente, com absoluta prioridade, o direito à vida, à saúde, à alimentação, à educação, ao lazer, à profissionalização, à cultura, à dignidade, ao respeito, à liberdade e à convivência familiar e comunitária, além de colocá-los a salvo de toda forma de negligência, discriminação, exploração, violência, crueldade e opressão". O vínculo a que aludimos é iniciado, na verdade, a partir do termo "alimentação", seguido de "educação", que é voltada para o aprimoramento técnico visando às necessidades do mercado e não deixa de esboçar sua estreita relação com as diretrizes da "profissionalização", do "lazer" e da "cultura", de modo a perfazer um pentágono cruzado ao meio por retas que partem de cada um dos cinco vértices, em uma perfeita teia em que todos os cinco signos ligam-se aos demais.

Estes são os cinco pontos básicos, em que o Estado, precipuamente, tem o poder de ingerência, em momentos cruciais de formação dos indivíduos, a infância e adolescência, para garantir-lhes o pleno desenvolvimento, tal qual preconizado pelo próprio sistema fundador da ordem jurídica. Obviamente que o pentágono não exclui, muito ao contrário, faz gravitar em torno de si, as outras esferas de prioridade – vida, saúde, dignidade, respeito, liberdade e convivência. Mas quanto a estas, cabe ao Estado somente remediá-las, desobstruindo os eventuais vícios que estorvem a pujança de suas matizes, não havendo meio de engendrá-las por si, uma vez que se situam no sobreplano do direito, restando inábil qualquer projeto de ação afirmativa objetiva que não envolva o fomento de outras práticas, estas sim, realizadoras dos valores da dignidade, do respeito etc. De toda forma, são denodos que circundam aqueles pontos basilares, consagrados pelo ordenamento como direitos sociais.

Para além destes dispositivos, o art. 217, § 3º, do texto da Constituição Federal, já analisado no "Primeiro *Corpus*", incumbe o Poder Público de incentivar o lazer, como forma de "promoção social", o que apenas revela, levado em conta o *tópos* constitucional, o que já asseveramos – que o lazer pode ser, e é, manejado como as cordas do títere.

Capítulo XXXV

FRICCIONE ANTES DE USAR

Cultura e prazer

Além de todos os demais assédios, o conceito de cultura também passou a ser, conforme esboçado, perseguido pelas maçadas da doutrina hedonista, e com ardor, especialmente a partir da Revolução Industrial, quando se tornou indispensável o controle das miríades de trabalhadores não só dentro dos aparelhos produtores de mercadoria, como fora, na escassa esfera de sua existência particular. Não bastava, como não basta ainda, o pão, era preciso o circo também, como ainda o é. Segundo apontamos páginas atrás, o legato que encadeia em uma só vibração o turismo, tal qual se apresenta hoje, e a cultura é somente um vestígio dessa origem complexa. A ideia por detrás do biombo erguido com muitos panfletos coloridos e fotos de praias paradisíacas e de mulatas apetitosas sambando em frente a ruínas e prédios centenários, ao som de timbales e ganzás, só se diferencia da noção grega de *busca* do prazer porque, hoje, buscar não é alcançar, é preciso ter em punho o cartão de crédito, de modo que, se quisermos ser rigorosos, faz-se mister falar em *compra* do prazer.

Dentro dessa problemática emanada pela Constituição e pela legislação infraconstitucional, porque reflexo da formação ideológica dos membros da Assembleia Constituinte e do Poder Legislativo, a cultura, seja comprada seja gratuita, vem sendo tomada meramente com foros de hedonismo, tratada como o próprio objeto que corresponderia a uma satisfação desinteressada do anseio humano pelo prazer, cuja esfera mais frívola, em termos utilitaristas, é o lazer. Se por um lado esta associação serve a interesses de continuidade de um estado de coisas, ao mesmo tempo que se firma como mais um dos elementos de expansão de um modelo econômico; por outro, desarticula qualquer possibilidade de acesso às camadas, uma a uma, do esbatimento social.

A atribuição, às vezes com o timbre seguro de "científica", de certo caráter hedonista à cultura não consegue operar outra coisa senão o esvaziamento daquele baú tão farto da antropologia. Onde antes cabia tudo, agora, pelos novos seguidores da velha escola cirenaica, cabe somente o gozo. Um deles é o semioticista Aldo Bizzocchi que, ao jurar construir uma teoria que explica, por meio das ciências da linguagem e do discurso, o conceito de cultura, formulando uma "nova visão" sobre arte, religião, esporte, técnica e ciência, os quais estariam, todos, abarcados por sua ideia de cultura, somente consegue provar o quanto ele próprio, o autor, enquanto sujeito social, está irremediavelmente condicionado a um contexto histórico-ideológico. O autor revisita doutrinas antiquíssimas tentando refletir sobre o presente, mas alheio à repercussão das ideias que pretende difundir, bem como ao projeto de sociedade ao qual serve.

De todo modo, os tempos estão para novas falsas revoluções a cada tiragem empreendida pelo fordismo editorial. Se cada livro editado, tido como revolucionário, correspondesse à retirada de um tijolo, um sequer, do imenso prédio do lugar-comum, não haveria menos do que uma cordilheira de escombros soterrando-nos a todos. A maioria dos autores que estuda o tema da cultura é perita em dizer nada acerca do muito que pretendem. A nova-velha fuga para os lindes do hedonismo tem até certa graça em operar a incisão epistemológica sobre o conceito de cultura, escolhendo os estandartes do prazer e do não utilitarismo, para, na sequência, injetar de volta tudo aquilo que por inferência lógica deveria ter sido extirpado, segundo as próprias premissas adotadas – ciência, religião, arte, técnica, por exemplo.

Não só o hedonismo estudado sob o enfoque filosófico como também o conceito tratado na seara da psicologia atendem ao desejo "revolucionário" de identificação entre cultura e prazer. Freud, como já de costume, é vítima de mau uso. Seguindo a trilha deixada pelo psicanalista, a personalidade humana é o resultado da mediação, operada pelo ego, de duas forças conflitantes entre si – o *id* e o superego. O primeiro corresponderia às pulsões do instinto, aos desejos instaurados sob a égide da dicotomia prazer/desprazer; o segundo diria respeito ao conjunto de interdições a tais pulsões. Nesse sentido, a educação serviria essencialmente para refrear aqueles instintos, o que, em princípio, representaria um benefício para toda a coletividade, já que esta seria destruída caso cada homem pudesse levar a efeito seus desejos mais recônditos.

Aldo Bizzochi, autor de *Anatomia da cultura*, diz:

> Se admitirmos que toda criança é o que o homem adulto seria se não tivesse seu instinto refreado pela educação, podemos dizer que a razão da vida humana é a busca do prazer e a satisfação da vontade, embora passemos a maior parte de nossas vidas fazendo coisas movidas pelo dever e pela necessidade. A cultura é, então, o conjunto das atividades que conduzem o homem ao prazer, que o levam, por assim dizer, de volta ao estado de natureza, em que o prazer se sobrepõe à necessidade, em que o querer sobrepuja o dever. Em última análise, a busca do prazer é uma tentativa metafórica de retorno ao útero materno, isto é aquela sensação de plenitude que o feto experimenta antes de nascer, na qual não existem desejos, nem necessidades, nem medos.[1]

Sem nos atermos à crítica pontual do último período, sobre a "sensação de plenitude" que o feto experimentaria antes de nascer, uma realidade intrauterina que denotaria total ausência de desejos, necessidades e medos, o que demandaria incursão demorada e profunda nas sendas da psicanálise freudiana, a conceituação de cultura nos termos transcritos anteriormente mostra-se gravemente prejudicada pelos remendos evidentes que ostenta. Veja-se: "busca do prazer", "satisfação da vontade", "estado de natureza", "retorno ao útero materno", é uma miscelânea confusa e, por si só, oca. O ponto de partida não guarda qualquer afinidade com a ilação. Ainda que partamos da admissão de que o adulto seria o que "toda criança é", caso não tivesse sido submetido às censuras da educação, isso não nos conduz à suposição de que, naturalmente, viveríamos a plenitude copiosa do deleite, que seríamos seres sem conflitos porque assim o são as crianças, segundo defende o autor. Menos ainda, tal ponto de partida nos faz crer que a cultura devolva ao homem o doce que a educação ter-lhe-ia roubado. Sob o ponto de vista antropológico, a educação é, mais do que tudo, cultura.

As pulsões do *id*, segundo a teoria freudiana, são subjacentes à consciência e são incontroláveis, não há educador que as faça ajoelhar no milho. Tais

---

[1] Op. cit., p.39.

pulsões são formadoras da personalidade do indivíduo. Freud considera que a civilização será tanto maior quanto mais ferrenha for a repressão dos instintos, pois a coletividade se alimenta justamente da energia desviada destes. Para Freud, a indispensável ocupação dos adultos em alimentar e proteger as crianças, em um intenso e prolongado tráfego entre corpos, sem o qual nenhum homem sobreviveria, dada a inigualável dependência da cria humana, fenômeno conhecido como *neotenia*[2], acaba por implantar, no indivíduo, as sementes de um desejo tão voraz que nenhum objeto, sobretudo os artificiais, jamais será hábil a prover, a quem quer que seja, uma satisfação bastante.

Diante disso, percebe-se que as associações efetuadas por Bizzochi, rumo à ideia de "estado de natureza", vagam indolentes pelo bosque da total incoerência.[3] Ora, em primeiro lugar, parte do pressuposto de que o único prazer verdadeiro é este que se encontra no subterrâneo da mente humana, no subconsciente, esquecendo-se dos néctares epidérmicos, os mais ordinários, auferidos por quaisquer dos sentidos. Em seguida, imputa à educação o papel inapelável de algoz dessa busca por prazeres, da satisfação de vontades, como se os embargos do sistema educacional pudessem facilmente tocar as pulsões do *id*. Por fim, atribui à cultura, isto é, a um conjunto de atividades essencialmente *artificiosas*, a função de resgatar os prazeres interditados e arrebatar o homem rumo ao "estado de natureza". Ora, a cultura, sob qualquer aspecto, é o triunfo do artifício. A própria expressão "estado de natureza" é resultado de ponderações culturais, tecidas seja pelo viés da filosofia, da antropologia, da etnografia, da etologia, da sociologia, portanto, é também, em si, artificiosa, não havendo qualquer recinto, ainda que mental, para o qual o homem possa ser conduzido a fim de dizer: "este é o estado de natureza". A razão humana é um régulo implacável e a cultura não põe diante do homem outra coisa senão o artifício.

---

[2] Morris, D. *O macaco nu*. Hermano Neves (trad.). 15.ed. Rio de Janeiro, Record, 2004, p.37.

[3] Em determinada passagem, o autor chega a afirmar que a "vinculação entre a cultura e o prazer [...] parece ser característica sobretudo da civilização ocidental, herdeira da tradição Greco-romana. Em muitas civilizações da Antiguidade e mesmo da Idade Média europeia, havia, sem dúvida, manifestações culturais de todos os tipos, porém nem sempre ligadas ao princípio do prazer em si". O critério que norteia o conceito de cultura exposto no trabalho é, portanto, conforme ressalta o próprio autor, extremamente limitado. A limitação é geográfica e ideológica – geograficamente, aplica-se de Greenwich para oeste; ideologicamente, é dominada pelo universo judaico-cristão. (Op. cit., p.32).

CAPÍTULO XXXVI

SOLIDÃO NEURÓTICA E O ATO FUNDADOR

Um dedo de Freud

É interessante notar que Freud, apesar de não ter elaborado algo que se possa considerar uma Teoria da Cultura, desenvolveu seu pensamento a partir de um acontecimento hipotético de ordem social e não psicológica – o chamado "ato fundador". Somente com a análise clássica de *Totem e tabu*[1] é que Freud reconhece explicitamente as implicações da insurreição social na revolução interna do indivíduo. Segundo a teoria, que procurava explicar tão-somente a origem da proibição do casamento entre indivíduos do mesmo *totem*, o sujeito é abalado por uma ruptura interna originada por um fenômeno social, o dito *ato fundador*, que consiste no assassínio do pai, chefe da horda, pelos filhos, subalternos.

Esse ato é responsável por esmigalhar o elo entre os filhos e o pai, o grupo e o líder, é a própria sublevação primordial abolindo as estruturas de uma relação primitiva de dominação. O parricídio, seguido do rito canibal empreendido pelos próprios filhos, é o acontecimento fundador de toda a ordem cultural, na concepção freudiana. É um acontecimento sobretudo histórico, a partir do qual os filhos tornam-se audaciosos e conseguem realizar o que cada um deles, individualmente, não teria sido capaz de fazer. São, portanto, dois os aspectos principais que

---

[1] *Totem and taboo*. James Strachey (trad.). Great Britain, Routledge & Kegan Paul Ltd., 1950.

circundam o *ato fundador*: o primeiro é a *identificação* recíproca entre os membros da horda, que termina por torná-los um clã totêmico, e o segundo é a *solidariedade* que culmina no assassinato e faz dele tanto o fundamento da vida em sociedade quanto o fundamento dos conflitos intrínsecos ao indivíduo.

Esse aspecto da *identificação* é a base para o surgimento de inúmeras teorias, especialmente a partir da Segunda Guerra Mundial, acerca da existência de um "caráter nacional"[2], que por sua vez dá respaldo à ideia de "cultura nacional", estudada adiante. Embora Freud não tenha chegado a defender o *nacionalismo* como uma simples questão de identidade entre os membros de um grupo, encabeça, sem dúvida, a vanguarda de toda tentativa neste sentido. Por enquanto, fiquemos com a noção de cultura como um fenômeno desencadeado, como hipótese inaugural das relações humanas, para além dos psiquismos.

Em *Futuro de uma ilusão*, escrito em 1927, Freud escreve:

> Por cultura humana eu entendo tudo aquilo através do qual a vida humana se elevou acima de suas condições animais. Ela compreende, por um lado, todo o saber e o poder que os homens adquiriram a fim de dominar as forças da Natureza e de conseguir os seus bens para a satisfação das necessidades humanas; por outro lado, todas as organizações que são necessárias para regular as relações dos homens entre si e, em particular, a repartição dos bens que são capazes de assegurar.[3]

Portanto, vê-se que ao expressar sua concepção de cultura como sobrelevação do homem em relação à condição animal, basicamente instintiva, o Pai da Psicanálise aniquila, em um toque singelo, qualquer possibilidade de utilização de sua teoria como fundamento para edificar-se uma compreensão hedonista de cultura, ligada às entranhas do subconsciente humano. Para Freud, por suas próprias palavras, cultura é artificialidade, compreende os "saberes" e os "poderes" de domínio do homem sobre as "forças da natureza" e não pode ser identificada com qualquer catapulta apta a arremessar o indivíduo "de volta" ao instante "zero" de civilização, o "estado de natureza". Ainda que advenha de

---

[2] Dante Moreira Leite analisa com maestria inigualável essa questão, em sua obra *O caráter nacional brasileiro*. São Paulo, Unesp, 2003.

[3] Para Freud, em uma alusão clara ao marxismo, o "indivíduo pode entrar na relação com outro homem na qualidade de proprietário". Cf. *História da filosofia – o século XX*. François Châtelet (org.). José Afonso Furtado (trad.). vol. 4. Lisboa, Publicações Dom Quixote, 1995, p.58.

processos psíquicos, dada a capacidade humana de aprendizado, o movimento de absorção de bens culturais será sempre equivalente ao da endocitose, que envolve consumo de energia.

Evidentemente, a genérica alusão à "satisfação das necessidades" inclui mesmo aquelas necessidades forjadas pela civilização ou, mais apropriadamente, pelo modelo socioeconômico instaurado, bem como as "forças da Natureza" aludidas abarcam, sem dúvida, a própria natureza humana, represada ou não, que, a serviço daquele modelo ou de quaisquer outras circunstâncias, faz com que o homem exerça, deliberadamente, domínio sobre o outro, seja tomando para si a capacidade de trabalho do outro, seja fazendo do outro objeto sexual. O problema é que tergiversar para o campo das pulsões, atribuindo à "necessidade humana" tudo aquilo que envolva as vicissitudes da dinâmica do corpo social é absolver o indivíduo de sua responsabilidade pelo estado de coisas. A postura faz com que tudo se torne, para delícia geral, mera e inevitável "natureza humana". É, talvez, por essa ponderação que se costuma dizer que a aplicação direta da psicanálise está excluída do campo das ciências sociais.

A teoria freudiana considera que cada indivíduo é inimigo da civilização e esta é, portanto, basicamente autodestrutiva. São constantes as investidas das pulsões de *Eros* e *Tânatos*, que sofrem tanto um controle coletivo quanto o controle do próprio indivíduo, em prol da civilização que trabalha no interesse da humanidade em geral. Quanto à cultura, Freud não desvincula este conceito do de civilização. Não que não reconheça a diferença entre as duas esferas, ele simplesmente *prefere* não desvinculá-las. Para Freud, a esfera da cultura é a esfera da castração[4], na acepção ampla do termo, especialmente no sentido de amputação do órgão genital – é a esfera própria da repressão da libido, isto é, repressão daquilo que há de mais íntimo no sujeito. Ela, identificada com a civilização, sublima dois elementos de combustão: o narcisismo primário e a agressão primária. Nessa esteira, longe de possibilitar o desenvolvimento harmonioso de nossas capacidades, ou de conduzir-nos ao estado de "plenitude que o feto experimenta antes de nascer", ao ápice dos prazeres, a cultura dirige-nos, segundo Freud, a um estado de infelicidade interna permanente. De acordo com essa perspectiva, diz Terry Eagleton, "os

---

4   Op. cit., p.43.

frutos da cultura não são tanto a verdade, a bondade e a beleza, mas a culpa, o sadismo e a autodestrutividade".[5]

A conclusão de Eagleton, analisando o pensamento freudiano, tem dimensões panorâmicas e vem ao auxílio de nossas ponderações até o momento articuladas. O homem, em sentido genérico, dotado de impulsos biologicamente estabelecidos, os quais uma vez totalmente liberados seriam suficientes para reduzirem-no à sua condição animal, e não o ungir das benesses do prazer, cria mecanismos de autocontrole, dentre os quais tem posição de relevo a cultura, sem a qual não haveria vida minimamente social e muito menos "civilização". De todo modo, são esses próprios impulsos, de amor e de destruição, que engendram o convívio social e a cultura, uma vez que não são aplacados pela razão, mas sim apenas "reorientados" em forma de energia. Por outro lado, seguindo a exata linha freudiana, tem-se que a repressão excessiva, não obstante resulte em um efeito benéfico para o corpo social, acarreta, simultaneamente, implicações ruinosas para o indivíduo, à medida que o predispõe a "neuroses"[6].

Segundo Pierre Kaufmann, são justamente essas predisposições que conferem ao homem a medida de precariedade de sua inserção social. A teoria de Freud, neste ponto, é de uma causticidade assombrosa, visto ser irremediavelmente necessária a infelicidade humana para que se engendre, com fausto, o progresso. O beco é escuro e sem saída. Ao fim, deparamo-nos conosco como seres solitários, neuróticos e, inevitavelmente, infelizes, obrigados a uma vida social imposta contra a nossa vontade, à qual nunca nos adaptaremos integralmente, isto é, seres cindidos entre a solidão imanente e o convívio forçado. Nas palavras de Dante Moreira Leite, toda a infelicidade e neurose do homem decorrem do fato de ele não poder continuar sendo "o animal egoísta e destruidor, criado pela natureza", sendo "obrigado a uma vida social constrangedora"[7].

---

[5] "É *Eros*, o construtor de cidades, que domina a natureza e cria uma cultura, mas faz isso fundindo-se com nossa agressividade, dentro da qual se oculta *Tânatos*, ou instinto de morte. O que destrói a civilização, assim, é logrado em suas intenções nefastas e utilizado para o trabalho de estabelecê-la. Porém, quanto mais sublimamos *Eros* dessa maneira, mais esgotamos os seus recursos e o deixamos como presa para o superego sádico. Fortalecendo o superego, intensificamos nossa culpa e fomentamos uma cultura letal de auto-aversão". (Op. cit., p.156).

[6] Sobre a relação entre neurose e as formações sociais, com Kaufmann, verificamos o pensamento de Freud: "Do ponto de vista genético, a natureza social da neurose deriva de sua tendência original para fugir à realidade que não oferece satisfações, para se refugiar em um mundo imaginário pleno de promessas aliciantes. Neste mundo real de que o neurótico foge, reina a sociedade humana, com todas as instituições criadas pelo trabalho coletivo". Vê-se que o real e o social, para Freud, são domínios equivalentes. (Op. cit., p.33).

[7] *O caráter nacional brasileiro*. São Paulo, Unesp, 2003, p.70.

Antes de qualquer assomo de ferocidade contra o estatuto psicanalítico freudiano, convém lembrar que a análise pontual aqui empreendida visa tão-somente fazer deitar no regaço da ratificação a ideia de cultura como artifício. A missão foi cumprida. Caso não seja considerada suficiente para o desígnio de proteger dos açoites o pensamento do Pai da Psicanálise, apesar de vigoroso, cabe-nos, como o próprio Freud declarou, lembrar que, em sua juventude, a aspiração que o impelia era, antes de tudo, filosófica – aspiração esta que foi plenamente satisfeita quando o Mestre migrou da medicina para a psicologia.

CAPÍTULO XXXVII

O PANÓPTICO

Cultura e utilitarismo

No plano do direito, a doutrina hedonista encontra em Jeremy Bentham um de seus propulsores históricos que, a partir de uma proposta teleológica, permite-nos alcançar, para o estudo da cultura, outro ângulo de abordagem – este sutilmente pernicioso –, o utilitarismo.

Dentre os que se ergueram contra as ideias de interpretação preconizadas pela escola de exegese, pelo pandectismo e pela escola analítica, Bentham destaca-se com sua doutrina utilitarista, uma verdadeira tradição no pensamento moral britânico. Os ideais do utilitarismo, continuados pela escola de John Stuart Mill (1838-1900), prosperam no período vitoriano e foram revigorados durante o século XX, chegando ao século XXI com os cabelos tingidos de preto, espraiando-se por diversas áreas, além do direito, como nos estudos de ética, filosofia e cultura.

Apenas para contextualizar as linhas gerais do pensamento utilitarista, é preciso ter em conta que, nos estudos de Bentham, o hedonismo marcha nos calcanhares do utilitarismo. De acordo com a formulação benthamiana, a possibilidade da aplicação universal do princípio da utilidade, capaz de servir à fundação de uma ciência sintética dos fenômenos da vida social e moral, tem como imperativo único aquilo que ele considera como sendo uma "realidade essencial da psicologia humana"[1], que consiste no drama alardeado desde os pré-socráticos, conforme estudado: o ser humano, e por conseguinte toda a civilização, é movido por duas forças – a busca do prazer e a fuga da dor.

Bentham defende que a busca pelo bem-estar, pela *felicidade* da maioria, tomada como um "pilar da ética consequencialista fundada no princípio da utilidade"[2], é capaz de balizar as categorias do justo e injusto, a informar a ação legislativa e executiva. A própria conduta de obediência às leis, segundo o autor, é justificada pelo critério da utilidade, que as deve encerrar, e não pelo dever metafísico de um liame contratual hipotético entre o Estado e os administrados. Enfim, a perspectiva de Bentham compreende o direito como a fórmula aplicada de uma moral útil à coletividade, norteada pela ideia de prazer cujas esferas de articulação concebem um estado de espírito humano dito *feliz*.

Esse panorama conciso, o qual, em si, não representa qualquer óbice para o convencimento quanto às ideias seguintes, muito ao contrário, já que a concisão é a alma do argumento,[3] serve-nos de contraponto à noção de utilitarismo que, hoje, cerca a cultura. Estirada sobre a esteira do hedonismo pela doutrina, baseada esta em uma compreensão semiótica rudimentar e insulsa dos textos de cultura, gerados também em decorrência do que prevê a própria legislação ordinária e constitucional, quer-se que a concepção moderna de cultura ostente mais este abscesso – o atributo de não utilitarista.

Nos estudos culturais, hedonismo e utilitarismo são critérios isolados, um não implica o outro, como na ética de Bentham, o que por si só é um disparate já que, sendo prazerosa, a atividade cultural não poderia ser considerada outra coisa senão "utilitarista" – a utilidade da cultura seria a de ocasionar prazer ao sujeito que manipula bens culturais, tal como a utilidade do direito, pela escola utilitarista, é engendrar uma circunstância social que corresponda à felicidade do maior número de pessoas. De fato, os autores que veem alguma utilidade na cultura consideram-na apenas sob o ângulo epicurista, de satisfação espiritual, jamais sob outro qualquer.

---

[1] "Esse princípio unificador, na visão de Bentham, é o princípio de utilidade, que tem como imperativo 'a busca da maior felicidade possível para o maior número de pessoas' [...]. O utilitarismo benthamiano exclui toda origem natural ou divina das leis, que surgem por si mesmas, *ex nihilo*, confundindo-se com a realidade efetiva, empírica dos fenômenos da linguagem e da lógica desenvolvidas pelo homem em sociedade". Cf. "BENTHAM, Jeremy", verbete de Aloysio Augusto Paz de Lima Martins, em *Dicionário de filosofia do direito*, p.95.

[2] Idem.

[3] Shakespeare, W. *Hamlet*, p.44.

Por esta guinada, a cultura é conduzida ao mais inalcançável e estéril promontório de que se tem notícia. Uma verdadeira bênção lançada aos randevus do entretenimento. O conceito de cultura *stricto sensu*, formulado por Bizzocchi, conforme exposto anteriormente, é um bom exemplo disso. O autor defende essa "característica marcante" da cultura – sua "índole não utilitarista":

> Sendo as atividades culturais basicamente destinadas muito mais ao espírito do que à matéria, elas não visam à satisfação de necessidades materiais do ser humano, tais como a sobrevivência, a manutenção ou a recuperação da saúde, a segurança, a ordem social e política, a capacitação profissional, o acesso aos bens materiais e outras. Se as várias atividades culturais objetivam diferentes fins, todas elas têm em comum o serem realizadas como um fim em si mesmo e não como um meio para atingir um fim utilitário. Se há alguma utilidade na cultura, ela não é de caráter pragmático, mas é, antes, a satisfação de uma necessidade espiritual, e não material, a necessidade de prazer.[4]

Em relação a esse "prazer", o autor diz que não se trata de "um prazer meramente físico, animal", mas sim de "um prazer sensorial e cerebral", tendente a satisfazer a necessidade humana de cognição, pela percepção, intuição, emoção e razão. Tem-se visto que as taxonomias do idílio são fartíssimas. Ora, não vislumbramos outro modo de prazer que não o sensorial, o cerebral. Ainda que decorra de atividades "carnais", o prazer dito "físico" nada mais é do que sensação, experimentação, portanto, um processo físico-químico, do qual participa o cérebro, imperativamente. Não existe prazer "meramente animal" – se assim o fosse, todos os homens e todas as mulheres, cada qual com suas peculiaridades de gêneros, sentiriam, invariavelmente, prazeres equivalentes, seria possível a redação de um manual, uma bula infalível do prazer.

Em seguida, essa ideia de cultura como algo desvinculado de utilidades pragmáticas é assombrosa. Por esse sentir, nada do que o homem produz para socorrer suas necessidades mais comezinhas seria bem cultural. A panela não seria cultural, o carro não seria cultural, nem a cadeira, nem o espelho, nem o poste, nem a usina nuclear, nem o sapato, nada disso seria cultural. A antropologia estaria arruinada enquanto ciência que tem o homem no centro de suas

---

4 Op. cit., p.15-6.

preocupações. Essa visão é estreita a ponto de se autoanular. Isso porque a "utilidade" tem significados que vão muito além de nossa concepção cartesiana. Todo objeto criado pelo homem é, antes de tudo, inclusive antes de ser utilitário, uma extensão da mente humana e, portanto, resultado de processos de cognição, perpassando as quatro camadas.

Para o autor, *hedone* e *pragma* são as duas pontas do mesmo barbante – aquela figura como a própria busca da satisfação, esta como a atitude que impede o sofrimento, correspondendo a ações movidas predominantemente pela necessidade, tendentes à solução de problemas. O autor diz que quando a mente humana está em repouso, isto é, não está a serviço da realização das "necessidades" humanas, acontece um "vácuo"[5]: abre-se espaço para que as atividades mentais tornem-se um fim em si mesmas. Seria dessa lacuna que surgiria "o lazer, o relaxamento, a curiosidade gratuita, o pensamento desinteressado, o acalento da sensibilidade", abrir-se-ia "espaço para o estético, para o lúdico, para a autossatisfação do ego"[6]. A cultura existiria justamente para preencher este vácuo, por isso estaria ligada, acima de tudo, à ideia de prazer e, por conseguinte, sendo o momento do lúdico, do brinquedo, da gratuidade; a conduta humana, naquele exato instante, não estaria voltada à solução de problemas, ao *pragma*, o que emprestaria à cultura não só a feição, mas toda uma substância de desobrigação.

Tal corte é tão ingênuo quanto daninho para a compreensão da cultura. Fazê-la prostrar-se diante do prazer, como diante de um soberano, é frivolizá-la; reduzi-la à condição de um vassalo que serve para preencher vácuos é também esvaziá-la; descamar-lhe qualquer sentido de utilidade é fazê-la menor do que um "corvo"[7], do que um carregador de tigre[8].

---

[5] Idem.

[6] A análise de Freud, traçada acima, supre nova crítica a esta visão.

[7] Durante o século XVII, na Europa, quando se declarava a peste em uma cidade, havia um policiamento intensivo para que a doença não se espalhasse, proibindo-se a circulação de pessoas na rua, sob pena de morte. Dos poucos que circulavam, havia os "corvos", gente considerada abjeta que carregava os cadáveres pestilentos, limpava-os e enterrava-os.

[8] No Brasil colonial, dentre as muitas categorias de escravo, havia o "carregador de tigre" – os *tigres* eram os barris de excrementos que ficavam dentro das casas, longos dias, acumulando matéria. O escravo era obrigado a carregá-lo sobre a cabeça, até as praias. Gilberto Freyre conta que, não raro, largavam o fundo porque iam estourando de cheios e de podres.

Não se está defendendo que uma atividade cultural, no sentido contemporâneo, especialmente as formas de expressão artística, não possa colher no sujeito as sensações próprias do prazer – pode. O que se defende é que isso não constitui um imperativo; "prazer" não é critério de decidibilidade a respeito da natureza de uma atividade, se é cultural ou não. Mesmo porque, enquanto fenômeno sensorial, o prazer é absolutamente particular, individual. Assistir ao filme hollywoodiano *Batman* é um prazer? Ler *Ulisses* de James Joyce é um prazer? Comer *scargot* é um prazer? E rapadura? Contemplar os cortes de Lucio Fontana na tela amarela de *Concetto spaziale* é um prazer? A ninguém é dado decidir sobre o prazer alheio. A despeito dos planos de homogeneidade traçados pela massificação, a resposta às questões formuladas há pouco tenderá a variar de sujeito para sujeito e, a julgar pela ideia hedonista, o conceito de cultura balouçaria ao sabor das sensações de cada indivíduo – o que prejudica qualquer tentativa de empreender a tarefa cognoscente.

O atributo de "não utilitarista" é que não tem utilidade alguma para a definição de cultura. Nesse sentido, os epígonos modernos dos pré-socráticos, ao fazerem-se também pregadores absortos da doutrina benthamiana, em lugar de bancarem uma reverberação do novo, conduzem não só a cultura para o niilismo, como seus estudos para um retrocesso atroz de distorção sobre distorção. A mente aleta estaria divorciada da cultura, ao menos naquele instante de pensamento ativo, compromissado com as necessidades diuturnas do homem. Pela conjugação desse atributo, não utilitarismo, com aquele, o hedonismo, a indústria do entretenimento proporcionaria ao sujeito o ápice da cultura! Os bens vendidos por essa indústria decorrem de atividades discursivas e garantem o prazer pelo prazer, sem qualquer compromisso com a realidade cinzenta e indesejável do *pragma*. Levando-se tal pensamento às derradeiras consequências, a chamada cultura de massa seria, ela e somente ela, a genuína cultura incentivável dos dias atuais, por constituir uma verdadeira máquina de distração das multidões.Em um paralelo aterrador, o modelo do Panóptico de Bentham seria redescoberto e refundaria, seguindo os cânones de outro método, mas com a mesma finalidade de controle social, toda a civilização. Herdeiro notório de Cesare Beccaria, no âmbito do Direito Penal, Bentham opôs-se aos castigos corporais, considerados inúteis, preferindo a aplicação do isolamento e a inspeção constante do condenado, como forma de domínio, que, segundo ele, substituiria a violência. Em *O Panóptico*, de 1787, uma obra epistolar, Bentham firma princípios até então inovadores de controle social por meio do próprio espaço físico dos aparelhos do Estado. A obra e atuação efetiva de seu autor terminaram por inspirar desde a construção de hospícios e casas penitenciárias a prédios industriais.

O Panóptico, descrito por Michel Foucault como um "zoológico real"[9], teria sido, efetivamente, inspirado na planta do zoológico que Le Vaux construíra em Versalhes – o primeiro em que os motivos de visitação não estão, como no modelo tradicional, espalhados aleatoriamente em um parque. A composição arquitetural do Panóptico nada mais faz do que corresponder a uma máquina de intimidação e exercício pleno de poder.

É uma figura conhecida, em que o efeito mais importante é o de induzir no detento o estado de consciência de que há um poder constante sendo operado sobre ele, uma vigilância permanente. O princípio da edificação é bastante simples: uma construção circular com uma torre central. A torre é vazada de janelas que dão para a parte interna do prédio periférico circular. Este é dividido em celas que atravessam toda a espessura da construção, cada uma com duas janelas – uma que dá para o pátio interno e outra para o exterior, de maneira que é totalmente cortada pela luz, de lado a lado, permitindo-se ver da torre, em um ângulo de trezentos e sessenta graus, todas as silhuetas cativas dos detidos. Foucault diz tratar-se de uma "masmorra invertida"[10] que conserva apenas uma das três funções da masmorra clássica: trancar uma pessoa (suprimindo as outras – privá-la da luz e escondê-la). A certeza de que pode estar sendo observado por alguém no alto da torre, sem saber se efetivamente está, automatiza e padroniza o comportamento dos detentos, transformando-os em uma multiplicidade controlável, sem que seja necessário dar um só comando.

Ao mesmo tempo, a torre simboliza o falo onipresente, o poder materializado, não em um indivíduo, mas em toda a construção, em cada tijolo, no reboco, na pintura; é o poder impregnando o próprio aparelho, fazendo-se presente, embora tenha seu rosto desconhecido. Qualquer um, no alto da torre, pode exercer esse poder. O laboratório assegura o perfeito desequilíbrio. "O Panóptico é um local privilegiado para tornar possível a experiência com

---

[9] "O Panóptico é uma máquina maravilhosa que, a partir dos desejos mais diversos, fabrica efeitos homogêneos de poder". Cf. *Vigiar e punir: nascimento da prisão: nascimento da prisão*. Raquel Ramalhete (trad.). 36.ed. Petrópolis, Rio de Janeiro, Vozes, 2009, p.192-3.

[10] Op. cit., p.190.

homens, e para analisar com toda certeza as transformações que se podem obter neles"[11]. A explicitação do intento dessa maquinaria é de uma precisão perturbadora, ainda mais se levarmos em conta sua semelhança com o projeto de cultura que se quer traçar atualmente: uma construção também bastante simplória – um punhado de deleite e uma fatia de descompromisso. Pronto, está de pé o nosso Panóptico caiado com as cores do arco-íris, a própria máquina do gozo vigiado. Não importa quem, do alto da torre, espreita o comportamento dos homens cá nas celas – pode ser o Estado, uma multinacional, o mercado, Deus, ou a própria múmia de Bentham, caso a Universidade de Londres a libere para um passeio.[12]

---

[11] Op. cit., p.193.

[12] Além das 173 caixas de manuscritos, por vontade expressa em testamento, o corpo de Jeremy Bentham foi mumificado e encontra-se no prédio principal da Universidade de Londres, sentado dentro de uma cabine de madeira, trajando a moda de sua época, com casaca, camisa de tafetá, luvas e bengala. Curiosamente, sua cabeça, menos preservada do que o restante do corpo, acabou por se descolar do pescoço e, durante anos, ficou depositada no chão, entre as pernas do jurista. No lugar da cabeça original, que já foi roubada inúmeras vezes pelos estudantes, hoje há uma de cera. Cf. www.ucl.ac.uk/Bentham-project/info/jb.htm.

Capítulo XXXVIII

190 MILHÕES EM AÇÃO

O amasio entre esporte e cultura

Por fim, encerrando este momento do trabalho, cabe uma breve nota a respeito do esporte, amparado pelo art. 217, da Constituição Federal. Raro, mas digno de observação o discernimento do legislador constituinte em não jogar no mesmo balaio a cultura e o esporte. O exemplo é, no entanto, hora ou outra, olvidado por alguns Estados da federação, como é o caso do Acre e do Rio de Janeiro, ao inserirem no ordenamento jurídico normas de amplitude temática, para fins de incentivo fiscal, que extrapolam os meandros da cultura. O esporte encontra-se, complacentemente, em estado de mancebia histórica com a cultura – estado esse reforçado pelos bordões suados da rua como "esporte é cultura", ao modo do que ocorre com o turismo.

O estado do Acre editou, em 5 de julho de 1999, a Lei nº 1.288 que dispõe acerca de incentivo a "projetos culturais e desportivos", com editais de funcionamento sendo publicados desde o exercício financeiro de 2000. A Lei de Incentivo do Estado do Acre procura fortalecer o desenvolvimento da produção cultural e do desporto, por meio de patrocínios e doações de pessoas jurídicas estabelecidas naquele ente federativo. Nos termos do art. 1º, §§ 1º e 5º, da referida lei, o incentivo é conferido por meio de isenção de ICMS. O valor total a ser concedido aos projetos aprovados pela Comissão de Avaliação de Projetos

(CAP) atinge o limite de 1,5% do montante anual do ICMS arrecadado no exercício anterior pelo governo acreano e recolhido aos cofres do Tesouro Estadual.

Já o estado do Rio de Janeiro, em sua primeira lei de Incentivo à Cultura, a Lei nº 1.954, instituída em 26 de janeiro de 1992, e regulamentada pelo Decreto nº 28.444/01, apesar de atestar, em seu preâmbulo, que disporá sobre "concessão de Incentivos Fiscais para a realização de Projetos Culturais", estatui, no art. 2º, que os "esportes profissionais e amadores, desde que federados" estão abrangidos pela lei. Além do esporte, os incentivos fiscais estatuídos pela lei carioca abarcam outras "áreas" como, curiosamente, a "ecologia" e a "gastronomia", esta inserida por alteração recente operada pela Lei nº 4.986, de 11 de janeiro de 2007. Devido ao caráter pluritemático da Lei, os projetos apresentados passavam, originalmente, pela ingerência de três secretarias de Estado (a Secretaria da Cultura, a de Esportes e Lazer e a de Meio Ambiente e Projetos Especiais), às quais cabia manifestarem-se acerca da adequação do projeto às áreas de abrangência, para fins de concessão de incentivo.[1]

Importante salientar que o valor referente à concessão de incentivo fiscal à cultura, segundo estatui a legislação carioca, não deve ultrapassar o limite de 0,5% do montante de ICMS arrecadado no exercício anterior, nem ficar aquém de vinte e cinco centésimos da mesma arrecadação, desde que haja projetos que contemplem os requisitos exigidos. Em termos práticos, o diferencial maior deste Estado da Federação em relação a todos os demais é que suas leis não têm seus fins operacionalizados por editais, mas sim pela livre apresentação de projetos, sendo utilizada a data do protocolo para efeitos de concessão. Os editais são utilizados apenas para divulgação de resultados de aprovação de projetos pelas comissões de avaliação. Além disso, em 1998, o Governo do Estado do Rio de Janeiro sancionou a Lei nº 2.927, em 30 de abril, criando o Fundo Estadual de Cultura, segundo faculdade outorgada pelo § 6º, do art. 216, da Constituição Federal de 1988, cuja finalidade é prestar apoio financeiro, em caráter suplementar, a projetos culturais, bem como a obras e serviços necessários à recuperação e conservação dos equipamentos culturais da Secretaria de Estado de Cultura e Esporte.

---

[1] Esse item foi revogado pela Lei nº 3.555, de 27 de abril de 2001, ficando a concessão do crédito sob a guarda da Secretaria de Fazenda e Controle Geral e sob o endosso apenas da Secretaria de Cultura.

Outros exemplos, especialmente na legislação municipal, poderiam ser trazidos à baila, mas as leis referidas anteriormente nos bastam para fincar a baliza – segundo as concepções desenvolvidas no presente trabalho, o esporte está longe, bem longe, de equivaler à cultura. No Brasil, esse desejo de o Estado manipular a cultura e, por meio dela, todo o povo, remonta o Estado Novo, e o esporte, desde então, tem sido um fator muito importante, jazendo sobre os travesseiros do "Brasil-potência", da ideologia da "integração nacional", verticalizada por Juscelino e, depois, levada adiante pela ditadura militar.

O caso do futebol é interessantíssimo: o modo como este esporte foi convertido no Brasil em elemento de *identidade nacional*, além de ser inserido nas próprias pautas pedagógicas como uma atividade purificadora e uma obrigação moral, beira o modelo fascista de atuação. Durante a década de 1970, especialmente nos campeonatos mundiais, o governo encomendava músicas e investia pesado para forjar o sentimento de nacionalidade, de união, afinal o foco era aquela partida disputada por onze jogadores que *sintetizavam*, mais do que representavam, todos os brasileiros. Eram "noventa milhões em ação" – hoje, quase duzentos. Diante disso, a palavra de ordem não poderia ser outra: "Todos juntos, vamos! Pra frente, Brasil...". As transmissões de rádio e televisão utilizavam uma linguagem belicosa na transmissão dos jogos – os próprios treinadores eram militares – para criar uma atmosfera de combate entre o "Brasil" e as nações estrangeiras, inimigas. Este ranço permanece até hoje e suas razões serão melhor destrinçadas quando da análise da *identidade*, abordada adiante.

Mas é importante notar que o passado não é mais acintoso que o presente. O investimento "pesado" de que se falou permanece, garantindo a particulares a concretização de interesses que não guardam relação direta com a ideia de bem-estar da coletividade, ao contrário do que os discursos oficiais apregoam. A Lei nº 12.350, de 20 de dezembro de 2010, por exemplo, institui medidas tributárias referentes à realização, no Brasil, da Copa das Confederações Fifa 2013 e da Copa do Mundo Fifa 2014. O instrumento normativo estabelece um regime que privilegia diretamente não só a *Fédération Internationale de Football Association* (FIFA), associação suíça de direito privado que regula mundialmente o futebol, mas também as Confederações – europeia, sul-americana, asiática, africana –, bem como as Associações, as Subsidiárias, os Comitês Organizadores, todas pessoas jurídicas de direito privado.

Apesar de esta lei habitar o campo da "Babel terminológica", a que nos referimos anteriormente, empregando como se fossem sinônimos os conceitos de "isenção", "alíquota zero", "benefício", "desoneração tributária", "incentivo", é importante pontuar que neste instrumento a confusão semântica acaba por dissimular um privilégio odioso: além da isenção total do imposto sobre os rendimentos pagos, creditados, empregados, entregues ou remetidos pela Fifa, pelas demais pessoas jurídicas, preconizada no art. 10º, são também isentos, nos termos do § 1º, os montantes recebidos a título de prêmio pelos jogadores de futebol, árbitros e outros membros das delegações. Considerando as vultosas somas e que todas as seleções participantes do evento são premiadas e, mais, considerando que os trabalhadores que atuaram na construção e modernização dos estádios de futebol recolhem o Imposto de Renda, normalmente, pelo carnê leão, segundo estipula a mesma lei, são evidentes as violações a diversos princípios constitucionais – sobretudo à capacidade contributiva e ao princípio da igualdade –, violações estas embaladas por "aquela corrente", "parece que todo o Brasil deu a mão"...

CAPÍTULO XXXIX

SEGUNDO *CORPUS*

Cultura na Constituição Federal de 1988

Viemos esmiuçando, desde os incentivos fiscais, o Texto Constitucional e é justamente nele que colheremos também as bases sólidas para uma compreensão de cultura. O escrutínio dos dispositivos referentes aos incentivos conduziu-nos já a um ingresso prévio na seara dos problemas de conceituação da cultura, mas somente agora, a partir da análise de enunciados específicos, poderemos conduzir a investigação exata sobre o objeto *cultura*. A cultura que demandará todos os nossos esforços analíticos não é o conjunto generalista proposto pela concepção antropológica, a qual rega os atuais programas políticos de Estado. A "cultura" centro de nossas atenções é aquela dita *estimulável por meio de incentivos fiscais*.

O advento da Constituição Federal de 1988 trouxe a promessa de fomentar e proteger o "patrimônio cultural" brasileiro, dando a deixa para a atuação decisiva das chamadas leis de incentivo à cultura. O fomento, visto de relance, alcançaria todo bem simbólico atinente à "identidade" do povo brasileiro. Já a proteção, item mais complexo, voltar-se-ia, em sentido amplo, contra toda engrenagem que pudesse desregular ou mesmo descaracterizar a "cultura nacional". Neste sentido, o ideário de proteção do patrimônio cultural poderia lançar mãos e braços sobre o próprio consumo de massa, chamado por Alfredo Bosi de "fábrica de sombras e revérberos"[1]. O modelo de tempo cultural acelerado em que se vive possui manhas suficientes para distorcer ou mesmo soterrar na cova do esquecimento certas formas de expressão da "identidade nacional" ou da "cultura popular", como a cultura dos grotões, as danças folclóricas, a gastronomia popular, a literatura oral, todas essas manifestações que sobreviveram, muitas delas, a pulso. Todas as expressões aqui destacadas serão analisadas no tempo devido, dada sua complexidade.

Conforme já assinalado, os mecanismos de fomento e proteção do nosso "patrimônio cultural", por meio das propaladas exonerações e desonerações fiscais, são relativamente recentes no Brasil. Muitas empresas, hipnotizadas pelo fôlego das leis de incentivo, existentes em âmbito federal, estadual e municipal, passaram a incluir em suas pautas a cultura como item estratégico para a divulgação de sua imagem no mercado. Tema caro à economia da cultura, não será aqui devassado por consistir na outra ponta da função normativa – a extrafiscalidade, já estudada. No entanto, a recente história da aplicação das normas atinentes ao estatuto dos incentivos fiscais, alicerçadas na complexa noção de cultura professada pelo legislador constituinte, acabou por converter-se em distorções de toda ordem, como aquela apontada páginas atrás envolvendo a concessão de incentivo fiscal a uma empresa estrangeira. Tais desalinhos devem-se, muitas vezes, à própria incompreensão do conceito de cultura esboçado nas normas do instrumento normativo máximo do ordenamento jurídico – a Constituição da República.

Daqui em diante, o objetivo do presente livro tornar-se-á quase palpável – a construção, a partir do próprio Texto Constitucional, das dimensões possíveis de significação do vocábulo *cultura*, tendo como ponto de partida a linguagem empregada pelo enunciador constituinte, sem, contudo, olvidar, para fins primários de compreensão, que aquela encerra e reflete a formação ideológica deste (anotação importante para o entendimento da semântica enquanto história).

Primordialmente, pode-se dizer que, em oposição à *figuratividade*, a cultura é um *tema*, enquanto categoria ordenadora de fatos observáveis. Um termo que designa algo não presente no mundo natural, que, com o aparecimento da Constituição de 1988, passou a desfrutar de um tratamento normativo jamais dantes visto, no ordenamento jurídico brasileiro. A cultura encabeça o capítulo

---

[1] Bosi, A. *Cultura brasileira – temas e situações*. São Paulo, Ática, 1987, p.8.

III, do título VIII, da Constituição Federal, junto à "educação" e ao "desporto", e possui Seção própria. Os dois dispositivos que compõem a referida Seção merecem ser transcritos na íntegra:

Art. 215. O Estado garantirá a todos o pleno exercício dos direitos culturais e acesso às fontes da cultura nacional, e apoiará e incentivará a valorização e a difusão das manifestações culturais. § 1º – O Estado protegerá as manifestações das culturas populares, indígenas e afro-brasileiras, e das de outros grupos participantes do processo civilizatório nacional. § 2º – A lei disporá sobre a fixação de datas comemorativas de alta significação para os diferentes segmentos étnicos nacionais. § 3º A lei estabelecerá o Plano Nacional de Cultura, de duração plurianual, visando ao desenvolvimento cultural do País e à integração das ações do poder público que conduzem à: I – defesa e valorização do patrimônio cultural brasileiro; II – produção, promoção e difusão de bens culturais; III – formação de pessoal qualificado para a gestão da cultura em suas múltiplas dimensões; IV – democratização do acesso aos bens de cultura; V – valorização da diversidade étnica e regional.

Art. 216. Constituem patrimônio cultural brasileiro os bens de natureza material e imaterial, tomados individualmente ou em conjunto, portadores de referência à identidade, à ação, à memória dos diferentes grupos formadores da sociedade brasileira, nos quais se incluem: I – as formas de expressão; II – os modos de criar, fazer e viver; III – as criações científicas, artísticas e tecnológicas; IV – as obras, objetos, documentos, edificações e demais espaços destinados às manifestações artístico-culturais; V – os conjuntos urbanos e sítios de valor histórico, paisagístico, artístico, arqueológico, paleontológico, ecológico e científico. § 1º – O Poder Público, com a colaboração da comunidade, promoverá e protegerá o patrimônio cultural brasileiro, por meio de inventários, registros, vigilância, tombamento e desapropriação, e de outras formas de acautelamento e preservação. § 2º Cabem à administração pública, na forma da lei, a gestão da documentação governamental e as providências para franquear sua consulta a quantos dela necessitem. § 3º – A lei estabelecerá incentivos para a produção e o conhecimento de bens e valores culturais. § 4º – Os danos e ameaças ao patrimônio cultural serão punidos, na forma da lei. § 5º – Ficam tombados todos os documentos e os sítios detentores de reminiscências históricas dos antigos quilombos. § 6 º – É facultado aos Estados e ao Distrito Federal vincular a fundo estadual de fomento à cultura até cinco décimos por cento de sua receita tributária líquida, para o financiamento de programas e projetos culturais, vedada a aplicação desses recursos no pagamento de: I – despesas com pessoal e encargos sociais; II – serviço da dívida; III – qualquer outra despesa corrente não vinculada diretamente aos investimentos ou ações apoiados.

Como se vê, as minúcias estatuídas na Seção espraiam-se por tantos temas que o conceito de cultura parece singrar por mares infindos. Percebe-se que a noção de cultura na Constituição da República é talhada segundo articulações valorativas de sentido, sendo referida em diversas acepções, como: bem, patrimônio, valor, ação, produto, *status* de desenvolvimento social, e até mesmo sendo homologada às ideias de idoneidade moral e etnia.

A ideia mais corrente no texto constitucional é a de cultura como *bem* a ser protegido, promovido, difundido e ao qual deverá ser dado acesso. Esta formulação pode ser construída a partir do enunciado do art. 23, inciso III, que estabelece competência comum da União, Estados, Distrito Federal e Municípios para proteção de "documentos, as obras e outros bens de valor histórico, artístico e cultural, os monumentos, as paisagens naturais notáveis e os sítios arqueológicos", bem como do inciso IV do mesmo dispositivo, um tanto ou quanto tautológico em prever que compete àqueles entes "impedir a evasão, a destruição e a descaracterização de obras de arte e de outros bens de valor histórico, artístico ou cultural". Ora, o impedimento da "evasão, destruição e descaracterização" nada mais é do que a *proteção* preconizada pelo inciso imediatamente anterior.

O próprio Plano Nacional de Cultura preconizado pelo § 3º, do art. 215, tem por escopo conduzir à "produção, promoção e difusão de bens culturais", nos termos do inciso II, bem como à "democratização do acesso aos bens de cultura", conforme o inciso III. Do mesmo modo, o § 3º, do art. 216, prevê que a lei estabelecerá "incentivos para a produção e o conhecimento de bens e valores culturais", o que constitui fundamento de validade de toda a legislação concernente aos incentivos à cultura, sejam fiscais ou não. Importante notar que a noção de bem relacionada à cultura é bastante ampla, podendo inclusive abarcar valores culturais, uma vez que constituem a rede imaterial de expressões da cultura. Mas é sob a feição de *patrimônio*, enquanto conjunto de componentes, que a cultura se estende para horizontes até então inéditos no elenco histórico das Constituições do Brasil.

A definição de patrimônio – inovação empreendida pelo enunciador constituinte de 1988 – esboçada pelo art. 216, apresenta-nos a raiz de todos os problemas atinentes ao que José Afonso da Silva chama "ordenação constitucional da cultura". Estatui o dispositivo que os bens materiais e imateriais "portadores de referência à identidade, à ação, à memória dos diferentes grupos formadores da sociedade brasileira" constituem o patrimônio cultural brasileiro. A lista de possibilidades condensada em cinco dispositivos não exaustivos tem a extensão de uma galáxia: formas de expressão, modos de criar, fazer e viver, criações científicas, artísticas e tecnológicas, obras, objetos, documentos, edificações e demais espaços destinados às manifestações artístico-culturais, conjuntos urbanos e sítios de valor histórico, paisagístico, artístico, arqueológico, paleontológico, ecológico e científico. Caberá certamente ao legislador infraconstitucional estabelecer diretrizes seguras, suportando o desafio quase inquebrantável de não afrontar tamanha vastidão de céus preconizada pelo legislador constituinte.

Além de todas as referências insertas no artigo supracitado, a noção de cultura como conjunto de bens é expressa no próprio rol do art. 5º, inciso LXXIII, ao atribuir ao cidadão, isto é, ao titular do direito ativo de voto, legitimidade para propor ação popular visando anular ato lesivo ao patrimônio histórico e cultural. Do mesmo modo, a competência outorgada aos municípios, pelo art. 30, para proteger o patrimônio histórico-cultural local, devendo ser observada a legislação e a ação fiscalizadora federal e estadual. Além destes, o art. 219, já analisado no primeiro *corpus*, estabelece que o mercado interno integra o patrimônio nacional e, portanto, deverá ser incentivado.

A noção de cultura como valor, por sua vez, permeia todos os dispositivos constitucionais que a informam, mas pode ser expressamente observada no sobredito art. 23, ao fazer referência a "bens de valor" cultural, e no art. 210, da Seção I, Educação, que determina a fixação de "conteúdos mínimos para o ensino fundamental", de modo a afiançar formação básica comum e "respeito aos valores culturais e artísticos, nacionais e regionais". Aqui a ideia de cultura foi dissociada da de arte e homologada ao *tópos* geopolítico. Cultura alça o patamar de *ação* e, por desdobramento, o de produto resultante da ação, o que se verifica nas diversas alusões, dentre outros, do art. 216, a respeito dos "modos de fazer", por exemplo, e do art. 215, que, já no *caput* assegura que "o Estado garantirá a todos o pleno exercício dos direitos culturais e acesso às fontes da cultura nacional, e apoiará e incentivará a valorização e a difusão das manifestações culturais". As "manifestações culturais" protegidas estão delimitadas no § 1º, serão as manifestações *populares, indígenas, afro-brasileiras*, entre outras, desde que de *grupos participantes do processo civilizatório nacional*.

Além destas, há as associações do vocábulo "cultura" ao *status* de desenvolvimento social, conforme já esboçado nos capítulos precedentes e, por fim, ainda na esteira do último dispositivo citado, a homologação de cultura à ideia de povo e mesmo de etnia, o que é reforçado pelo texto de artigos como o 215, § 3º, V, ao preconizar a valorização da "diversidade étnica", e 242, § 1º, ao estabelecer, no âmbito dos currículos escolares, o ensino de História do Brasil, levando-se em conta os aportes das "diferentes culturas e etnias para a formação do povo brasileiro".

Todos esses dispositivos foram indiretamente analisados e serão a seguir melhor esmiuçados, com o fim único de capturar nas alusões ao vocábulo "cultura" uma dimensão semântica aplicável ao caso dos incentivos fiscais, isto é, haurir do texto constitucional a ideia de *cultura estimulável*. Não será tarefa das mais simples, a julgar que o estudo da cultura não se resolve nos lindes do direito positivo. É preciso ter em conta que o próprio direito está, segundo uma compreensão antropológica, encerrado no universo cultural humano, de maneira que têm sido de extrema importância as digressões e incursões em campos como o da Antropologia Cultural, Sociologia Comparada, Filosofia, Linguística e Semiótica da Cultura.

CAPÍTULO XL

DESSA TERRA E DESSE ESTRUME

Cultura e natureza

A cultura é o único aspecto da existência humana que é texto e contexto simultaneamente, isso se adotarmos a ideia de cultura da Escola de Tártu--Moscou. Tudo o que não estiver no domínio das articulações naturais espontâneas compõe um universo simbólico a que os semioticistas russos designaram *semiosfera*. A semiosfera corresponde à própria circunstância contextual da experiência de vida humana, na qual está inserido todo o arcabouço de autor--representação de que se serve o homem. Todavia, este conglomerado de signos não se opõe à biosfera, como se poderia cogitar, mas sim, em um panorama mais amplo, integra-a, uma vez que o homem é também um ser na natureza – controlado pela natureza e transformador dela, como qualquer outro animal.

Tratar o homem como "animal" cultural certamente não equivale a tratá--lo como "ser" cultural, uma vez que, a despeito de todo antropocentrismo, sua condição biológica é apresentada de par com o atributo maior da caracterização humana – a cultura –, é o que faz Carlos París, Catedrático Emérito de Filosofia da Universidade Autônoma de Madri[1]. Outro autor que apresenta

---

[1] *O animal cultural – biologia e cultura na realidade humana.* Marly de Almeida Gomes Vianna (trad.). São Carlos, EdUFSCar, 2002.

o homem como um animal capaz de se autorrepresentar é o zoólogo inglês Desmond Morris, em sua brilhante obra *O macaco nu*, iniciada com uma constatação que beira o insulto:

> Existem atualmente cento e noventa e três espécies de macacos e símios. Cento e noventa e duas delas têm o corpo coberto de pêlos. A única exceção é um símio pelado que a si próprio se cognominou *Homo sapiens*. [...] O bicho-homem orgulha--se de possuir o maior cérebro dentre todos os primatas, mas tenta esconder que tem igualmente o maior pênis, preferindo atribuir erradamente tal honra ao poderoso gorila.[2]

A referência ao aspecto humano, um animal sem revestimento piloso funcional, com exceção de alguns "tufos"[3] de pêlo na cabeça, nas axilas e em volta dos órgãos genitais, além da comparação entre o cérebro e o pênis, universalmente considerados antípodas um do outro, provocam no leitor uma reverberação próxima da ofensa. Todo o escrito do autor, que investiga, sob o ponto de vista etológico, o sexo, a organização social, a alimentação etc., revela, com grande impacto, a dilaceração da condição humana entre seu estado natural e o racional.

Ao longo da história, o homem criou – e a ciência é pródiga nos exemplos – artifícios para se imaginar fora e acima da natureza. A clássica dicotomia teórica entre *natureza* e *cultura*, portanto, advém da paúra humana em se enxergar como um animal, temor que remonta o paleolítico inferior, na antiga classificação de Christian Jungensen Thomsen, 1835[4]. No entanto, a cultura não é outra coisa senão mais um dos aspectos da natureza, já que forma o modo de existir do animal humano.

Curiosamente, o corte efetuado, como a linha de Tordesilhas, entre natureza e cultura provocou, no campo das ciências humanas, o inconciliável – de um lado, o reducionismo das lupas indiscretas; do outro, a amplidão inquietante dos céus. Esse é o próprio esboço de um canhão chamado *culturalismo*, doutrina difundida especialmente no final do século XX, segundo a qual qualquer assunto humano é uma questão cultural. O culturalismo significa uma das lufadas reducionistas que

---

[2] *O macaco nu*. Hermano Neves (trad.). 15.ed. Rio de Janeiro, Record, 2004, p.9.
[3] Ibidem, p.18.
[4] Cascudo, L da C. *Civilização e cultura*. São Paulo, Global, 2004, p.65.

tomaram de assalto o mundo contemporâneo. Ao lado dele, encontra-se, claro, o próprio biologismo, de que Maturana e, de certa forma, Morris, são representantes. Seja uma ou outra, as duas doutrinas constituem tentativas de minimizar, a pretexto de conhecer, a experiência histórica do homem.

A cisão entre natureza e cultura é enxergada, segundo cada qual, não como uma amputação e isolamento de partes, mas como uma compartimentação do todo em que ora o conjunto includente é a cultura, ora é a natureza. No fim das contas, ambas as doutrinas implodem qualquer possibilidade de dialética entre cultura e natureza. Importante ressaltar que nossa concepção não é permeada nem por uma nem por outra teoria, não obstante tenhamos afirmado que a cultura está compreendida na natureza. Nosso entendimento visa tão-somente fixar escoras a partir das quais se erguerão as paredes; não pretendemos apontar qual das duas, se natureza, se cultura, é matriz e qual é produto. Esse problema, que é o cerne do culturalismo e do biologismo, é um falso impasse.

Terry Eagleton aponta que, para os culturalistas, "sangrar" e "Mont Blanc" são culturais.[5] Óbvio que os dois conceitos são culturais, afinal, sendo representação simbólica de algo, o que mais poderia ser um conceito? A dialética entre natureza e razão pode atingir níveis insondáveis. Um ônibus é natural ou cultural? Uma praia é natural ou cultural? O ninho de joão-de-barro é natural ou cultural? O amor é natural ou cultural? A depender do modo de aproximação dos objetos em análise, poderão ser uma ou outra coisa.

O ônibus, diríamos logo, é evidentemente cultural – não existe, espontaneamente, na natureza, é preciso que o homem produza cada uma de suas peças e concatene todas as partes para que tenhamos um ônibus. No entanto, o ônibus é produzido com peças metálicas, resultantes do processamento de recursos extraídos de depósitos naturais, suas rodas de borracha decorrem de manipulação de seiva vegetal, e põe-se em movimento pela propulsão gerada a partir da gasolina, um derivado do petróleo, que é combustível fóssil. Como poderia ser considerado cultural um bem

---

[5] O autor cita Kate Soper que, em *What is nature?*, teria demonstrado a incoerência lógica da concepção culturalista: "De qualquer modo, por que seria tudo redutível à cultura, em vez de a alguma outra coisa? E como estabelecemos essa importante verdade? Por meios culturais, presume-se: mas não seria isso muito parecido com afirmar que tudo se reduz à religião, e que sabemos disso porque a lei de Deus nos diz assim?" Esta crítica pode ser estendida às outras deidades da ciência moderna. (Op. cit., p.134).

cuja matéria-prima provém, completamente, da natureza? Se for verdadeiro que sem intervenção humana não existiria tal objeto, antecede essa verdade outra, maior: sem os elementos naturais de sua composição nenhum artifício humano seria capaz de produzi-lo.

A praia, apressar-nos-íamos em dizer, é natural, claro. Porém, a relação do homem moderno com este objeto, com este ambiente geográfico, é algo extremamente recente. É sabido que o mar e a praia enquanto espaço de descontração, de relaxamento, de lazer, constituem o ideário puramente romântico[6], fruto de pressões anímicas, absolutamente desconhecidas antes do século XIX. Seria absurda a sugestão a um senhor feudal, por exemplo, para que se deitasse na areia da praia, ao sabor dos ventos, debaixo de um sol escaldante. Ninguém o convenceria a tamanho disparate. Alguém dirá: nada disso descaracteriza a praia enquanto ambiente natural. Redarguimos: não é a condição geográfica litorânea que nos interessa, mas sim a condição da praia enquanto objeto ideal criado pela inteligência humana. Nesse sentido, a praia seria tão artificiosa quanto qualquer ambiente no qual o homem transite. De todo modo, a dúvida persiste e flagramo-nos diante de um desdobramento daquela charada – a ação de "tomar sol" é cultural? Depende. Parece-nos, em um primeiro momento, que é preciso ser racional, e bastante racional, para decidir, por livre e espontânea vontade, torrar debaixo de um sol de quarenta graus. Nenhum animal o faria, todas as criaturas fogem às intempéries, escondem-se do sol, protegem-se da chuva. É cultural, portanto, dirão, sobre a ação de tomar sol. Mas quem o disser esquece que as paulistanas, em seus condomínios, e os teiú-açus, no Araripe, compartilham do mesmo hábito, independentemente das razões fisiológicas de cada um.

A casa do joão-de-barro, uma ave incrivelmente engenhosa, encerra um dilema que desconstrói o argumento utilizado para assegurar a condição precipuamente cultural do ônibus – ela também não existe, espontaneamente, na natureza. A casa, com dois cômodos, em que se reserva o mais interno para a reclusão dos filhotes, é construída pela ave, ou melhor, pelo casal que a habitará – é uma ave monogâmica. A mistura de barro, esterco e palha dá-lhe uma solidez incrível, similar às casas de taipa do sertão. Além disso, a ave, astutamente, orienta toda a construção de modo a fixar a entrada do lado oposto ao

---

[6]   Bosi, A. *História concisa da literatura brasileira*. 43.ed. São Paulo, Cultrix, 2006, p.94.

da chuva. Deveria a casa do joão-de-barro ser considerada natural? Ela é obra de engenharia tanto quanto uma habitação humana e possui a mesma finalidade: abrigar a família. Considerá-lo natural forçar-nos-ia, de toda maneira, a considerar também natural qualquer construção humana, uma casa, um prédio, uma cidade inteira. Atribuir–lhe caráter cultural, por ser um abrigo artificial, seria romper com a ideia de cultura como predicado unicamente humano. Permitamo-nos, por enquanto, a insolubilidade.

Por fim, do amor dir-se-á em uníssono: é natural! As palpitações, os tremores, os suspiros, a devoção, uma festa de sensações incontroláveis. No entanto, até esse sentimento, que nem Camões ousou definir, é mote de ideologias, joguete de condições sociais, alvo da racionalidade, variando de tempos em tempos. Erich Fromm diz que o amor é uma "atitude", uma "orientação de caráter"[7]. Nesse sentido, pode ser compreendida a mutação de suas formas de expressão e do próprio objeto amado, ambos orientados pela ideologia dominante. Sabe-se, por exemplo, que o amor dos pais pela criança, tal como hoje se dá, repleto de atenções, de minúcias, e mesmo de subserviência, é sentimento recente – data da Idade Moderna, do início da vida nos burgos. Antes disso, era impensável cogitar de um casal fazendo terapia porque morreu o filho. Morresse um, viria outro em substituição. Hoje, é encarado com grande escândalo o desdém do pai ou da mãe diante da morte do filho – a ideologia dominante manda que se sinta uma dor profunda, a mais abissal possível.

A mesma ordem ideológica pode ter como alvo, no amor erótico, o próprio gênero da pessoa amada. Na Grécia Antiga, as mulheres, trancadas nos gineceus, tinham sua função predeterminada – procriar. Aos homens cabia perderem-se, ou acharem-se, nos braços de rapazes, a quem se amava com frenesi. O êxtase era tanto que Pausânias, dialogando com Fedro, diz que "seria preciso haver uma lei proibindo que se amassem os meninos", por ser "incerto o destino dos meninos", devendo o homem preferir "os que já começam a ter juízo, o que se dá quando lhes vêm chegando as barbas"[8].

Não só o amor, mas praticamente todo o repertório de sentimentos humanos, quando investigados com profundidade, põe-nos frente ao dilema da relação inextrincável entre natureza e cultura. É o caso da aversão ao estuprador, caso clássico da etologia. O conhecido ódio que os homens devotam

---

[7] *A arte de amar.* Milton Amado (trad.). Belo Horizonte, Itatiaia, 1985, p.71.

[8] Platão. *O banquete.* J. Cavalcante de Souza (trad.). 10.ed. Rio de Janeiro, Bertrand Brasil, 2001, p.108-9.

aos estupradores é natural ou cultural? O estupro de uma desconhecida ofende o cidadão médio em quê? Excluindo-se o evidente fator de desarmonia social que afeta a todos, a resposta, *a priori*, é: em nada. O ódio feminino está plenamente justificado pela ameaça que o estuprador representa a todo o gênero, mas e o ódio masculino? Pela lógica meramente sexual, os homens todos deveriam ser condescendentes com aquele confrade que subjuga, pelo uso da violência, uma mulher a satisfazer seu desejo imediato, afinal é corrente a ideia de que o desejo sexual masculino seria impetuoso e a maior parte dos homens comungaria dele. No entanto, em uma prisão, os estupradores devem ser isolados dos demais detentos, sob pena de terem sua integridade física seriamente comprometida, quando não suas vidas. A aversão dos detentos seria por clemência à condição da violentada? Certamente que não, já que muitos criminosos, consideravelmente mais temíveis do que os estupradores, se considerada a extensão e gravidade dos atos que os levaram a cárcere, longe de serem execrados por seus crimes atrozes, no convívio prisional, são tidos até como bastante respeitáveis.

Lembremos que a compaixão, antes de ser virtude, é um desencadeamento natural, dos mais íntimos, na história evolutiva do homem, tendente à preservação da espécie. Diante disso, pensar-se-ia que a repulsa masculina pelo estuprador é cultural. Mas não é – ou não é *só* cultural. A reação masculina diante desse tipo de delito é verificada também em outros agrupamentos de primatas. É uma resposta natural, de *fundo genético*. Pode até haver comiseração no caso humano, mas a razão primordial, que transcende qualquer racionalidade, é a mesma que se verifica entre chimpanzés e gorilas – o ódio é devido, não em razão da violência praticada, mas sim como uma resposta instintiva de um animal que, na corrida para deixar descendência, perpetuar-se, ficou para trás, ultrapassado por outro macho que fez valer, à força, sua tensão reprodutiva. O ódio masculino é, portanto, mais que tudo, egoísmo genético.

De todas essas inquietações, o que nos fica marcado é a forte imbricação, no âmago humano, entre natureza e cultura. Cultura não é mero "afloramento"[9] da natureza, nem esta é edifício no qual aquela ocupa um andar. Para desespero da ciência, não conseguiremos, em grande parte de nossos maiores dilemas, desatar os nós das duas condições que, na verdade, são uma só.

---

[9] Op. cit., p.149.

CAPÍTULO XLI

APRENDIZ DE GENTE

Cultura e corpo

Nossa condição natural nos obriga a sermos seres culturais. Por não nascermos como criaturas natural e imediatamente autossuficientes ou, nas palavras de Portmann, por sermos *nidícolas secundários* ou *nidífugas desvalidos*[1], desenvolvemos habilidades simbólicas para suprir nossas necessidades físicas. Somos seres que devem ser cuidados por muito tempo, que dependem por muitos anos da atenção de outro ser que, por sua vez, foi cuidado por outro, por fim, necessitamos da atenção de um núcleo familiar básico, no qual as pessoas cuidam-se entre si. A saída encontrada pela natureza para que pudéssemos desenvolver tamanha capacidade cerebral foi fazer com que nascêssemos em um estágio anterior de desenvolvimento – o cérebro do bebê tem cerca de um quinto do tamanho do cérebro de um adulto e seu crescimento não se completa antes dos vinte e três anos. Essa magnífica solução natural, sem a qual o bebê não passaria pela pélvis da mãe, ocasionou um

---

[1] Fazendo referência à distinção clássica entre "nidícolas" e "nidífugas", París pontua que pelos primeiros entende-se "aqueles que precisam para sua maturação, de um meio físico e social especialmente protetor, depois de um nascimento desvalido" – é o caso das aves. Já os "nidífugas", diz o autor, "surgem para a vida dotados de maior autonomia, demandando, consequentemente, menores cuidados" (Op. cit., p.385-6).

fenômeno conhecido por *neotenia*, que é a manutenção de caracteres infantis no indivíduo, mesmo depois de ter atingido a maturidade sexual.[2]

Essa condição humana de prolongada necessidade de cuidado transcende o núcleo familiar e assume feições absolutamente gigantescas quando institucionaliza relações: é aqui que se dá o nascimento do Estado. A progressão da necessidade humana de cuidado persiste, em sua avassaladora capacidade simbólica, ao extrapolar os limites mundanais, criando uma esfera de proteção supra-humana onde residem todas as deidades que o intelecto do homem foi capaz de criar à sua imagem e semelhança. Mas é preciso que se lembre de que, sendo animais, somos também somáticos, condicionados aos limites impostos pela natureza de nossos corpos. Qualquer cultura sucumbiria ao tentar abolir necessidades fisiológicas humanas. Que lei lograria êxito em proibir a morte? Ou em ordenar que durmamos três dias seguidos? Ou que determine a suspensão das atividades digestórias do organismo? Não só a negação de necessidades, mas também a doma de algumas delas revela-se impossível. Este é o verdadeiro limite da cultura.

O culturalismo, visto no capítulo anterior, é uma reação imódica a um naturalismo que, de Thomas Hobbes a Jeremy Bentham, entrevê a humanidade em termos virulentamente anticulturais como um mero conjunto de apetites corporais fixos. A contradição maior da doutrina culturalista é delineada por Eagleton, nestes termos: "Se a cultura realmente se estende a tudo, então parece desempenhar o mesmo papel da natureza, e parece-nos tão natural quanto ela"[3]. A assertiva vem ao encontro de nossos anseios na análise do Texto Constitucional que funda a ideia de cultura a ser fomentada, difundida, preservada. Afirmar que somos seres inteiramente culturais não tem outra utilidade a não ser a de absolutizar a cultura, intenção que se encontra emaranhada nas tranças do do-in antropológico.

Com Eagleton, afirmamos que transformar toda uma cultura seria muito mais tormentoso do que represar um rio ou arrasar uma montanha. Evidente que a modificação de formações naturais e a manipulação de seus elementos encontram menos limite à medida exata do avanço técnico de cada civilização, mas é certo que a natureza, de maneira geral, é matéria bem mais tratável do que a cultura. De qualquer modo, não se deve incensar a cultura

---

[2]   *O macaco nu*. Hermano Neves (trad.). 15.ed. Rio de Janeiro,–Record, 2004, p.36-7.
[3]   Op. cit., p.136-7.

como uma santa intocável. A era da massificação nos mostra que, para bem ou para mal, a cultura é mais fluida e manipulável do que supusemos um dia – mais uma razão para não a tomar como adorável nume.

Essa última assertiva pode ser melhor compreendida a partir do entendimento de que a condição simbólica do animal humano é, precipuamente, histórica. Para tanto, utilizemos as ideias de *evolução* e *revolução*, opostas por Eagleton. O autor salienta que os seres humanos não são "meros produtos de seus meios" e que tampouco são esses ambientes "pura argila para automodelagem arbitrária daqueles"[4]. Atrevemo-nos a contrariar o raciocínio. Não que nos valhamos de uma ou de outra alternativa – consideramos, ao contrário, em um arroubo consensual quase esquizofrênico, as duas possibilidades. Sim, o ser humano é mero produto de seu meio – note-se que mantivemos propositalmente o adjetivo –, bem como ele próprio é quem burila[5], a cada instante, este meio, não devendo ser relegadas a segundo plano as intervenções da natureza propriamente dita, os chamados acontecimentos de força maior. Já pontuamos que o homem, como qualquer ser orgânico, compõe a natureza; suas ações, resultantes de seu intelecto ou de sua fisiologia, transfiguram o ambiente natural em prol do artificial engendrado desde as mais remotas eras. Podemos aqui, já com segurança, afirmar que a natureza transformada é, e sempre será, o conjunto de objetos artificiais – objetos estes tendentes, quando materiais, a decomporem-se, desde o momento em que são dados por acabados, numa torrente inexorável de elementos em direção ao pó do qual vieram – a própria natureza.

Quanto ao intangível, nada, nenhuma ação humana escapa ao bojo do artifício. Alguns poderão insurgir-se contra a ideia anteriormente esboçada, apregoando que nascer e morrer, por exemplo, são ações essencialmente naturais. A estes convém lembrar que nascimento e morte não são *ações humanas*, mas sim *ações da natureza*, como tantas outras: crescimento, digestão, evacuação, nutrição, locomoção – todas são ações naturais, algumas manipuláveis, outras não: o momento de morrer, por exemplo, pode ser escolhido pelo suicida atormentado, mas o momento de nascer só é passível de escolha para o outro, o filho, nunca para si mesmo; o crescimento, por sua

---

[4] Op. cit., p.141.

[5] "Nós, seres de carne e osso, não somos alheios ao mundo em que vivemos e a que damos à luz com nosso existir cotidiano". Cf. *A árvore do conhecimento: as bases biológicas do entendimento humano*. Jonas Pereira dos Santos (trad.). Campinas, São Paulo, Editorial Psy, 1987, p.162.

vez, pode ser controlado a base de hormônios e vitaminas, mas a ação, em si, de "crescer", é sempre desencadeada por processos de ordem natural; a nutrição é capítulo à parte, bem como a locomoção, que mantém com a cultura uma ligação estreita, mas que com ela não se confunde.

Nutrir-se para a manutenção das funções básicas do organismo é uma necessidade, portanto, ação da natureza. Jantar no *Ritz* é cultural, já que a nutrição provavelmente nunca estará em primeiro plano no campo das intenções mais íntimas do sujeito, mas sim o *status* social, o valor, perante os outros indivíduos, que a ação "jantar no Ritz" encerra. A locomoção, apesar de mais delicado, é um tema que também pode ensejar artifício, conforme demonstra o espantoso caso das meninas bengali, narrado por Maturana e Varela. Os biólogos contam que, em 1922, duas meninas, no norte da Índia, uma de cinco e outra de oito anos, foram encontradas vivendo com uma matilha de lobos. Por qualquer razão, nunca haviam tido qualquer contato com outros humanos.

> Quando foram encontradas, as meninas não sabiam andar sobre os pés, mas se moviam rapidamente de quatro. É claro que não falavam, e seus rostos eram inexpressivos. Queriam comer apenas carne crua, tinham hábitos noturnos, repeliam o contato humano e preferiam a companhia de cachorros e lobos. Ao serem resgatadas, estavam perfeitamente saudáveis e não apresentavam nenhum sintoma de debilidade mental ou desnutrição. Mas a separação da família lupina causou-lhes uma profunda depressão que as levou à beira da morte, sendo que uma efetivamente morreu.[6]

A morte a que se referem é a da mais jovem. A outra sobreviveu por dez anos, aprendeu a falar um punhado de palavras e a andar em pé, mas em situações urgentes metia-se a correr como lobo. A família do missionário anglicano que a amparou, bem como todos os que a conheceram, segundo narram os biólogos, nunca sentiram que ela fosse "verdadeiramente humana"[7], apesar de sua constituição genética, sua anatomia e fisiologia o serem. De todo modo, o caso exposto vem ilustrar nosso posicionamento sobre o quão influenciável pelo contexto é o ser humano, a ponto de em uma situação limite como a das meninas bengali não se tornar propriamente humano. Até a ser gente se aprende.

---

[6] Ibidem, p.159.
[7] Ibidem, p.161.

O corpo não é expressão[8], é, antes, extensão de humanidade. Disso sabem os poetas e, não por acaso, François Rabelais dá-se a desfiar imagens hiperbólicas do corpo humano, da bebida e da comida, das necessidades fisiológicas do homem. Boccaccio, Shakespeare e Cervantes revelam, cada qual em sua medida, a mesma propensão. O pai de todos eles, sem dúvida, é Homero, com as hipertrofias sensuais de Odisseu. É o que Bakhtin chama de "princípio da vida material e corporal", do qual o porta-voz é o povo. Voltaremos a este princípio mais adiante. Por enquanto, partamos para a análise da *etnia* associada à ideia de *povo* e, consequentemente, de cultura.

---

[8] Este apontamento é importante, pois da leitura do Texto Constitucional, generalista que é, especificamente do art. 216, inciso I, poder-se-ia concluir que o próprio corpo, enquanto forma de expressão de humanidade, constituiria o patrimônio cultural brasileiro, pois ele também, e principalmente ele, segundo a leitura da obra de Fernando de Azevedo e Gilberto Freyre, é portador "de referência à identidade, à ação, à memória" da sociedade brasileira – o que, para fins de instituição de incentivo fiscal, seria um disparate.

CAPÍTULO XLII

MARIA, MARIA

Cultura, etnia e povo

A Constituição de 1988, em seu art. 242, § 1º, prescreve: "O ensino da História do Brasil levará em conta as contribuições das diferentes culturas e etnias para a formação do povo brasileiro". Aqui, a noção de cultura aparece homologada à noção de *etnia*[1]. A partir de investigações etnográficas, para fins primários de compreensão, pode-se dizer que cultura compreende o conjunto de técnicas de produção, doutrinas e atos, passível de apreensão pela convivência ou ensino[2]. De maneira geral, pela compreensão antropológica, toda forma humana de estar no mundo, todo modo de existência, transmitido de uma geração a outra ou a outras, constitui cultura. É o que se encontra grafado nos arts. 215 e 216, da Constituição Federal. Segundo este prisma, a cultura assume, sem dúvida, um caráter mais universalista, o que é reforçado pelos incisos I, II, do art. 216, ao aludirem a "formas de expressão" e "modos de criar, fazer e viver".

---

[1] Não obstante date da segunda metade do século XIX, a partir dos estudos antropológicos de Franz Boas, a compreensão do conceito de "raça" como inaplicável à condição natural humana, o legislador constituinte teima em utilizá-lo, apregoando, no art. 3º, inciso IV, que constitui objetivo fundamental da República Federativa do Brasil promover o bem de todos, sem preconceito de "raça".

[2] Cascudo, L. da C. *Civilização e cultura*. São Paulo, Global, 2004, p.39.

As chamadas "formas de expressão" e os "modos de criar, fazer e viver", associados à ideia de *etnia*, estreitam ainda mais os laços entre a noção de *povo* e o conceito de cultura. Daí falar-se em "cultura popular", "cultura indígena", "cultura afro-brasileira" e cultura "de outros grupos participantes do processo civilizatório nacional", como o faz o art. 215, § 1º, da Constituição. É preciso mais, muito mais, que trazer "na pele essa marca", de que fala Milton Nascimento, para que se possa efetivar um programa eficaz de incentivo à cultura, visando atingir os fins caros preconizados pelo Estado Democrático.

É interessante pensar que a cultura pode ser, e é, manejada como mero produto da política. Segundo Eagleton, "o Estado pode representar a unidade de uma cultura somente reprimindo suas contradições internas"[3], é o caso, por exemplo, da China. De todo modo, a complexidade dos ditos Estados atualmente não os permite limitar-se aos lindes de nenhuma etnia específica – por mais que assim o queiram desesperadamente os nacionalismos, o que é plenamente verificável quando o *nacionalismo cívico* arregimenta o *nacionalismo étnico*, sob seu estandarte, para reforçar a ideia de unidade nacional.

Os Estados contemporâneos são sustentados por uma *mitologia de suas origens*[4]. Portugal é um grande exemplo e, quanto à etnicidade, a aristocracia intelectual brasileira soube cozer como poucos os retalhos dessa "mitologia", arquitetada com uma precisão cerebrina durante o Estado Novo e potencializada no período da ditadura militar, chegando aos dias atuais com uma altivez que só poderia ser legada pelo Texto Constitucional, como de fato acontece quando a Constituição de 1988, conforme dito, preconiza a proteção à cultura popular, afro-brasileira, indígena e a toda cultura "participante do processo civilizatório nacional".

Eagleton é categórico – este ponto, este manejo das paixões étnicas pelo Estado, titereteiro de seus súditos, é o que torna mais delicada a ligação entre "Estado" e "Nação", uma vez que, se de um lado os Estados podem recorrer, com chances reais de êxito, ao recrutamento de paixões étnicas para se firmarem enquanto nação, por outro esta estratégia deve ser dosada com bastante cautela, de modo a não permitir que a pujança orgânica das etnias transcenda a ordem, resvalando para o fundamentalismo ou mero fanatismo, pondo-se em

---

[3] Op. cit., p.91.
[4] Cf. Marilena Chauí. *Brasil – o mito fundador e sociedade autoritária*. São Paulo, Editora Perseu Abramo, 2007.

risco a própria organização estatal. De maneira geral, é pela Nação e não pelo Estado que se dispõem homens e mulheres a morrer. É um recurso, portanto, tão tenaz quanto perigoso.

Tal recurso, ao mesmo tempo que articula positivamente uma concepção etnográfica de cultura, como uma realidade tecida a partir dos vários segmentos formadores da sociedade brasileira, identifica-a também, em um olhar mais panorâmico, à ideia de grupo homogêneo particularizado por sua maneira de ocupar o mundo, de coletividade amalgamada por suas idiossincrasias, enfim, de "povo". O "povo brasileiro" seria esse conjunto "homogêneo" caracterizado justamente por sua alteridade composicional.

A cultura, sob este prisma, compreende todo o complexo tradicional de normas de conduta determinadas não pela lei, mas pelo costume de tais povos, pelo seu modo de existir, que inclui o agir, e abrange os produtos desta existência, bem como os valores que conduzem a este ou aquele comportamento. Nesta esfera de observação, a cultura é identificada, ela em si, como um organismo, é o próprio "ser vivente" de que fala Frobenius, não correspondente tão-só a certas técnicas específicas, mas a um todo social, à própria energia despendida no exercício das aptidões, ao próprio ajuste de condutas. Ou, como bem sintetiza Cascudo, a cultura compreende o "mecânico-tradicional, o orgânico–continuador e o espiritual-criativo"[5].

Essa identificação de cultura com a ideia de *povo* é determinante para o alcance da significação do conceito de cultura no texto da Constituição Federal de 1988. Muito daí decorre. Partindo-se do pressuposto de que o texto, no caso constitucional, é um todo de significação, observa-se que as noções de "formas de expressão", "modos de viver" e a própria ideia de "formação do povo brasileiro" acabam por abarcar todas as noções de cultura anteriormente esboçadas: bem, conjunto de bens, *status*, produto e valor. Esta noção de cultura, portanto, sobressai e revela a crespa tessitura da filigrana constitucional, uma vez que, buscando a universalização, tende a despencar no puro niilismo.

---

[5] Cascudo, L. da C. Op. cit., 2004, p.41.

Capítulo XLIII

PROJETO NÚMERO 1

A presença do povo na cultura

A noção de cultura homologada a *povo* é uma arataca cercada por inúmeras estacas pontiagudas. Dentre elas, há uma que vara os céus – na melhor tradição liberal, o legislador constituinte deixou de empregar, no Texto, a expressão "classe social", conceito ao qual não faz qualquer menção, preferindo o uso de "povo". Obviamente que essa inclinação é estratégica e vem, por assim dizer, de outros carnavais. A expressão não se encontra no Texto Constitucional, mas está lá. É o típico fenômeno da presença pela ausência. A análise do manifesto proposicional assinado por, dentre outros, Fernando de Azevedo e seus discípulos, durante o aludido I Congresso de Escritores, em 26 de janeiro de 1945, é bastante ilustrativa para termos em conta os ventos que carregaram tal ausência para a mesa de trabalhos da Assembleia Constituinte de 1988.

O seguinte trecho é longo, contrariando o estilo até aqui adotado, mas absolutamente relevante para o que propõe este capítulo:

Considerando que à cultura incumbe o dever de se entregar inteiramente ao estudo, debate e solução dos grandes problemas do país e à defesa e ao amparo das classes que até hoje viveram privadas de seus benefícios; [...] Considerando que o problema da democratização da cultura está intimamente ligado ao da criação de

TRÊS VINTÉNS PARA A CULTURA   223

uma ordem social mais justa e mais humana, em que haja igualdade de oportunidade para todos; [...] Sugere à Associação Brasileira de Escritores, como instituição de classe e a todos os escritores que a constituem, nas diversas unidades da Federação: [Destacamos os itens 2, 5 e 8, respectivamente] [...] Que sempre e em todas as oportunidades se manifestem em defesa dos direitos e da dignidade da pessoa humana e dos valores da vida interior contra as tendências de domínio e absorção do indivíduo, capazes de reduzi-lo a um simples instrumento de poder político; [...] Que, em particular, procurem promover e prestigiar quaisquer medidas, fragmentárias ou constituídas em sistema, e destinadas a facilitar seus diversos graus e a participação maior das massas na cultura, como, entre outras, a gratuidade do ensino, em todos os graus, a expansão quantitativa das escolas, desenvolvimento do ensino rural, as missões culturais e técnicas, a multiplicação de bibliotecas públicas, fixas ou circulantes, as bolsas de estudo, e os cursos de férias de conferências ou de extensão universitária; [...] Que, embora não se deva confundir agitação, propaganda e literatura com obra de arte e não seja possível atingir o escritor o máximo de sua força, na língua e no estilo, senão entregando-se, na plenitude da liberdade, à sua própria inspiração, tenham presente os escritores a ideia de que somente a literatura e a arte que desempenham um papel social, servem à coletividade de seu tempo, e se alimentam e se renovam em contato com todas as camadas sociais, podem realizar uma comunhão fecunda entre o povo e os criadores da cultura [...].[1]

A visão política subjacente no texto transcrito, que pretende operacionalizar a "democratização da cultura", deixa clara uma ausência – a *ausência do povo na cultura*. O efeito provocado pela leitura do restante do documento, para quem o faz com demasiada seriedade, é muito parecido com o de um porre. Há de tudo: conclamação da *mídia* para ocupar seu espaço enquanto instrumento poderoso "de informação, de influência educativa e artística e de irradiação da cultura" – item 7; conclamação do político a dar ouvidos aos conselhos da *ciência* para a solução dos "problemas de nossas populações indígenas, sertanejas, rurais e urbanas" – item 6; conclamação dos escritores a cumprir a "função que lhes cabe" em todo o processo, a de insuflar a força interna de uma "cultura de mandato social, enraizada na vida do povo, alimentada nas

---

1   Mota, C.G. *A ideologia da cultura brasileira (1933-1974)*. São Paulo, Ed. 34, 2008, p.93-4.

suas tradições e lembranças, nas suas necessidades e nos seus problemas, nos seus sofrimentos e nas suas aspirações" – item 9; enfim, conclamação de todos para que cooperem "na defesa do conceito de liberdade que julga cada homem como o meio do fim de si mesmo" – item 1.

Como se vê, a ambição é de largas plagas. O instrumento, que possui o tom de projeto para um futuro possível – ou incontrolável – a depender do empenho dos ilustres confrades, em sua inspiração liberal, prefere também o termo "povo" a "classe". Mas esse é um povo menos genérico do que se pode imaginar, até bastante demarcado, e por mais que o manifesto apregoe o fim do divórcio entre o "povo" e os "criadores da cultura", está claro que esta bandeira é, em bom português, da boca para fora, já que a redação não deixa margens a ponderar qualquer possibilidade de imiscuírem-se uns e outros – beócios e ilustrados. Aqueles são o "povo", as massas, carentes de proteção, condução, ilustração; estes são os "criadores da cultura", a quem cabe levar a efeito o projeto de "democratização da cultura", segundo seus próprios parâmetros, gostos e diretrizes, como cabe ao pastor tanger o rebanho segundo o caminho que se lhe apresenta melhor. É a velha fórmula paternalista e etapista que assegura a manutenção de um estado de coisas em que os papéis estão bem definidos: a uns cabe dominar, a outros obedecer.

Não espanta, por outro lado, que este "manifesto-proposta" tenha eclodido sob os auspícios da Constituição de 1937, no período de transição para a Constituição de 1946, quando a ideia de cultura seguia enfronhada nos vincos da educação – ser culto era ser alfabetizado, era ser "homem de leitura". E ninguém melhor do que o próprio Fernando de Azevedo para propor tal documento, uma vez que com suas ideias a respeito da "vocação nacional" e do "temperamento coletivo", bastante caras à classe dominante, expõe, invocando o "princípio aristocrático", "inerente a toda cultura superior", uma das grandes empreitadas de sua obra, a denúncia de um perigo – o aterrador "nivelamento pelo domínio da massa".

A questão toda diz respeito ao próprio problema dos países com industrialização recente e a necessidade de integrar, segundo o historiador Carlos Guilherme Mota, "grandes contingentes populacionais à sociedade de classes", daí o perigo em "nivelar a partir da massa"[2]. Evidentemente, o medo aristocrático

---

[2] Idem.

não impulsionava ninguém a transformar relações sociais e formas históricas de produção e dominação; a solução melhor, para o nosso futuro brilhante, era qualificar o povo tecnicamente e, na medida do possível, ilustrá-lo, tornando-o apto a participar ativamente da vida político-econômica de seu país.

Enfim, a ausência de menção à situação premente dos estratos sociais no texto da Constituição de 1988 equivale à ausência do povo na cultura, proclamada sob o disfarce etapista, não só do manifesto referido, mas dos inúmeros projetos de desenvolvimento propostos pelo grupo dominante, que propiciavam e propiciam a perpetuação de seus mais impetuosos dogmas, já que são eles os próprios guardiões da ciranda florida em que rodaremos em um porvir, quiçá, próximo. Todo o episódio do Congresso é emblemático, porque carregado de interesses políticos, comerciais e pautado por ideologias bem marcadas de liberalismo econômico. Além de tudo, dá-nos a exata ideia de como a cultura era compreendida em pleno século XX, pairando como uma pluma rara, dourada, apartada do povo e guardada, a sete chaves, por seus legítimos detentores, e não só isso, seus "criadores". A cultura estava fossilizada no afloramento do saber educacional, absolutamente atada à ideia de erudição, o que será visto com mais vagar em tempo certo.

Antes de fazermos o escrutínio da outra face desta moeda, a "presença da Cultura no povo", façamos uma breve abordagem que desemboca das ideias até aqui delineadas sobre dominação. O entendimento de algumas notas sobre *hegemonia* é fulcral para a compreensão do restante do estudo, especialmente para o alcance do nosso *deus ex machina*.

CAPÍTULO XLIV

O ROMPIMENTO DA CORDA

Hegemonia

Marilena Chauí aponta que as discussões sobre cultura popular no Brasil, entre os anos 1960 e 1980, oscilaram intensamente entre uma visão romântica e outra ilustrada, prevalecendo ora uma ora outra. Diferente do que ocorre hoje, pelo que observamos. Embora ainda haja abordagens temporãs, seguindo os pontos de vistas aludidos, o que predomina atualmente é a visão mercadológica de cultura, o que desencadeia a inevitável tensão quanto aos prognósticos da indústria cultural frankfurtiana ou da massificação proposta pelos norte-americanos que, pelo uso de uma terminologia liberal, pretendem evadir-se de qualquer alusão ao termo *classes*, desde a década de 1950. A explicação para o terror destes é evidente – pretendem, segundo Chauí, livrar-se definitivamente de um fantasma que assombra a "explicação científica do social"[1]: Karl Marx e seus tenebrosos uivos sobre a luta de classes.

De todo modo, para superar aquela ambiguidade, antes predominante, hoje subjacente, é preciso conhecer o conceito de hegemonia adotado pelos debatedores. Em nota, Luciano Grupi resgata o sentido etimológico do vocábulo "hegemonia" – a derivação é do grego *eghestai*, que significa "conduzir",

---

[1] Chauí, M. Op. cit., 1986, p.25.

"ser líder". Por *hegemonia*, o antigo grego entendia a direção suprema do exército. Trata-se, portanto, de um termo militar. *Hegemônico* era o chefe militar, o guia e também o comandante do exército. Durante as guerras do Peloponeso, aludia-se à "cidade hegemônica" em referência àquela que liderava a aliança das cidades gregas em guerra.[2]

Gramsci desenvolve um pensamento segundo o qual o conceito de cultura, assim como o de ideologia, estão inseridos no conceito de hegemonia.[3] Isso porque a cultura constitui um processo social atinente à visão de mundo de certa sociedade em certa época e, do mesmo modo, o conceito de ideologia como sistema axiológico máximo da classe dominante atua para ocultar particularismos em uma suposta universalidade.

Marilena Chauí aponta que o conceito de hegemonia ultrapassa tanto o de ideologia quanto o de cultura. Este é suplantado porque hegemonia indaga sobre as relações intersubjetivas de poder, alcançando o cerne do fenômeno da subordinação e obediência. Aquele, o conceito de ideologia, é também superado porque envolve toda a dinâmica social percebendo-a como *práxis*, isto é, "as representações, as normas e os valores são práticas sociais e se organizam como e através de práticas sociais dominantes e determinadas"[4].

Raymond Williams, em seu clássico *Key-words*, assevera que a hegemonia deve ser "continuamente renovada, recriada, defendida e modificada", bem como "continuamente resistida, limitada, alterada, desafiada por pressões que não são suas"[5]. Seguindo esse amálgama quase esquizofrênico, a crítica de Chauí aos Ilustrados e Românticos atinge a ideia de contra-hegemonia. Diz que de um lado a resistência e do outro o conformismo fixam as perspectivas dos debatedores em posições insustentáveis. Isso porque a perspectiva dos românticos conjetura certa "autonomia" da cultura popular, na qual está incutida a ideia de que haveria uma cultura, para além da cultura ilustrada dominante, isto é, uma outra cultura, esta sim "autêntica", despida de contaminações, de contato com a "cultura oficial" e, portanto, suscetível de ser protegida e

---

[2] *Conceito de hegemonia em Gramsci*. Carlos Nelson Coutinho (trad.). 2.ed., Rio de Janeiro: Edição Graal, 1978, p.37.

[3] O conceito clássico de *nacional-popular* em Gramsci desembocou da ideia de contra-hegemonia. O autor defende uma "crise de hegemonia", no caso do fascismo da Itália. Sobre esse debate, confira o livro de Grupi.

[4] Op. cit., p.21.

[5] Op. cit., p.199.

alimentada pelo Estado e pela própria Nação. Por seu turno, a perspectiva dos ilustrados encara a cultura popular como "resíduo morto", algo arcaico, destinado ao museu, ao arquivo, sem a proteção dos quais será inevitavelmente devastado pela "modernidade", sem qualquer possibilidade de intervir no próprio processo de modernização que o arrastará para o subsolo.

A hegemonia em contraposição à cultura popular, no entanto, revela uma dinâmica muito mais complexa do que a simples oposição anteriormente bosquejada. Hegemonia envolve processos de interiorização de normas de comportamento, diluindo-as como experiências "naturais", ao controlar ou soltar os arreios do indivíduo rumo à ação social. Pode-se afirmar que seu conceito abarca, a um só tempo, *práxis* e processo, já que ela própria, a hegemonia, é alterada sempre que as condições históricas já não suportam a fórmula precedente, o que garante a continuidade do domínio de uns pelos outros. O que poderá haver, no máximo, é a passagem do cetro de uma mão para outra.

A filósofa afirma que a hegemonia não é sinônimo de manipulação; é, antes, um corpo de práticas e de expectativas que, ao mesmo tempo que constitui, é constituída pela sociedade. O erro tanto dos românticos quanto dos ilustrados é pensar a chamada "cultura popular" como um todo orgânico, enclausurado em si mesmo – e esta ideia não só contamina o Texto Constitucional como encobre o ponto essencial para uma compreensão global de cultura: as inevitáveis diferenças engendradas pelo movimento histórico-social de uma sociedade de classes. De todo modo, é de visceral importância ter em vista que o estudo da cultura popular, empreendido a seguir, não pretende tratar seu objeto como algo antagônico à cultura dominante. Conforme será visto, a partir de giros lotmanianos, a cultura popular pode, sim, absorver dogmas de dominação e, ao contrário de representar carnavalização da realidade, pode reiterar todo o estado de coisas.

CAPÍTULO XLV

PROJETO NÚMERO 2

A presença da cultura no povo

Conforme se pode inferir, o conceito de "carnavalização" estudado neste livro é essencial para a nossa compreensão de cultura e é o momento de enfatizar tal importância. Antes é preciso esmiuçar os possíveis alcances da expressão "cultura popular", tão cara à teoria bakhtiniana. Cultura popular é cultura do povo? Que parte da população é designada de "povo"? Quem designa? "Povo" e "massa" são conceitos equivalentes? A cultura popular e a cultura de massa coincidem? Embora sejam tortuosas essas questões e bastante intrincadas, serão examinadas cada qual em seu tempo. Por ora, seguindo o rastro do que foi delineado no capítulo anterior, desfazendo, de pronto, qualquer arroubo maniqueísta entre "cultura popular" e "cultura dominante", é preciso que nos detenhamos um tanto mais sobre esta suposta oposição manifestada no Texto Constitucional.

O problema taxonômico será sempre o primeiro obstáculo, ainda mais quando, historicamente, tão arraigadas são expressões do tope de "cultura popular". A sanha dos rótulos, há tempos, expõe a cultura a partir de critérios exógenos ao indivíduo, talvez por ser a cultura sempre tida por um fenômeno coletivo, nunca singular. Essa noção, embora visceral na visão antropológica, deve ser repensada, pois apesar de estar quase sempre associada ao gesto plural, a cultura, enquanto iconoclastia, somente encontra ninho no âmago do indivíduo, por mais que este venha a disseminar aos quatro cantos as migalhas de seus rompimentos íntimos. Mas é a ideia de *coletividade* que, em geral, norteia as classificações.

Os critérios, como vimos, podem partir do étnico, seguindo a tradição da velha Antropologia Cultural, cindindo-se o conceito de cultura em *cultura indígena*, *cultura negra*, *cultura mestiça*, todas sempre em oposição à *cultura branca*, nunca declarada, porque dominante, mas que tende a se nacionalizar quando convém, desdobrando-se em *cultura portuguesa*, *cultura alemã*, *cultura inglesa* etc. Note-se que, como um pouco mais de equilíbrio, teríamos operado uma transição satisfatória entre aquela primeira noção de cultura, homologada à etnia, e a que virá, associada à nação, mas o meio do caminho é sinuoso demais para tanto, de modo que qualquer saída marginal é plenamente justificável.

Sirvamo-nos da pá de cal boasiana para apartar certas noções paralelas, em prol do rigor científico, muito embora o texto da Constituição Federal de 1988 não propugne separar trigo de joio. A esse respeito, aliás, o legislador constituinte não separa nem o trigo nem o joio nem o balaio, visto que se dá a revelar o berço de sua formação ideológica pela utilização de quantos critérios possa lançar mão, formulando uma convicção pretensamente antropológica. Dissemos "pretensamente", não porque não o seja antropológica, mas porque não é *somente* isso. O anseio de proteção à "cultura popular" expõe o que está nas costas de cada letra do Texto Constitucional e não poderia aparecer expressamente, dado o diapasão liberal, como de fato não apareceu – o problema das "classes sociais". Eis o ausente fazendo-se presente, tal qual já anunciado.

O *popular* só existe em oposição ao *erudito*. E, embora estes predicados estejam mais diretamente ligados ao fator "alfabetização", são reflexos, também diretos, da estratificação social. O critério de classes sociais, portanto, desemboca em outros compartimentos: *cultura burguesa* (do rico) e *cultura não burguesa* (do pobre). A expressão "cultura popular", portanto, é tecida a partir de, pelo menos, dois critérios: "*status* de alfabetização" e classe social. É preciso pontuar, separadamente, esses critérios, bem como a relatividade da ponderação que os cerca, com o fim de evadir-se a generalizações tolas. Evidente que o nível de escolarização, do qual a alfabetização é o cerne, implica ou pode implicar ascensão social, alterando a situação estática das classes, bem como garante ou pode garantir a manutenção do *status* social de uma classe. Mas a chamada *cultura erudita* não está atrelada necessariamente à classe. A imensa maioria de componentes das classes média e alta não pode, de forma alguma, ao menos no caso brasileiro, ser enquadrada no rol de qualquer ideia de erudição, ou, em outras palavras, não há peremptória coincidência entre classe econômica e classe intelectual – ambas, na dinâmica dos conjuntos, interceptam-se, mas o raio desta é sensivelmente minúsculo em comparação com o daquela. O homem comum das classes média e alta é mero, quando não ávido, consumidor dos produtos de massificação.

Alfredo Bosi, em seu magistral *Dialética da colonização*, a partir do conceito antropológico de cultura, entendida genericamente como "herança de valores e objetos compartilhada por um grupo humano relativamente coeso"[1], apresenta uma proposta taxonômica em que a cultura erudita encontra-se centralizada no sistema educacional, sobretudo nas universidades, referindo-se a ela também como *cultura universitária*, e a *cultura popular* seria basicamente "iletrada", correspondendo aos "*mores* materiais e simbólicos do homem rústico, sertanejo ou interiorano, e do homem pobre suburbano ainda não de todo assimilado pelas estruturas simbólicas da cidade moderna"[2].

A despeito de ser adequada ou não, essa ideia de cultura popular é, no mínimo, inquietante. Os caracteres de "iletrado", "rústico", "sertanejo", "pobre", "suburbano", "não assimilado", revelam muito mais a longitude em que se encontra o indivíduo na escala da estratificação social, do que propriamente deslocam-no para o bojo da chamada cultura popular. O que teria herdado, em termos de valores e objetos, um sujeito nascido nos anos 1980, na periferia de São Paulo? Citamos São Paulo por ser o caso mais acentuado de imiscuição de valores, mas o raciocínio pode ser aplicado a qualquer capital brasileira. Tal sujeito – a despeito de ser pobre, suburbano e não assimilado – poderia ser considerado agente ou paciente de cultura popular? Outra agonia diz respeito à ligação da ideia de cultura popular aos "iletrados" – caso o termo apareça como mera oposição a "acadêmicos", podemos comungar do raciocínio, caso diga respeito ao analfabetismo *latu sensu* ou ao chamado analfabetismo *funcional*, ousamos apresentar nossa discordância, porque a condição de "iletrados", nestes casos, não garante, do mesmo modo que no caso anterior, a ninguém fazer ou absorver a chamada cultura popular.

---

[1] *Dialética da colonização*. São Paulo, 3.ed. Companhia das Letras, 1999, p.309.

[2] Idem.

De modo geral, seguindo o pensamento de Bosi, cultura erudita e cultura popular seriam caracterizadas pelos seguintes atributos: aquela seria rígida, sistematizada e composta pelo *dado*; esta seria difusa, não sistematizada e espontânea. Outro ponto do pensamento de Alfredo Bosi que, não obstante a sofisticação do juízo bem como a elegância dos argumentos, merece análise cuidadosa é o modo como o autor acomoda entre os extremos *cultura erudita* e *cultura popular* outras duas faixas, segundo ele, alargadas pelo desenvolvimento da sociedade urbano-capitalista: a *cultura criadora* e a *cultura de massa*. A primeira, corresponderia ao grupo de pensadores, dramaturgos, cineastas, artistas plásticos, escritores, compositores, que, de maneira individualizada, produzem suas obras sem qualquer vínculo com a Universidade, que formariam um "sistema cultural *alto*", seria uma *cultura criadora* extrauniversitária. De maneira geral, estaria alinhada com a *cultura popular* por não compor qualquer instituição. Eis um ponto proeminente. Da mesma forma, por esse prisma, a *cultura de massa* estaria de par em par com a *cultura erudita*, uma vez que ambas são animadas por instituições – esta pela Universidade, aquela pelos meios de comunicação.

Quanto à chamada *cultura criadora*, nossa única inferência é que seu grau de individuação não é menos que relativo, já que, seja pela interdiscursividade constante entre a obra criada e as que lhe antecedem, fatalmente institucionais ou institucionalizadas, seja pela apropriação posterior da obra criada pelas instituições, o fato é que esse "sistema cultural *alto*" extrauniversitário é sempre prenhe de institucionalizações, quando não possui, e sempre possui, em seu código genético o lastro de obras consagradas pela academia ou pelos meios de comunicação, o que, inevitavelmente, ao menos em sentido amplo, a institucionaliza. Ao desenvolver o tema da criação cultural "individualizada", Bosi cita *Macunaíma, Vidas Secas* e *Grande Sertão: Veredas*, em um elogio franco e justo a seus autores, respectivamente, Mário de Andrade, Graciliano Ramos e Guimarães Rosa, pontuando que, sem a superação de barreiras ideológicas e psicológicas vigentes em cada época, aquelas obras jamais poderiam ter sido produzidas[3]. Não nos esqueçamos, porém, que, seja no período prévio de gestação, seja durante a própria produção daquelas obras, todos os três autores referidos compuseram bancas institucionais – Mário foi Secretário de Cultura

---

[3] Ibidem, p.343.

do Estado de São Paulo, Graciliano foi Prefeito de Palmeira dos Índios, Pernambuco, e Guimarães, diplomata.

Além do interesse subjacente do legislador constituinte no sentido da pasteurização dos estratos sociais, tratando-os indiretamente, com ímpetos ora condoídos ora paternalistas, a intenção de embrenhar-se na colorida colcha da cultura popular, para "protegê-la", não é nada recente. Em análise do plano trienal para cultura e educação de 1982, apresentado pelo jurássico Ministério da Educação e Cultura, quando, pela primeira vez, desde 1964, a "cultura popular" foi inserida, Marilena Chauí ataca a forma de atuação do Poder Executivo. Afirma que o interesse do Estado em ser "promotor" da participação comunitária e da criatividade popular não diz respeito somente à "absorção" positiva das manifestações populares, mas sim, e principalmente, à necessidade de "controlá-las"[4]. Diz que este interesse pelo "popular" surgiu na medida em que cresciam os movimentos sociais populares de oposição, do que decorreu a necessidade de contê-los.

A partir do aludido plano, o Estado, oficialmente, não se preocupa mais com a cultura popular como uma maneira de catalogar produtos "acabados", como o folclore, mas quer embrenhar-se no próprio processo de criação cultural. Caso assumamos o "popular" como uma lógica de práticas desbaratadas, alheias a um centro comum de fazer, seria bem difícil imaginar, naquela época, que o objetivo estatal seria alcançado, como foi: a criação dos chamados "pontos de cultura", elementos-chave, *do-in antropológico*, são o exemplo melhor acabado do ingresso do Estado em meandros politicamente ditosos. O Estado decide quais pontos do território nacional devem ser "massageados", passando, por essa ação, de *promotor* da cultura a *ator*, com escala no papel de *controlador* da criação cultural, afinal de contas o fazimento do "nacional" é a meta.

O projeto nacionalista e suas implicações serão abordados adiante. Por enquanto, fiquemos com a noção conclusiva de que o auge do tratamento de cultura popular e da cultura erudita, amparadas sobre um mesmo regaço, é a designação, bastante próspera de elementos da mitologia verde-amarela, *cultura brasileira*. Esta expressa-síntese, seguindo os três critérios utilizados pelo legislador constituinte, representa o grande amálgama de raças e classes decantados no balaio nacional. Esta é a ideia de cultura brasileira, no singular, que perpassa

---

4   Chauí, M. Op. cit., 1986, p.89.

o texto constitucional e carece de (re)interpretação sob pena de resvalar em um anacronismo tal que inviabilize qualquer pretensão de fomento das capacidades individuais dos sujeitos, por meio da difusão e promoção da cultura, uma vez que não é possível extrair do caso brasileiro, ou de qualquer outra sociedade moderna, qualquer noção de unidade,[5] ainda mais quando se observa atentamente o quadro mundial crivado de classes em todos os quadrantes.

---

[5] Alfredo Bosi alude à possibilidade, no máximo, em se falar na *cultura bororo* ou *cultura nhambiquara*, levando-se em conta a vida material e simbólica desses grupos antes de serem submetidos à aculturação pelo branco. (Op. cit., p.308).

CAPÍTULO XLVI

FORDISMO

Cultura popular e cultura de massa

Não considero que a chamada "cultura de massa" ou, como Bosi enfatiza adequadamente, *cultura para as massas*[1] possa ser enquadrada em qualquer categoria, muito menos disposta entre ou ao lado da cultura popular e da cultura erudita. Entendo que se trata de um fenômeno autônomo, totalizante. A *cultura para as massas*, batizada pela Escola de Frankfurt como *cultura de consumo* ou *indústria cultural*, permeia tudo e todos, dada sua relação mutualística, francamente concupiscente, com o sistema capitalista de produção e, consequentemente, com o mercado de bens e serviços. Essa cultura perpassa, como um feixe de raios multidirecionados, toda a estratificação social, todos os tipos humanos, todos os credos, todos os gêneros, todos os níveis de escolaridade, todas as nações, enfim, perpassa tudo. E quem são as massas?[2] Ora,

---

[1] O autor utiliza essa expressão porque a chamada "cultura de massa" não tem nas massas sua *origem,* mas sim seu *destino*. (Ibidem, p.321).

[2] O filósofo Jean Baudrillard traça um panorama aterrador a respeito das massas, preconizando o fim do social. Para ele, sequer é possível construir-se o conceito de massas, esse "nada", essa noção "fluida", "viscosa", esse "conjunto no vácuo de partículas individuais". Tentar especificar os termos, para ele, seria um contrassenso, seria "procurar um sentido no que não o tem". Não obstante, consideremos válidas, impressionantemente válidas, as ponderações do filósofo, é importante salientar que não as adotamos em sua totalidade, por

em uma sociedade de consumo, todos, literalmente todos. Mesmo a cultura erudita pode ser e é massificada, produzida em série.

As expressões "cultura de massa" e "sociedade de massa" nasceram entre os norte-americanos, surgidas sob os auspícios da Guerra Fria e do macarthismo, associadas a obras de liberais ortodoxos como Daniel Bell que propugnou o fim das ideologias. A ideia de "massa", segundo tais obras, suplantaria a existência de classes sociais e, claro, a existência de contradições e da luta entre elas, logo: o fim das ideologias. Aludindo à "incompetência e periculosidade das massas", Marilena Chauí diz, não sem uma boa dose de ironia:

> A "massa" torna real o sonho da democracia liberal, onde as divisões sociais podem ser reduzidas a divergências de interesses entre grupos e indivíduos, capazes de chegar ao consenso político à maneira do mercado que se autorregula, regulando interesses particulares. Na trilha da "sociedade de massa" vinha a "cultura de massa", expressão da democracia cultural criada pelos meios de comunicação, símbolos vivos da liberdade de pensamento e de expressão e da plena transparência da informação.[3]

Os críticos mais exaltados da *cultura para as massas*, como Adorno, sob a égide de quem se fazem as denúncias mais ácidas, Horkheimer e Marcuse, da Escola de Frankfurt, foram chamados por Umberto Eco de *apocalípticos*, em oposição aos "menos radicais", os *integrados*. Bosi diz que as denúncias que se estendem aos meios de comunicação de massa chegam mesmo "ao sacrilégio de arranhar a idolatria futebolística" acionada pela propaganda oficial. A arranhadura não será especificamente tratada nesse trabalho, por não provocar mais do que uma leve comichão, no entanto o esporte, e dentro dele o futebol, conforme vimos, já tiveram sua hora e sua vez.

A escola de Frankfurt traz em oposição aos conceitos norte-americanos as ideias de "indústria cultural" e "cultura administrada". Tudo, para Adorno e

---

compreendermos que, a despeito da morte do sentido, a relação intersubjetiva de poder mantém-se. Cf. *À sombra das maiorias silenciosas*. Suely Bastos (trad.). São Paulo, Brasiliense, 2004.

[3] De modo geral, a obra de Chauí procura se aproximar do tema "cultura popular" como forma de expressão da classe dominada e busca investigar os modos como a cultura dominante subordina e é interiorizada, reproduzida e transformada, bem como, por vezes recusada, implícita ou explicitamente, pelos dominados. Trata a cultura popular não como uma cultura destacada da cultura dominante, mas sim como formas de manifestação que se efetuam "por dentro" dela, ainda que seja para resistir. (Chauí, M. Op. cit., 1986, p.26).

Horkheimer, teria um "ar de semelhança", o cinema, os jornais, as revistas constituiriam um sistema no qual cada setor seria coerente em si mesmo e guardaria uma conexão harmônica com o conjunto.[4] O mundo inteiro estaria forçado a "passar pelo filtro da indústria cultural", de modo que uma simples ida ao cinema somente resultaria em controle e mais controle – a possibilidade de autorrepresentação é vedada. O espectador "escolhe" ver o filme que lhe apraz, mas obviamente dentre aqueles que lhe são oferecidos, e sai para rua com a clara percepção de que ela, a rua, é um "prolongamento do filme" a que acabou de assistir. Segundo os autores, o filme "pretende ele próprio reproduzir rigorosamente o mundo da percepção cotidiana", trata-se de uma "norma de produção" a partir da qual quanto maior a verossimilhança, com que a técnica duplica os objetos empíricos, com mais facilidade se obtém a ilusão de que o mundo exterior não passa de uma extensão linear daquilo que se descobriu no filme.[5]

Jean Baudrillard, na genial análise que faz de "Apocalypse Now", de Francis Ford Coppola, diz que o filme não retrata a Guerra do Vietnã, que sequer é "retrospectivo", afirma que o filme, isto sim, "é uma fase desta guerra sem desenlace", desta "guerra inacabada", é um prolongamento apoteótico, é a grande vitória americana – "'Apocalypse Now' é uma vitória mundial. Poder cinematográfico igual ou superior ao das máquinas industriais e militares, igual ou superior ao do Pentágono e dos governos". A ausência total de distanciamento real do espectador e da obra cinematográfica, escorada pela inexistência de sentido crítico, toma o indivíduo pelo braço e, ao invés de despedaçá-lo como o fazem os tanques, escoa para dentro dele, é introjetada. Não há máquina de guerra nem arma de destruição em massa capaz de fazer isso.

> Coppola faz o seu filme como os americanos fizeram a guerra [...]. A guerra como meio de arruinar, como fantasia tecnológica e psicadélica, a guerra como sucessão de efeitos especiais, a guerra se transformou em filme muito antes de ser rodada. A guerra abole-se no teste tecnológico e para os americanos ela foi mesmo um primeiro momento: um banco de ensaio, um gigantesco terreno para testar as suas armas, os seus métodos, o seu poder. Coppola faz isso mesmo: testar o poder de intervenção do cinema, testar o impacte de um cinema que se tornou numa

---

[4] Cf. *Dialética do esclarecimento: fragmentos filosóficos*. Guido Antonio de Almeida (trad.). Rio de Janeiro, Jorge Zahar, 2006, p.99.

[5] Ibidem, p.104.

máquina desmedida de efeitos especiais. [...] A guerra faz-se filme e o filme faz-se guerra, ambos se juntam pela sua efusão comum na técnica.[6]

As meditações de Adorno e Horkheimer tinham como pano de fundo a massa totalitária, nazi-fascista, com todos os bafejos irracionais que insuflavam a época, mas o vértice delas está perfeitamente alinhado com as reflexões de Baudrillard e desembocam em uma confluência bastante proveitosa aos fins do presente estudo. Também não muito distantes de nossa compreensão estão as elaborações de Marcuse, para quem é cara a crítica à barbárie da sociedade de abundância e do desperdício, o solo propício do qual irrompe o *homem unidimensional*. Somente miríades de homens assim, unidimensionais, são capazes de assegurar a perpetuação do estado de coisas e da própria "massa", anônima, sem relevo interno, sem história, sem fala, sem perspectiva e possibilidade de condução do social e do político.[7]

Enquanto a tônica geral entre os norte-americanos e frankfurtianos é a de considerar a cultura popular e a cultura de massa como expressões sinonímicas, Marcuse destoa em sentido oposto, o que também é mais um ponto de consonância com o raciocínio que defendemos. Marilena Chauí também não enxerga cultura popular e cultura de massa como idênticas, embora identifique relações entre as duas manifestações. Entende que, no caso brasileiro, como os meios de Comunicação de Massa operam por meio de concessões do Estado a empresas privadas, ficando estas a cargo de fazer a propaganda e doutrinação que aquele exige, a identificação da cultura popular com a cultura de massa significaria admitir que a primeira seria uma realização dos dominantes. Por outro lado, a vantagem da expressão *cultura popular*, segundo a autora, é a de expor a divisão de classes, já que a referência a qualquer manifestação cultural como "popular" implica aceitar a existência de algo "não popular".

A noção de "massa", conforme visto, tende a camuflar conflitos e diferenças sociais. O único contraponto perceptível de "massa" seria a noção sociopolítica

---

[6] Baudrillard, J. *Simulacros e simulação*. Maria João da Costa Pereira (trad.). Lisboa, Relógio d'Água, 1991, p.77-9.

[7] Diz Baudrillard: "A massa só é massa porque sua energia social já se esfriou. É um estoque frio, capaz de absorver e de neutralizar todas as energias quentes. Ela se assemelha a esses sistemas semimortos em que se injeta mais energia do que se retira, a essas minas esgotadas que se mantêm em estado de exploração artificial a preço de ouro." (Cf. *À sombra das maiorias silenciosas*, p.26).

de "elite", a grande detentora dos meios de produção, dos postos de autoridade e do próprio Estado – ou seja, a detentora da *competência* para estar onde está, porque detém o "saber fazer". Todavia, tal contraponto é irrisório diante da complexidade do social. Utilizar-se do termo "massa" como sinônimo de "popular" corresponderia à redução de todo o espectro social a dois patamares: o *alto*, corpo de sujeitos capacitados porque competentes; e o *baixo*, a maioria amorfa e silenciosa, para usar a expressão de Baudrillard.

Para Chauí, a elite "perfeita"[8] é aquela que se constitui não só dos economicamente poderosos, mas também dos especialistas, os detentores da técnica, criadores perpétuos de objetos do saber que, em nossa época, são equivalentes a instrumentos de poder. Justamente por ser inculta, incompetente e, por conseguinte, desprovida de poder, as massas precisam ser controladas e vigiadas pois representam um perigo, como um estouro de búfalos, precisam ser ensinadas sobre questões básicas de propriedade, o meu e o seu, sobre o valor intrínseco da vida humana, para que não atentem contra a integridade física de ninguém, sobre o elo eterno entre questões de humildade e honestidade – "nós vivemos na pobreza sem dever tostão", diz a letra de Assis Valente – e, principalmente, sobre a irrelevância das agruras desta vida porque, claro, as coisas não se acabam aqui. O direito positivo é doutor em prescrever todas essas lições como dever de casa e, ao menos nas sociedades católicas, a religião também é fator-chave para a formação de tais discursos, entranhados pelos sujeitos, ao longo de suas vidas, e reiterados a cada novo demisso que é dado à luz. A esteira dessa produção em série é infinita.

---

8   Chauí, M. Op. cit., 1986, p.57.

CAPÍTULO XLVII

O FIM DA CIDADANIA

Indústria cultural e comunicação de massa

A propósito, a expressão "indústria cultural" é bastante apropriada, porque ao manipular ou produzir certa "cultura" em escala industrial, o sistema mecaniza um universo de sensações e de ações. Nesse afã, tudo pode ser consumido maciçamente e transformado em ícone: imagens, sons, leituras, sabores, e todos deverão, necessariamente, obedecer a fórmulas comprovadas de sucesso, já que a roda viva não pretende deixar resvalar para o ralo nenhum único centavo. A palavra de ordem é velha conhecida e a tecla está gasta de tanto que se toca – lucro, sempre lucro.

O apelo imediato visa atingir o maior número de consumidores possível. Epstein aponta que, cada vez mais, os roteiros dos filmes hollywoodianos têm menos falas, a despeito da queixa de um ou outro ator. Privilegia-se a ação. As perseguições de carro e suas variantes – perseguições de moto, de caminhão, de helicóptero, de disco-voador – garantem sempre um bom *trailer* e, por conseguinte, uma boa bilheteria. A razão para o desprestígio dos diálogos em detrimento da pirotecnia é relativamente simples – a cena de perseguição é autoexplicável, atinge desde uma criança de dois anos ao seu avô, desde o analfabeto ao professor universitário, e assim por diante, perpassando, raças, credos, nacionalidades, e sempre atuando no nível mais básico dos instintos, que no caso da perseguição é o medo. Portanto, o ataque psicológico é sempre o meio para atingir o fim – o consumo.

TRÊS VINTÉNS PARA A CULTURA 241

Os programas de rádio e televisão não fazem coisa diferente. Eles apreendem a consciência do ouvinte ou espectador, seja pelo sentimentalismo, pelo erotismo, agressividade, fetichismo, curiosidade, tudo isso dosado por intenso realismo que atiça o desejo de ver, vez que estão em jogo emoções primárias[1]. Pela miscelânea ideal de todas aquelas formas de apelo, conduzida pelo tom realista e em geral conservador, é que uma cena ou simplesmente relatos de estupro na televisão é sempre sinônimo de farta audiência. Seja como for, o jogo com emoções primárias permite que as carências de cada um encontrem sempre abrigo no seio do consumo, que é o objetivo derradeiro na indústria cultural – comprar o CD da peça, o DVD do filme, o livro psicografado de Isabella Nardoni, a camiseta do artista e toda uma imensidão de simulacros. Não basta ir ao show, apreciar a música, o espetáculo, é imperativo ir munido de câmeras portáteis e metralhar quantos flashes sejam possíveis. É preciso registrar incessantemente. É preciso "capturar" o momento que não se viveu.

Citando Focault, Marilena Chauí diz que "a Comunicação de Massa se insere no campo de tecnologias de disciplina e vigilância", ao passo que "as ações e representações da Cultura Popular se inserem em um contexto de reformulação e de resistência à disciplina e à vigilância"[2]. A primeira assertiva atua em um interdiscurso com as angústias do personagem *Ubaldo, o Paranóico*, criado pelo chargista Henfil – o personagem, que se sente constantemente observado e tem mania de perseguição, pergunta-se diante do aparelho de televisão se não estaria também ele, Ubaldo, sendo assistido pela emissora, ao que seus pensamentos são sempre censurados pelo *plinplin* da Rede Globo. A segunda assertiva vem ao encontro de nossas formulações na tessitura de uma noção de cultura popular. A conclusão da filósofa, para quem o implícito é frequentemente mais importante do que o manifesto na cultura popular, é fulcral para o entendimento desta como iconoclastia em si, isto é, como negação de toda uma ordem de coisas e valores, insurgindo-se por sua própria perpetuação ao longo do tempo, por sua resistência aos diversos fatores de dispersão, aos permanentes arranques do cavalo de Troia. É o caso do folclore – iconoclastia pura.

---

[1] Tais emoções, diz Alfredo Bosi, são em geral aplacadas no *happy end* porque tudo o que é posto em crise no decorrer do programa será reestruturado no final. São as chamadas "estruturas de consolação" de que fala Umberto Eco. É primorosa a análise que Ecléa Bosi faz em seu *Cultura de massa e cultura popular – leituras de operárias*. 12.ed. Petrópolis, Vozes, 2008, p.102-6.

[2] Op. cit., p.33.

O mais interessante, no entanto, para o presente momento, é a diferenciação traçada pela filósofa entre cultura popular e cultura de massa, a partir de um aspecto visceral – a própria *estrutura* da comunicação de massa. Aqui cabe uma ressalva. A hierarquia, resultado da petrificação da estrutura da comunicação de massa, é justamente o que desfigura o sentido de "comunicação"[3]. Para haver comunicação é necessária a existência, segundo Jakobson, de cinco componentes: emissor, receptor, código, canal e mensagem.[4] A comunicação acontece quando os dois sujeitos da comunicação, emissor e receptor, pelo uso de um mesmo código, enviam uma mensagem para o outro, a partir de um canal.[5] Caso o receptor esteja impedido de, pelo mesmo canal, responder à mensagem, o fenômeno comunicacional deixa de acontecer, cedendo lugar à mera informação. Não é necessário que o receptor responda sempre à mensagem enviada pelo emissor para que a comunicação se configure, no entanto, aquele deverá, sempre, ao menos ter a *possibilidade* de enviar uma resposta – havendo, considera-se ocorrido o fenômeno comunicacional.

Os meios de "comunicação de massa", como é a terminologia corrente, apresentam essa estrutura "petrificada" da qual decorre certo *status* hierárquico, em que o "comunicador" é sempre o agente competente para enviar a mensagem, somente ele o faz, enquanto a massa é a eterna destinatária, mera paciente, cabe a ela somente receber e absorver a mensagem, o que termina por culminar em uma realidade absolutamente incapaz de realizar a comunicação tal qual preconizada por Jakobson. Eles, os "veículos de comunicação de massa", são, na verdade, instrumentos de doutrinação, ou seja, de domínio. O receptor é submetido à programação que lhe for designada, enquanto componente de um "público alvo". Seja a televisão, o rádio ou o jornal, tais *canais* não suportam atualmente, e talvez não queiram suportar, mecanismos que possibilitem a expressão do receptor da mensagem a partir deles mesmos – jornal, televisão e rádio, a não ser quando há a participação, no rádio ou na televisão, do telespectador –, o espectador, do latim *spectatore*, da tela – ou do ouvinte, vocábulo que fala por si, por telefone, mas nesse caso o "meio de

---

[3] Cf. A regra-matriz do Imposto sobre Serviço de Comunicação. In: *Revista de Direito Tributário*, n. 106, p.201.

[4] Cf. *Linguística e comunicação*. São Paulo, Cultrix, 1969.

[5] A influência de Jakobson na Escola de Tártu-Moscou é patente, dada a frequência com que Lotman utilizou este famoso esquema. Progressivamente, Lotman afastou-se do esquema jakobsiano por considerá-lo meramente funcional e entender que exclui a possibilidade de surgimento de novas mensagens no interior da cadeia que liga o emissor ao destinatário. Cf. Sobre los dos modelos de la comunicación em el sistema de la cultura. In: *La Semiosfera II – Semiótica de la cultura, del texto, de la conducta e del espacio*, p.42.

comunicação" é o telefone, não a televisão ou o rádio. Nessa medida, o único "veículo de comunicação de massa" genuíno, hoje existente, é a internet, um *canal* virtual pelo qual "internautas" dialogam com os conteúdos, bem como os produzem, durante todo o tempo.

Portanto, a "divisão invisível" de que fala Chauí, operada no "entre nós", isto é, no plano da ilusão de pertencer a um espaço democrático, a uma comunidade, a um universo de atores sociais, fica evidente quando esmiuçada a estrutura dos "meios de comunicação de massa", de onde emergem o "emissor autorizado"[6] e seu paciente. O emissor autorizado, claro, é sempre o especialista – o sujeito que detém uma gama de conhecimentos em determinada área e, como deter o saber é deter o poder, está autorizado a falar tanto para os desprovidos de saber/poder quanto para outros especialistas que poderão contraditá-lo. Os pacientes da informação, destarte, poderão ser tanto os outros especialistas quanto os incompetentes e, tanto um quanto outro, são designados por Marilena Chauí como *receptores autorizados*, por serem aqueles que receberão a informação, julgando-a, aceitando-a, recusando-a, mantendo-se indiferente a ela, mas, tudo isso em sua posição predeterminada de sujeito alvo de conteúdos previamente definidos pela estrutura dos meios propagadores de informação.

Sobre a *informação*, a autora é categórica – ainda que responda a certas demandas "público-democráticas", ela é estruturada de modo a operar o efeito inverso, o de *intimidação social*[7]. A trilha do raciocínio é simples. Aqueles que julgam desconhecer o conhecimento que o discurso competente está divulgando ou que verifiquem um conflito entre este saber "objetivo" e suas próprias ideias sentem-se destituídos de saber e despojados de uma "humanidade válida", isto é, a *informação* acaba por criar uma realidade com ares de quem "expõe" essa realidade: a da existência de sujeitos competentes, bem como a de incompetentes. Logo, há uma deformação do real que invalida socialmente, e na raiz do real, o sujeito paciente para ser fonte criadora e dissipadora de valores e ideias, tal como os *emissores autorizados*, pois sua ignorância é inconteste. Ou seja, sob a capa da aparente "democratização cultural", a *informação* transmitida pelos "veículos de comunicação de massa" gera incompetentes discursivos, reafirmando e justificando a competência da fonte autorizada. Marilena dá um exemplo delicioso, de um caboclo, posseiro, chamado Galdino, preso pela polícia militar, acusado de fomentar brigas entre proprietários e posseiros pelo direito de ocupação de roçados. Os psiquiatras, típicos emissores

---

[6] Op. cit., p.31.
[7] Op. cit., p.35.

autorizados, analisando o caso em um noticiário de televisão, "explicaram" à população, com riqueza de detalhes técnicos, que Galdino era um débil mental perigoso, por causa do "olhar fugidio", da "pouca verbalização" e dos sorrisos diante das perguntas que lhe faziam – ou seja, acabaram por intimidar socialmente toda uma população, pela propalação da descrição do comportamento social típico dos caipiras do interior de São Paulo.

Chegamos aqui, após todo o escrutínio que acabamos de traçar, com um dilema crucial. Temos que, para fins constitucionais e legais de incentivo e fomento, cultura popular é passível de estímulo fiscal. Temos que cultura erudita, institucionalizada ou não, também é passível de estímulo fiscal. Mas e quando ambas são massificadas ou manipuladas pelos meios de massificação, pela própria indústria cultural de que falam Adorno e Horkheimer, visando somente ao fim último da economia de mercado, o lucro, continuam sendo cultura? E mais, se sim, deve o Estado fomentá-las, por meio de incentivo fiscal, ainda que sob essas condições de enlatamento ou enlutamento?

A resposta a essas questões complexas pode ser matizada nos rastros deixados no trajeto empreendido pelo presente estudo e de acordo com o próprio método aqui adotado. Penso que a questão do lucro é questão extrínseca ao direito e, não obstante sua relevância social, não afeta, nem de longe, a concepção de cultura aqui desenvolvida. O aspecto basilar que deverá ser observado pelo aplicador da lei é a existência ou não, no projeto ao qual será concedido certo incentivo fiscal, do fator *iconoclastia*, ou de uma semente que se reporte a ele, critério único para a referida concessão. Verificado o critério, não há por que temer o movimento próprio do mercado e sua sanha. Para o mercado, o incentivo fiscal é e continuará sendo somente um meio de potencializar seus lucros, é isto que fundamentalmente o alicia, e todo protesto lançado contra esta realidade será infértil, quando não pueril.

Cabe ao Estado estabelecer os limites para a atuação do mercado e isto há de ser feito antes da ação gulosa deste, para evitar que apenas formas de expressão cultural meramente massificantes (leia-se *estupidificantes*) sejam fomentadas, em prol do tirlintar de alguns poucos cofres. Sem a observância do critério único aqui defendido, será a vez de proclamar-se, depois de proclamados tantos finais – fim da história, fim da ideologia, fim do social –, será a vez de proclamar a inauguração de tempos novos: tempos em que, definitivamente, será oficializada a vedação do acesso dos incompetentes aos chamados *bens de cultura*, guardados a sete chaves pelos competentes, isto é, será proclamado o *fim da cidadania*. Não há cidadania sem que o indivíduo conheça as razões de sua circunstância.

CAPÍTULO XLVIII

A PEQUENEZ DOS PEQUENINOS

A busca da identidade nacional como sintoma

A identidade, a ação e a memória dos diferentes grupos formadores da sociedade brasileira estão elencadas no Texto Constitucional como critérios hábeis de definição do que comporia o patrimônio cultural brasileiro. A ação e a memória estão registradas nos documentos ou simplesmente flanam pelas ruas. Já a *identidade* poderia ser chamada de *entidade*, tamanho o impacto de seu uso nos discursos oficiais e, ao mesmo tempo, sua singular intangibilidade. Pois é justamente da identidade dos seres lascivos, alegres e indolentes que habitam essa Terra Papagali, reduto de celebração do malandro, onde impera a Lei de Gerson e sequer os heróis possuem caráter, que trata este capítulo.

Mário de Andrade, com uma lucidez perturbadora e uma humildade mais perturbadora ainda, percebeu ainda em vida e admitiu:

– Todos os meus feitos derivam de uma ilusão vasta. Meu aristocratismo me puniu.[1]

---

[1] Mota, C.G. *A ideologia da cultura brasileira*, p.146.

O escritor e pesquisador, dos mais originais e inquietos de que têm notícia os compêndios da literatura mundial, entreviu-se a si próprio, no fim de sua vida, e a sua obra como escorando as pilastras de um projeto político de Nação. Ele que não se imaginava político de ação entendeu que suas intenções o haviam enganado, já que, de uma maneira ou de outra, todos servem à "Idade Política do homem", esta que estamos vivendo. E ele, Mário, sempre estivera a serviço do delineamento da "brasilidade", do tipo brasileiro. Encabeçava, portanto, um projeto maior do que ele próprio supunha e que, por ideologizar a arte, tolhia-lhe a capacidade de transcendência.

Ficou registrado alhures que a identidade é o combustível de todo nacionalismo. E antes de verificarmos o engodo que a expressão "cultura nacional" encerra, cabe-nos a alusão a este fenômeno que pretende instaurar entre um indivíduo e outro, em um dado contexto sociopolítico, o signo próprio da equivalência aritmética. Carlos Alberto Bittar, um dos poucos intelectuais brasileiros da seara jurídica a estudar especificamente a questão dos incentivos fiscais à cultura, assevera que o advento da Lei nº 7.505, de julho de 1986, Lei Sarney, visava atender "os reclamos dos intelectuais do país"[2], destinando-se a promover o desenvolvimento cultural, fomentando operações tendentes à sua expansão, estimulando o ingresso de novos capitais em nosso setor e despertando, ou incrementando, a criação, a produção e a circulação de obras de arte e de bens culturais em geral. Apregoou ainda que a iniciativa tentava "conciliar o desenvolvimento econômico com o cultural, mediante a preservação e a expansão de expressões e de valores artísticos e culturais em geral, dentro da premissa de que são fundamentais, para a Nação, a formação e o incremento da cultura autóctone, na defesa de sua própria identidade"[3].

O autor captou bem o discurso oficial e seus temas – nação, identidade, valores –, chegando a falar no incremento da "cultura autóctone", tudo isso em plena e abençoada consonância com o desenvolvimento econômico. Levando o termo "autóctone" ao pé da letra, muito pouco em solo nacional poderia ser insuflado pelos mecanismos de incentivo, já que as formas de expressão, os modos de fazer, criar etc., quase todos não foram aqui originados ou os que foram antecedem o próprio aparecimento do Estado.

---

[2] Cultura: incentivos fiscais a aplicações no setor. In: *Revista de informação legislativa*. Senado Federal, Subsecretaria de Edições Técnicas, ano 23, n. 92, out-dez/86, p.374.

[3] Idem.

De todo modo, a defesa da identidade nacional agita-se no mastro constitucional. É o art. 216 que fixa a *identidade* como critério para considerar determinado bem de natureza material ou imaterial como patrimônio cultural brasileiro. Já dissemos que a preocupação com o nacional remonta os românticos, mas a *identidade* é o argumento que funda a perseguição de um conjunto coeso, segundo vários aspectos, sem a qual falar em nacionalidade seria não menos do que sandice. Embora a ideia, seguramente também imposta pelos grupos de poder, de que a identidade nacional é permanente e tão natural que precede a história, tem-se que, pela análise histórica do vocábulo "nação", a conclusão a que chegamos é oposta àquela: a característica primordial da *nação* moderna é justamente a mocidade de sua significação. Isso será visto adiante. O que importa agora é ter em mente que a noção de identidade nacional é essencialmente retórica e compõe o rol dos *discursos fundadores*, aqueles que laboram no imaginário constitutivo do país como referência básica de todo o agrupamento. É o próprio cerne da mitologia do poder.

No artigo "A antiética da vantagem e do jeitinho na terra em que Deus é brasileiro – o funcionamento discursivo do clichê no processo de constituição da brasilidade"[4], Maria Cristina Leandro Ferreira demonstra como a materialidade dos enunciados coletivos – os estereótipos – é reveladora da memória sobre o brasileiro, acionada positiva ou negativamente sempre que o clichê irrompe. A autora parte de três clichês que são tidos como representativos do modo de ser do brasileiro: 1) jeitinho brasileiro; 2) brasileiro gosta de levar vantagem em tudo; 3) Deus é brasileiro.

Os clichês circulam entre distintas camadas sociais, atravessando gerações, e são constantemente repetidos pelos indivíduos, de maneira a reforçar cada vez mais uma verdadeira injunção de dizer, que conduz à homogeneização do discurso.[5] São fórmulas que encerram uma moral e possuem uma lógica de facílima adesão, seja por habitar os domínios de superfície, seja por aliciar uma coletividade predisposta. É o consentimento na reiteração, alicerçado em certa simpatia ou apatia, que enseja como jardim fértil o viço e a automaticidade dos clichês. O desafio dos discursos sociais que pretendem imprimir ideologicamente sentidos de nacionalidade, por exemplo, ou outros quaisquer, à cultura é justamente o de

---

4   *Discurso fundador – a formação do país e a construção da identidade nacional*. Eni Puccinelli Orlandi (org.). Campinas, SP: Pontes, 1993.
5   Ibidem, p.70.

não se deixar resvalar para o poço dos clichês, o que muitas vezes conseguem, respaldados pela palavra das "autoridades", dos "exegetas", de "estudiosos", enfim, dos competentes. Isso porque os estereótipos possuem uma faceta dúbia.[6]

A autora diz que o automatismo encontra lugar em mecanismos sociais, históricos e culturais presentes nos "modos de sustentação do *status quo*", e seu efeito de impregnação funciona como a "possibilidade de institucionalização dos sentidos, fazendo-os corresponder, ética e moralmente, às expectativas construídas pela sociedade"[7]. Isso é bastante interessante, na medida em que flagramos o indivíduo, predisposto ou sugestionável a tal ponto que a fórmula, enquanto visão de mundo sacramentada pelo costume e aceitação geral, é o primeiro e último recurso, e qualquer coisa dita fora daquele senso comum parecerá duvidosa ou nem um pouco digna de credibilidade, de modo que o clichê, como um "saber comum" que dispensa demonstração comprobatória, acaba se tornando a única reserva da qual o sujeito pode extrair opiniões sem medo de desagradar ao grupo, ainda que seja para emitir afirmações que o desabonam, em uma autoexecração tão ingênua quanto violenta, como é o caso do brasileiro que repete as fórmulas anteriormente referidas e outras piores, como: "pobre gosta mesmo é de sofrer", "emprego existe, só não trabalha quem não quer", "as mulheres são mais machistas do que os homens", "o negro é mais racista com os próprios negros do que o branco".

O estereótipo é também produtor de sentido. A ideia do "jeitinho brasileiro", por tão difundida merece capítulo à parte. Adiante-se, por enquanto, que o pensamento segundo o qual o Brasil sempre foi o país do jeitinho, é controverso e, de acordo com alguns autores, mais recente do que se imagina.[8] Quanto à frase "brasileiro gosta de levar vantagem em tudo", a autora aponta

---

[6] "Por um lado, a repetição e o efeito do que é constantemente dito atuam no reforço ao senso comum, na sua confirmação [...]. Por outro lado, essas mesmas características dos estereótipos determinam efeitos inversos, concorrendo para uma desconstrução dos sentidos já alicerçados, provocando um gradual enfraquecimento do clichê." (Ibidem, p.72).

[7] Idem.

[8] Lívia Barbosa defende, categoricamente, que "nas décadas de 1930 a 1940, o Brasil não era nem formalmente nem informalmente definido dessa maneira [como *país do jeitinho*]. As representações do país estavam intimamente ligadas a uma ideia de país do futuro, de gigante adormecido, de grandes riquezas, de celeiro do mundo etc. A representação da identidade brasileira encontrava-se muito mais voltada para um reconhecimento das nossas peculiaridades em termos de recursos materiais e racionais do que de especificidades socioculturais". Cf. Lívia Barbosa. *O jeitinho brasileiro – a arte de ser mais igual que os outros*. Rio de Janeiro: Campus, 1992, p.142.

que, curiosamente, possui data de nascimento: agosto de 1978.[9] O último clichê tratado pela autora "abençoa" o modo de ser do brasileiro, afinal, se Deus é brasileiro, que mal haveria em ter esse jeitinho maroto de levar vantagem em tudo? O que fica dessa interessantíssima análise é que a ideia de *identidade* nem sempre é eufórica e, não obstante isso, a noção de cultura hoje equivale à afirmação de uma identidade específica – religiosa, sexual, étnica, regional – não a transcendência desta, por mais que se fale também em alteridade. Na verdade, a busca pela identidade nacional é sempre combinada com identificações de outro tipo, mesmo quando possa ser sentida como superior às outras.

Nada do que diga respeito à busca de uma identidade, para escorar a Nação, é prerrogativa brasileira. Uma mesa-redonda realizada em Portugal, na Casa das Artes, cidade do Porto, em 27 de abril de 1992, entre os membros da Sociedade Portuguesa de Antropologia e Etnologia e convidados de diversas formações acadêmicas, implicando, portanto, o diálogo essencialmente interdisciplinar, culminou na abordagem ácida de um físico sobre a ideia de identidade. Por uma provocação do mediador Augusto dos Santos Silva, interpelando aos cientistas das ciências exatas que o ajudassem a compreender o problema maior – a existência ou não da "cultura portuguesa", o físico lisboeta José Mariano Gago, referindo-se mais de perto à ciência, lançou algumas máximas, firmando posição quanto à existência, isto sim, de uma "incultura":

> Outro conceito de identidade nós aprendemo-lo, por deformação, aprendemo-lo na matemática: a identidade é um elemento neutro na multiplicação. A identidade é aquele número que multiplicado por qualquer um dá o mesmo. Isto traduzido em linguagem pouco elegante significaria que no fundo Portugal não aquece nem arrefece, no que diz respeito às ciências. [...] O que me fascina e acho curioso é

---

9   A frase apareceu em uma campanha publicitária do cigarro *Vila Rica*, interpretada pelo ex-jogador de futebol da Seleção Brasileira Tricampeã do mundo, Gerson, que era fumante e famoso também por ser bastante econômico. A frase popularizou-se associada à imagem do jogador, a partir da exibição de uma série de doze comerciais. Estava promulgada, vigendo até os dias atuais, a Lei de Gerson. A revista *Veja*, de 8 de maio de 1991, traz uma entrevista com um título sugestivo: "Gerson, o que só queria vender cigarros e acabou simbolizando a antiética da esperteza". Sem que nos esqueçamos de louvar este momento único, a revista, muito apropriadamente, faz a referência exata: Gerson passou a "simbolizar" a antiética da esperteza, isto é, tornou-se emblema daquilo que já existia e que pairava sob outras fórmulas, decantadas nessa sentença simples, a ideia generalista da vantagem perseguida por todo brasileiro em cada empresa na qual se lance.

haver esta ansiedade tão grande, esta... eu chamar-lhe-ia obsessão, angústia, mas é sobretudo uma ansiedade, com a identidade, com a especificidade. [...] De que é que esta ansiedade será sintoma? Ela parece-me ser por um lado o sintoma da pequenez dos pequeninos, e um traço sintomático daqueles que sendo mais atrasados relativamente aos outros, que mesmo assim são os seus referentes, e o ideal onde desejam integrar-se, querem guardar nessa integração, nessa diluição qualquer coisa que os torne maiores, pela especificidade, já que não podem ser maiores pela positividade do conhecimento científico produzido.[10]

A passagem é saborosa. Sem dúvida que, do ponto de vista do incompetente intimidado, do indivíduo sugestionado, essa ânsia pela identidade verde-amarela, no caso do Brasil, é um sintoma de sua pequenez, já que não há muitos ganchos que o amparem no tecido social. Contudo, no macrocosmo, a dinâmica é outra – de dominação. Partindo do *popular*, com escala no *típico*, rumo ao *nacional*, este trajeto ideológico tem nome e sobrenome: a Mitologia Verde-Amarela, intitulada por Marilena Chauí.

A mitologia verde-amarela foi elaborada ao longo dos anos pela classe dominante brasileira para servir-lhe de suporte e de autoimagem celebrativa, enfatizando o lado 'bom do selvagem tropical' que constituiria o caráter nacional brasileiro na perspectiva das oligarquias agrárias, embevecidas com o mito do brasileiro cordial, ordeiro e pacífico.[11]

Segundo a filósofa, essa mitologia veio tomar corpo, a partir do desenvolvimentismo dos anos 1950, e a imagem do "bom selvagem", sintetizando a alma do brasileiro, bem como o "progresso industrial", tem a função de oferecer à sociedade uma "mitologia bifronte" que conserva a bonomia de um passado paternalista ao mesmo tempo que lança promessas de um futuro repleto de riquezas. A identificação da ideologia faz desabar por terra toda a ladainha da identidade nacional. Em uma retrospectiva do processo histórico, fica fácil desmentir alguns mitos que nos caracterizariam a todos, um a um – somos pacíficos, no entanto um dos últimos países do mundo a pôr fim aos horrores

---

[10] *Existe uma cultura portuguesa?* Augusto Santos Silva & Vitor Oliveira Jorge (orgs.). Porto, Edições Afrontamento, 1993, p.76-7.

[11] *Ainda o nacional e o popular.* Op. cit., p.96.

da escravidão que, aliás, ainda existe; somos hospitaleiros, no entanto o tratamento dado ao imigrante, especialmente dos países vizinhos, ultrapassa as raias da indignidade; somos sensuais, no entanto um dos países com maior incidência de agressão e morte de mulheres por seus próprios parceiros.

Por mais aterradoras que essas inferências possam parecer, reiteramos que não são exclusivas do caso brasileiro. A busca da identidade de qualquer povo, mesmo os mais exíguos e reclusos, revelar-se-á sempre uma caça inútil porque repleta de exceções à regra homogeneizadora. O fato é que nenhum sistema cultural pode ser entendido como sistema isolado e acabado. A questão das *culturas nacionais*, impingidas de cima para baixo, afligem não só países "jovens" como o Brasil, mas também desafiam o pensamento de sociedades das mais antigas da Europa, como o exemplo de Portugal, que hoje, tendo suas centenas de anos a mais do que o Brasil, ainda não pode, nem poderá, reunir elementos identificadores do que seria a "cultura portuguesa". Isso porque o *texto da cultura*, de que falam os semioticistas russos, só existe em colaboração com outros textos. Nada, em parte alguma, é tão genuíno assim. Nem mesmo a pequenez de que fala Mariano Gago.

CAPÍTULO XLIX

O PAÍS SEM NENHUM CARÁTER

Cultura brasileira como ideologia

É sabido que desde o aparecimento dos nacionalismos, mais especialmente a partir da Segunda Guerra Mundial, diversos estudos têm sido empreendidos, em todo o mundo, com o fito de demonstrar a existência de um "caráter" que possa ser atribuído a cada povo constituinte de cada nação. A mediação desse *caráter nacional* seria o respaldo fulcral para a defesa, por sua vez, da ideia de *cultura nacional*, no sentido antropológico.

No redimensionamento da noção de cultura, reinstaurando-se investigações a respeito de processo ideológico da própria produção acadêmica, é preciso atinar para o matiz bacento de certos diagnósticos científicos que se inscrevem, nas palavras de Carlos Guilherme Mota, em uma "esfera de coisas consabidas", descambando para formulações que dão por encerrado o debate e, pior, atribuindo ganas axiomáticas a conceitos puramente ideológicos. Esse matiz, aparentemente inofensivo, presente inclusive em obras clássicas de grandes "intérpretes" do Brasil, costuma veicular toda sua carga ideológica por meio de expressões generalistas como "cultura brasileira", "cultura nacional", ou de fórmulas ainda mais amplas como "aspiração nacional", "consciência nacional" e, por fim, "caráter nacional".

Gilberto Freyre, nas ciências humanas, é o pai dos ideólogos de seu tempo, ao defender em toda sua obra, mais originalmente em *Casa-grande & Senzala*, a existência do "caráter brasileiro" enquanto realidade tangível – realidade essa que deflue na mesma direção de outra, igualmente cara ao autor: a de processo, em curso, da "democratização social do Brasil"[1]. O mesmo fará Fernando de Azevedo, fornecendo fórmulas para a estabilização do conceito de "cultura brasileira" e arrostando a explicitação de processos conflituosos típicos da sociedade de classes. A cultura, para eles, é fator de integração, nunca, em hipótese alguma, de insurreição iconoclasta. O funcionamento do discurso, desse modo, dá-se no sentido de manutenção da ordem de coisas, de resistência à mudança.

Por mais discutível que seja a pujança da obra fundamental de Fernando de Azevedo, *A cultura brasileira*, lançada em 1943, é importante tê-la em nota, ainda que pela mera curiosidade de depararmo-nos com o típico caso de superação do mestre por seus discípulos – ninguém menos que Antônio Cândido e Florestan Fernandes foram assistentes daquele professor emérito da Universidade de São Paulo. Fernando de Azevedo desponta em um período crítico da História, o Estado Novo. Neste quadro, dá à luz sua obra maior que não só se alinha à postura ideológica de *Casa-grande & Senzala*, como verticaliza a visão aristocrática de cultura, bem como assume declaradamente foros proposicionais de exclusão social. Concorda com Gilberto Freyre, que cita largamente, sobre a "revolução lenta e incruenta" que estaria em curso no Brasil. Em um esforço incessante de harmonizar o conceito de cultura, em tom sempre otimista, o autor utiliza-se de diversas concepções de outros campos, do geográfico ao quadro estrutural da educação[2], e de diversas correntes, da religiosa à filosófica, fechando os olhos a antagonismos de qualquer ordem, mesmo aos desacertos contextuais de seu próprio tempo.

Sem fugir ao lema de cultura como algo não utilitarista, diz que ela é caracterizada por "certo desenvolvimento do estado intelectual, o gosto e o interesse pelas artes e o progresso das ciências", que ela será "tanto mais autêntica e original quanto mais rica e substanciosa for a seiva que subir de suas raízes mergulhadas no húmus nacional", que nela se reconhece ainda o "esforço pessoal e coletivo em prol da libertação do espírito"[3]. O sarapatel está feito – não utilitarismo, erudição, tradição nacional, elevação espiritual. Tomando, como

---

[1] Mota, C.G. Op. cit., p.97.
[2] *A cultura brasileira*, 5.ed. São Paulo, Melhoramentos, Edusp, 1971, p.39.
[3] Ibidem, p.35.

o próprio autor admite, o conceito de cultura "no seu sentido clássico", diz que todo o estudo empreendido na obra incide diretamente sobre a "produção, a conservação e o progresso de valores intelectuais, das ideias, da ciência e das artes, de tudo, enfim, que constitui um esforço para o domínio da vida material e para a libertação do espírito". Essa "libertação", repetidamente alardeada e perseguida, de maneira alguma, pelo que se infere da leitura da obra, pode ser confundida com "liberdade" enquanto rompimento de padrões. Equivale, antes, à abertura das travas de uma cancela para que venha à tona algo que não poderia vir sem o devido estímulo – obviamente o estímulo, leia-se "imposição", educacional, próprio para a "transmissão metódica da cultura"[4].

Por fim, Fernando de Azevedo quer, como tantos quiseram, traçar um perfil psicológico do povo brasileiro, o caráter coletivo do povo, e sua busca tergiversa por meandros impagáveis de imaginação, atribuindo, de maneira geral, o temperamento ao meio físico, ao clima e à raça[5], responsáveis por modelar profundamente o povo "no momento em que sua alma é virgem ainda"[6]. O autor não chega a explicitar qual seria esse momento edênico nem desenvolve o curioso tema da virgindade espiritual, mas atinge uma conclusão definitiva a respeito do temperamento coletivo do povo: é um traço peculiar do brasileiro, a bondade.

A sensibilidade ao sofrimento alheio, a facilidade em esquecer e em perdoar as ofensas recebidas, um certo pudor em manifestar os seus egoísmos, a ausência de qualquer orgulho de raça, a repugnância pelas soluções radicais, a tolerância, a hospitalidade, a largueza e a generosidade no acolhimento, são outras tantas manifestações desse elemento afetivo, tão fortemente marcado no caráter nacional. Não se trata de "polidez" que é sempre, por toda parte, produto de um refinamento de civilização [...]. É uma delicadeza sem cálculo e sem interesse [...]. Essa bondade que ignora, como um sentimento igualitário, distinções de classes e diferenças de raças; que se retrai, como que ofendida, diante da violência e da brutalidade; que atenua as repressões, individuais ou coletivas, e torna o brasileiro tão fácil de se conduzir, quando se faz apelo à razão e, sobretudo, aos sentimentos, e tão difícil de levar pela força, tem as suas origens na formulação profundamente cristã

---

4 Ibidem, p.38-9.
5 O autor segue na contramão de seu próprio tempo, pois em linhas gerais, no século XX, as ciências que estudam o homem refutaram a novecentista ideia da relação entre raça, ou, na acepção de Boas, tipo humano – e tipo psicológico.
6 Ibidem, p.205-6.

de nosso povo, na confraternização de sentimentos e de valores e na democratização social, para que tão poderosamente contribuíram, de um lado, a religião, e, de outro, a mestiçagem largamente praticada, das três raças iniciais e [...].[7]

Não é preciso transcrever mais. O trecho soa como leitura de catecismo e reafirma o mito do "Deus é brasileiro" já que perdoamos a quem nos tem ofendido, assim como Ele há de perdoar as nossas ofensas, amém! O mito da democracia racial também está presente e é, evidentemente, influência direta, escancarada, de Gilberto Freyre, mas repisado sem o lirismo sedutor deste. Embora outros autores, como o modernista Paulo Prado, em seu *Retrato do Brasil*, tenham, de maneira mais bem estruturada, tentado desvendar o "caráter" do brasileiro[8], esta breve análise da obra de Fernando de Azevedo é justificada pela gana, de largas braçadas, com que procura apresentar uma explicação psicológica da nação, descambando para o mítico. Ocorre que a simples alusão à ideia de "caráter" relacionado a uma "nação" é um dislate, seja porque para considerá-la verossímil seria necessária uma unidade e coesão inexoráveis, em todos os planos, coisa que não se observa em quaisquer dos Estados-Nação modernos, seja porque a noção de "caráter" remete à personalidade, e o indivíduo, até onde se sabe, não traz consigo, desde o nascimento, nenhum sentimento ou atributo que se caracterize como um elo específico com esta ou aquela nação. Ademais, o estudo da personalidade modal, com o que a psicologia pretende atribuir a certo agrupamento qualidades predominantes, não se dá por mera dedução, mas sim mediante *provas* – o que o autor definitivamente não apresenta.

De mais a mais, é mister ponderar: o caráter coletivo independe de questões básicas atinentes ao meio geográfico que habita certo grupo de indivíduos, à sua ocupação e à classe social a qual pertence? A indiaria brasileira, por exemplo, considerada genericamente como "triste", por Paulo Prado, porque taciturna, possui de fato esse permanente estado de espírito? Lembremos que a taciturnidade é característica essencial de povos caçadores, uma exigência lógica do próprio ofício. Outra questão, que retoma o tema da identidade nacional e

---

[7] Ibidem, p.214-5.

[8] *Retrato do Brasil*, publicado em 1928, é o livro mais comentado dos que abordam especificamente o tema do caráter nacional brasileiro. É, segundo seu autor, um ensaio sobre a "tristeza brasileira", o "mais feio retrato que o Brasil podia esperar de um filho seu".

está fortemente relacionada ao caráter, é saber, analogicamente, quem possui mais identidade com quem: o típico paulistano e o típico nova-iorquino, ambos remediados; ou o típico paulistano e o típico ribeirinho do amazonas? Essas indagações poderão ser mais bem elucidadas a partir do estudo dos projetos nacionalistas, empreendido em capítulo próprio. Por ora, tenhamos a noção de que há diversos conceitos esquentando o caminho do nacionalismo.

CAPÍTULO L

DE JOÃO GRILO A DANIEL DANTAS

O problema do *jeitinho brasileiro*

É pejorativo e prepara, sorrateiramente, a cama de nossa autoconsciência. Mais do que nossos regamboleios lascivos, mais do que nossa meiguice hospitaleira, mais do que nossa democrática imparcialidade racial, mais, muito mais do que tudo isso, o *jeitinho brasileiro* é uma unanimidade – o grande exemplo da ilusão de que formamos um todo perpassado por um lampejo de coesão.

Uma das referências mais antigas ao *jeitinho* é encontrada no Tesouro da Fraseologia Brasileira[1], publicado em 1945, e obviamente compunha, como tantas outras expressões, o rol do verbo suado das ruas. Historicamente, tem-se que, a partir da década de 1940, com os nacionalismos balouçando as tranças do mundo, é que o Brasil empreendeu, pela primeira vez, medidas arrojadas para um projeto de desenvolvimento e tentativas de evadir-se a uma situação de dependência excessiva do capital externo, implantando mecanismos como o de substituição de importações, investindo na formação de seu parque industrial, apostando no estabelecimento de direitos trabalhistas mais sólidos etc. É a partir desse momento que se faz necessário o abandono de práticas obsoletas da gerência "personalista" do bem público para dar lugar à adoção

---

[1] Nascentes, A. *Tesouro da Fraseologia Brasileira*, p.156-7.

de estruturas modernizantes. É nas brechas da rigidez dessas novas estruturas, amparadas pela verticalização das leis, que surge o *jeitinho*.

Roberto Campos afirma que o jeitinho não é nem legal nem ilegal, é simplesmente *paralegal*, terminologia que o autor adota precedida do substantivo "instituição". É a *chtara*, citada por Bourdieu, classificação dos argelinos para procedimentos que intermedeiam o legal e o ilegal, que implicam "jogo de cintura". Para Alberto Guerreiro Ramos[2], em *Administração e estratégia de desenvolvimento*, o *jeitinho* é categoria central da sociedade brasileira, mas não só, dos países latino-americanos de maneira geral, porque todos possuem uma raiz comum: o formalismo. Para ele, este e outros processos, que denomina "crioulos", tendem a desaparecer porque estão associados a estruturas arcaicas, pré-industriais.

Para Oliveira Torres, em *Interpretação da realidade brasileira*, o *jeitinho* é uma "filosofia de vida" sempre associada à "criatividade, improvisação e esperteza do brasileiro". Para Clóvis de Abreu e outros, o *jeitinho* é "recurso de poder" nos moldes de "Você sabe com quem está falando?", fórmula básica que distingue os que podem dos que devem. Também atribui ao *jeitinho* decorrência de constante necessidade de formalismo nas relações burocráticas.

Lívia Barbosa descreve esse "modo de viver" como "o encontro da impessoalidade de um modelo individualista com a pessoalidade do sistema brasileiro"[3]. Sob esse aspecto, conclui que o *jeitinho* é um proceder social que "sem qualquer dúvida, atualmente nos define e singulariza", é um "elemento símbolo do nosso modo de ser, de nossa brasilidade"[4]. Enfatizando o "atualmente", sua pesquisa, que faz uso desde recortes de jornal até entrevistas com sexagenários, indagados sobre "como pensavam o Brasil" antes da década de 1930, rompe categoricamente com o pensamento de que a atitude de "dar um jeito" era, pela explanação histórica feita anteriormente, desconhecida antes dos arroubos desenvolvimentistas.

Decididamente, ao formular tal raciocínio a autora não se lembrou de obras fulcrais da literatura brasileira que alardeiam o oposto, como *Macunaíma* e *Memórias de um sargento de milícias*, sem falar de autores como Arthur de Azevedo por quem a temática do jeitinho é escancarada em contos como *De cima para baixo*

---

[2] Rio de Janeiro, Fundação Getúlio Vargas, 1966, p.53.
[3] Barbosa, L. Op. cit., p.147.
[4] Ibidem, p.139.

e *A filha do patrão*, bem anteriores ao período aludido pela autora. Outro esquecimento, ou mais propriamente um problema de corte metodológico, diz respeito aos entrevistados: além do exíguo número, eram dez ao todo, o que por si só já afasta qualquer aura de credibilidade científica, uma vez que não seria razoável considerar que as recordações de dez pessoas possam servir de amostra para uma investigação histórica sobre as práticas sociais de toda a população brasileira, além disso, o perfil dos entrevistados é desalentador – todos componentes da classe média urbana competente –, dois filósofos, um general do exército, dois escritores, dois professores secundários aposentados e três funcionários públicos.

A autora se nega a considerar que o *jeitinho* seja um simples mecanismo adaptativo, reflexo de condições de subdesenvolvimento, para enfrentar situações burocráticas – para ela, de um "drama social do cotidiano", o *jeitinho* passou a elemento de "identidade social" e, para angariar respaldo, chega a perguntar, ponderando ainda sobre essa concepção de *jeitinho* como mecanismo adaptativo, sobre o porquê de a "sociedade brasileira" lançar mão de expedientes em situações que, em outras sociedades, não parecem requerê-los, como em uma simples fila. Ora, aqui confunde claramente cultura e identificação social com cidadania.

Faz a apologia do malandro, citando Roberto DaMatta, e considera plenamente válida a identificação do brasileiro com esta alegoria. Enfim, o brasileiro seria realmente malandro porque faz uso dessa verdadeira "instituição paralegal", o *jeitinho*, como um modo improvisado de criar "espaços pessoais em domínios impessoais". No auge da gafe cita, dentre outros, Pedro Malasartes, como um dos personagens de "nossa literatura" e uma das encarnações do "brasileiro típico"[5]. Esquece-se de que o ente folclórico, antes de habitar o imaginário popular brasileiro, vinha de muitas safadezas na península ibérica.

A autora sintetiza que usamos – sim, cada um de nós, brasileiros – o *jeitinho*, do seguinte modo:

> tanto como símbolo de nossa desordem institucional, incompetência, ineficiência e da pouca presença do *cidadão* no nosso universo social, louvando, assim, o nosso "atual, moderno e irreversível" compromisso com a ideologia individualista, ou como emblema de nossa cordialidade, espírito matreiro, conciliador, criativo, caloroso, reafirmando nosso eterno casamento com uma visão de mundo relacional.[6]

---

[5]   Ibidem, p.44-5.
[6]   Ibidem, p.129.

Antes de se tomar como certo que o "caráter nacional" é singularizado pelo *jeitinho* ou que o Brasil é o país do *jeitinho*, é preciso ponderar se a população como um todo, ou parte expressiva dela, a partir de um corte longitudinal por todo o estrato da sociedade, faz uso de tais práticas, ou se simplesmente aprova tais práticas, e, em caso positivo, perquirir se tal cometimento ou aprovação encerra-se única e isoladamente no território brasileiro. Tememos que nem uma coisa nem outra. Não há maneira hábil de se comprovar que o tal *jeitinho* seja elemento psicológico que caracterize o homem brasileiro e determine suas atitudes sociais, assim como não se pode demonstrar que, ainda que haja este traço definidor de nosso caráter, seja "elemento-símbolo" da brasilidade unicamente e nunca da francosidade, da germanidade, da anglicidade, da chinesidade etc.

Câmara Cascudo leciona que a própria moral do conto popular é o elogio da habilidade vitoriosa. A vitória abona o sujeito dos meios utilizados para atingi-la. A perspicácia dos macacos, dos jabutis, das raposas, das aranhas, dos coelhos, no fabulário universal, são modelos, quase sempre, de uma sagacidade sem qualquer escrúpulo, exemplos de uma "inteligência sem os recalques da honestidade funcional"[7]. Agressão, furto, mentira, exploração, calúnia são métodos corriqueiros utilizados pelos heróis dos contos do imaginário popular para alcançar o triunfo desejado. Não há nem na *Odisséia* nem na *Ilíada* uma linha sequer de reprovação à burla, uma sentença que condene a mentira.

É nessa pisada que a ideia do *jeitinho brasileiro*, enquanto fenômeno inato à nossa cultura, ao nosso modo de ser, desmorona. Seríamos mesmo um batalhão de Joões Grilo? É preciso, colocar cada coisa em seu lugar. Na chamada "cultura popular", especialmente nos contos folclóricos, o logro, a atitude burlesca é meritória quando o herói se encontra diante de um inimigo ou de uma adversidade qualquer que o impulsione a obter certa vantagem, ou, às vezes, até mesmo para alcançar um objeto que deseja por desejar. Mas isso não é traço distintivo do brasileiro. Todas as histórias de pícaros, desde as fábulas de Esopo aos contos dos Grimm, todas são provenientes do mundo ocidental europeu, a própria *Odisséia* é grega e é sabido que a aranha anansi encanta as nações africanas desde longínquas eras. Tom e Jerry enganam-se e destroem-se mutuamente a cada episódio. Pernalonga nada mais faz do que impregnar a tela de indolência e obliquidade para triunfar sempre ao final. Pica-pau dorme

---

[7] *Literatura oral no Brasil*. 3.ed. Belo Horizonte, Itatiaia, São Paulo, Edusp, 1984, p.239.

e acorda pensando no que fazer para comer sem se esforçar. Estes últimos são personagens da indústria de animação norte-americana que enlevam o universo lúdico infantil por seus ardis e, ao contrário de sofrerem qualquer censura, são queridos justamente porque vencem a qualquer custo. Mas por que a imagem, não de pícaro, mas de picareta, coube somente ao brasileiro?

Temos que a bandeira do *jeitinho* é, mais do que tudo, uma artimanha de classe que procura reiterar, a um só tempo, as estruturas de poder já existentes, bem como camuflar mecanismos sorrateiros de dominação, reafirmando, cada vez que se apresenta, as categorias de mando. O *jeitinho* anda de mãos dadas com o favor, com o apadrinhamento, com a arregimentação de devedores, é o poder nas dobras do poder. É nesse sentido que Marilena Chauí aponta que as relações sociais no Brasil efetuam-se sob a forma da *tutela*, jamais do *direito*, e que "a legalidade se constitui como círculo fatal do arbítrio (dos dominantes) à transgressão (dos dominados) e, desta, ao arbítrio (dos dominantes)"[8]. Além disso, ao mesmo tempo que é dado como "brasileiro", a generalização do *jeitinho* é, em si, absolvição de todos. A quem se puniria pela prática do *jeitinho* se "todos" o fazem? Nisso, a ciranda de detentores do poder escapa incólume quando da prestação de contas quanto aos *jeitinhos* e, não raras vezes, *jeitões* com que beneficiam a si próprio e aos seus.

Tomar o *jeitinho*, com simpatia, como mecanismo compensatório, exclusivamente brasileiro, frente a tanta adversidade, é agir com uma indulgência que só não é similar à da Compadecida para com João Grilo porque esconde muito mais do que se imagina. O próprio diminutivo aponta a cumplicidade do sujeito do discurso, sua condescendência e predisposição em relevar possível gravidade, já descartada de antemão, afinal, um *jeitinho* não poderia corresponder a algo muito sério – ficam mascarados os valores em jogo, bem como ofuscada qualquer escala de degradação. A aspereza com que a expressão *jeitinho brasileiro* vem sendo tratada por certos nichos sociais, atualmente, revela o gradual processo histórico de desconstrução do sentido já sedimentado e a imposição de uma carga negativa. Somente o avanço no implemento e a propagação da cidadania permitem redesenhar o trato do indivíduo com o domínio semântico de expressões estereotípicas como esta.

---

[8] Chauí, M. Op. cit., 1986, p.48.

CAPÍTULO LI

CONSCIÊNCIA NACIONAL

Nacionalismo

O teórico William Graham Summer, que sistematizou o conceito de etnocentrismo, considerava que as massas eram mais propensas ao patriotismo, enquanto que o cultivo intelectual e as viagens tornavam o homem cosmopolita[1]. Ocorre que ele se esquece de que o nacionalismo foi um movimento surgido entre ilustrados e só depois atingiu as massas. As classes dominantes incutem nas massas sentimentos que vão do patriotismo puro, passando por formas mais elaboradas de nacionalismo até chegar ao chauvinismo, por meio da educação institucionalizada e dos veículos de "comunicação" de massa, o que, evidentemente, seria desnecessário caso tais sentimentos fossem espontâneos.[2]

---

[1]   Leite, D.M. *O caráter nacional brasileiro*. São Paulo, Unesp, 2003, p.24.

[2]   Cosmopolitismo, ao contrário do que se imagina, não é invenção moderna, os gregos e romanos ricos desde cedo aprendiam a considerar as viagens como forma de ilustração pessoal. O etnocentrismo implica o fato de o indivíduo considerar o seu grupo como o centro de tudo, fazendo dele critério de avaliação. Daí as tendências xenófilas e xenófobas. Na xenofilia, o indivíduo tem a tendência a desprezar o seu próprio grupo e seus padrões, ao mesmo tempo que afirma a superioridade do grupo estranho. A xenofobia é o oposto, o sujeito despreza o grupo estranho, tratando-o como inferior. O patriotismo é sentimento comum nos Estados modernos que se opõe à universalidade. Já o chauvinismo consiste em um grau exacerbado de patriotismo, é a autoafirmação violenta do grupo.

Esmiuçar o conceito de "nacional" é imprescindível para o conhecimento que se pretende auferir do vocábulo *cultura*, visto que o texto constitucional faz diversas menções à ideia de "cultura nacional", expressão cativa do legislador constituinte desde a Constituição de 1937. Há muitos estudos sobre o nacionalismo, mas o período mais fecundo da literatura acadêmica sobre o tema e seu papel no avanço da História é o compreendido entre 1968 e 1988. A noção de "nacional" que impregnou, além do Texto Constitucional, outros textos do direito positivo, até o presente momento é o que há de mais pernicioso na ideologia da cultura brasileira porque ela sujeita toda a coletividade à ilusão de que formamos um todo homogêneo e de que devemos partilhar esse "sentimento de nacionalidade" responsável, no macrocosmo, por eliminar os conflitos sociais e, no microcosmo, por mitigar quaisquer diferenças que escapem à propaganda nacionalista massificadora.

Dante Moreira Leite, em sua obra *O caráter nacional brasileiro*, resultado de uma tese de doutorado extensa e primorosa, defendida em 1954, perante a Faculdade de Filosofia, Letras e Ciências Sociais da Universidade de São Paulo, com o subtítulo *Descrição das características psicológicas do brasileiro através de ideologias e estereótipos*, citando Summer, assevera que durante a Idade Média só havia etnocentrismo, pois o nacionalismo, tendo em vista o conceito moderno de nação, é um fenômeno essencialmente recente. Hobsbawm aponta que, antes de 1884, o Dicionário da Real Academia Espanhola não apresentava o vernáculo "nação" associado à ideia de governo, mas sim como o agrupamento puro e simples de habitantes de uma província, de um país ou de um reino, e que, a partir daquele ano, foi dado como "um Estado ou corpo político que reconhece um centro supremo de governo comum", bem como "o território constituído por esse Estado e seus habitantes, considerados como um todo"[3]. No alemão, o termo *volk* (povo) possui hoje as mesmas associações que as palavras derivadas de *natio*.

Como se teria dado a passagem do etnocentrismo para o nacionalismo? Dante começa afirmando que a ligação da pessoa com o ambiente em que vive, em que transita, não se estende a todo o território do país. A ligação afetiva e espontânea de uma pessoa com o ambiente que habita dá-se pelo acontecimento de fatos emocionais significativos em certo lugar, tanto que a relação da pessoa com o espaço geográfico pode ser de uma repulsa incontrolável. Desse modo, é fatalmente incontroverso que, independentemente da extensão

---

3   *Nações e nacionalismo*. São Paulo, Paz e Terra, 2008, p.27-9.

do país – claro que quanto maior o território mais evidente se torna o problema –, o indivíduo médio não chega a viver situações emocionalmente significativas em todos os quadrantes do território de um Estado. Além disso, aponta, é impensável que, hoje, o nacionalismo esteja ligado – pelo menos tão estritamente quanto o etnocentrismo primitivo – a padrões de comportamento, pois as nações contemporâneas são caracterizadas "pela diferenciação em classes, e estas apresentam diferenças bem nítidas em tais padrões"[4].

As tentativas de estabelecimento de critérios objetivos para a definição do conceito de nação ou de nacionalidade nunca lograram êxito por causa das inúmeras e desafiadoras exceções que, longe de confirmarem a regra, antes a rechaçam com assomos de demolição. Critérios como território comum, língua, etnia e história não representam bordões seguros para a configuração objetiva de uma nação, segundo parâmetros atuais de sentido, e muito menos constituem apanágio de soterramento da pedra angular fundadora de um tal sentimento que se possa chamar "nacionalidade".

O clássico conceito defendido por Josef Stalin, segundo o qual a "Nação é uma comunidade desenvolvida e estável, com linguagem, território, vida econômica e caracterização psicológica manifestos em uma comunidade cultural"[5], encontra obstáculos insolúveis. Segundo essa definição, não só o Brasil como a maior parte dos países do mundo estariam fora do conceito de nação, isto é, não seriam nações, visto que são países historicamente novos, mutáveis, com vida econômica flutuante, muitos com populações que falam línguas distintas, e nenhum com qualquer indicação que se aproxime da ideia de comunhão psicológica.

Diante das falhas na tentativa de caracterização objetiva de nação, muitos autores partiram para uma alternativa mais à mão – a definição subjetiva, coletiva ou individual, seguindo a ideia daquilo que adere à pessoa, podendo inclusive ser alardeada por escolha do sujeito, como a fé religiosa. O que faria de uma nação uma nação seria a própria "consciência nacional" dos membros que a compõem. Esse subterfúgio é, em nosso entender, absolutamente tautológico e, como bem pontuou Hobsbawm, pode levar a "extremos de voluntarismo", fazendo crer aos incautos que "tudo o que é necessário para criar ou recriar uma nação é a vontade de sê-la"[6].

---

[4] *O caráter nacional brasileiro*, p.26.
[5] Idem.
[6] Op. cit., p.17.

De qualquer modo, ela, a "consciência", é hoje o estandarte maior do Estado, a partir do qual tece milimetricamente, pelos meios de comunicação de massa e pela escolarização, também em massa, o sentido de "nação". O Estado cria a nação e não o contrário. Hobsbawm aponta que nem a definição derivada de critérios objetivos nem aquela derivada de critérios subjetivos garantem satisfação ao estudioso, pelo que preceitua o "agnosticismo" como melhor postura diante de ambas porque ambas são "enganosas". Para compreender a ideia corrente de nação, a partir do entendimento dessa direção gravitacional de domínio, o autor sugere uma análise partindo de "baixo", ou seja, partindo dos interesses e aspirações do homem comum, o qual não é necessária e originalmente *nacional*, e muito menos *nacionalista*. Diz:

> Primeiro, as ideologias oficiais de Estados e movimentos não são orientações para aquilo que está nas mentes de seus seguidores e cidadãos, mesmo dos mais leais entre eles. Segundo, e mais especificamente, não podemos presumir que para a maioria das pessoas, a identificação nacional – quando existe – exclui ou é sempre superior ao restante do conjunto de identificações que constituem o ser social.[7]

Nem Freud escapou à azáfama nacionalista. Em correspondência de 1908, citada por Kaufmann, o psicanalista, referindo-se ao avanço dos estudos do "tesouro popular constituído por mitos, lendas e contos", afirma que "tudo leva a crer" serem os mitos "vestígios deformados de fantasmas de desejo comum a nações inteiras"[8]. Aqui homologa a ideia de cultura popular à de cultura nacional. Hobsbawm elabora uma equação básica, a partir da mutação proposital do sentido de "nação", operada na chamada Era das Revoluções, que nos permite entrever melhor o raciocínio freudiano – tem-se que "nação = Estado = povo e, especialmente, povo soberano". Essa equação vinculou, a partir de então, a nação a um território, "pois a estrutura e a definição dos estados eram agora essencialmente territoriais"[9]. Ela serve a qualquer desígnio de identificação entre "cultura nacional" e "cultura popular" mas, antes de tudo, no sentido

---

[7] Op. cit., p.20.

[8] Freud: a teoria freudiana da cultura. In: *História da filosofia – o século XX*. vol. 4, p.20-1

[9] O tamanho importava. O território deveria ostentar uma dimensão suficiente para constituir uma "unidade viável de desenvolvimento". Em consulta ao *Dictionnaire Politique*, de Garnier-Pagès (1843), Hobsbawm constata a maneira como Estados territorialmente pequenos não eram levados a sério – considerava-se "ridículo" que Portugal e Bélgica fossem tidas como "nações independentes". A palavra "balcanização" passou a compor o repertório dos insultos geopolíticos. (Op. cit., p.32-42).

vetorial inverso: se é popular, é nacional. Villa-Lobos é nacional, mas não é popular, apesar da genial apropriação do popular empreendida por ele, em parte de sua obra, manejo indubitavelmente iconoclasta. Da mesma maneira, diversas manifestações populares foram apropriadas pela classe competente e convertidas em "tipicamente nacionais". Exemplos: na música, o samba; na culinária, dentre outras, a feijoada; na religião, a devoção caipira paulista por Nossa Senhora – hoje Padroeira do Brasil.

Em suma, passeando de volta no tempo, qualquer que seja o sentido da palavra "nação" nas épocas cada vez mais remotas, ele é sempre diverso daquele adotado nos dias atuais, essencialmente político. Esse arroubo político tomou o termo para si a partir de 1830, pela noção de "princípio da nacionalidade" empreendido com fins específicos no discurso dos revolucionários do período.[10] É a partir desse período que o conceito de nação ganha contornos inarredavelmente políticos, passando a ser considerada como a própria expressão política de "um corpo de cidadãos cuja soberania coletiva os constituía como um Estado"[11]. O atributo de "cidadão" passava a rondar o conceito de nação.

Além do território e da etnia, a língua é um problema à parte. O exercício da cidadania pressupõe a prática de uma língua, mas, segundo Hobsbawm, não há conexão lógica entre o corpo de cidadãos de um Estado territorial e a identificação de uma nação em bases linguísticas. Com Maurice Blok, tratando o princípio da nacionalidade, o autor diz que a Revolução Francesa, por exemplo, foi completamente estranha, e mesmo hostil, ao princípio e ao sentimento de nacionalidade ancorado em uma língua. Decorrente disso, a República Francesa elegeu sem grande dificuldade, para compor sua Assembleia Nacional, o anglo-americano Thomas Paine. Não há dúvida de que entre os jacobinos qualquer um que não falasse o francês era suficientemente suspeito, mas não era, na teoria, o uso da língua francesa que fazia de uma pessoa um francês, e sim "a disposição de adotar a língua francesa junto com outras coisas como as liberdades, as leis e as características comuns do povo livre da França. Em certo sentido, adotar o francês era uma das

---

[10] Entre os anos de 1830 a 1880, o "princípio da nacionalidade" mudou o mapa da Europa. O equilíbrio de poder no continente europeu foi sacudido pela emergência de dois grandes poderes filhos da ideia de nacionalidade: Alemanha e Itália. Nesse ponto, o autor trata bem o problema da língua enquanto elemento *não* caracterizador da nação. Quanto à etnia, apesar de serem, os italianos e alemães, povos absolutamente miscigenados, a ideia de raça "pura" norteou os nacionalismos e teve sérias repercussões em um curto prazo. Após a Primeira Guerra Mundial, o princípio da nacionalidade, que dominou os tratados de paz, modelou o continente europeu em 27 Estados.

[11] Op. cit., p.31.

TRÊS VINTÉNS PARA A CULTURA   267

condições da plena cidadania francesa (e, portanto, da nacionalidade), da mesma forma que adotar o inglês se tornou condição de cidadania americana"[12]. Mas, frise-se, condição de exercício de cidadania e não condição de *ser* americano.

Para um povo ser firmemente classificado como nação, na era do triunfante liberalismo burguês, a pressuposição básica era a dimensão territorial "economicamente viável" da região ocupada por tal povo, conforme já ficou esboçado. A partir disso, seguiam três parâmetros. O primeiro deles era a associação histórica de tal povo com um Estado ou "com um Estado de passado recente e razoavelmente durável". Vê-se desde já a fragilidade do primeiro critério: "razoavelmente durável". O segundo parâmetro, de acordo com Hobsbawm, consiste na existência de uma "elite cultural longamente estabelecida, que possuísse um vernáculo administrativo e literário escrito". Esse critério, de suma importância para os movimentos de unificação da Alemanha e Itália, mitigou em um grau atroador a fragmentação histórica dessa elite em Estados distintos. Aqui, a identificação nacional é curiosamente dada pelo critério linguístico, muito embora em nenhum dos dois casos a língua nacional estabelecida, à época da unificação, fosse largamente falada pelo povo, prevalecendo os inúmeros grupos dialetais. Na Itália, por exemplo, estimou-se que, no momento da unificação, menos de 3% da população falava a língua oficial, grande parte dos dialetos eram mesmo incompreensíveis entre si. No entanto, exigia-se um "vernáculo". O terceiro parâmetro, que o autor "lamenta" ter de mencionar, é a "provada capacidade para a conquista". Diz que nada há como ser imperial para tornar uma população "consciente" de sua existência coletiva como povo. O êxito do grupo é sempre um elemento excitante de continuidade do vínculo entre os indivíduos e perpetuação do poder. Vide a dominação norte-americana e, no plano mais estrito, a das classes competentes. Quanto à ideia de "consciência coletiva", na verdade o que há é que o êxito forja um sentimento de superioridade, por mais que esta seja meramente circunstancial, incutindo no grupo o engajamento na manutenção do estado de coisas. Não é acertado afirmar, no entanto, que um povo imperial seja uma população "consciente de sua existência coletiva como povo".

Por fim, para Hobsbawm, a noção "menos satisfatória de nação" é aquela dada por Adam Smith no título de sua obra clássica.[13] Fazendo uso de citações

---

[12]   Op. cit., p.34.

[13]   "O desenvolvimento econômico nos séculos XVI a XVIII foi feito com base em Estados territoriais, cada um dos quais tendia a perseguir políticas mercantilistas como um todo unificado. [...] A economia política clássica, e especialmente a de Adam Smith, foi formulada como uma crítica do 'sistema mercantil', ou seja, precisamente o sistema no qual os

ácidas, trata da resistência à ideia de que os ganhos de indivíduos pudessem automaticamente repercutir ou vir ao encontro dos interesses de toda a coletividade. Para Edwin Cannan, a "nação" de Adam Smith era apenas um ajuntamento de indivíduos concretos em um dado território, e a considerava destituída de perenidade, já que toda essa gente estaria morta dentro de um dado lapso temporal. Já John Ray, em 1834, demonstra, em sua crítica implacável a Smith que "ganhos individuais" e "ganhos nacionais" não se confundem, isto é, não se pode deduzir que a busca individual de riqueza possa gerar ou maximizar a riqueza de toda a nação.

De qualquer modo, de todas as inferências que foram delineadas, especialmente a última, parece-nos, o sentido de nação encontra-se ainda permeado por um subjetivismo tal que sugere ser ela uma espécie de desdobramento do sujeito – por isso é tão importante a "consciência". Não é à toa que os núcleos de poder, nos Estados atuais, dirigem todos os seus esforços na propaganda maciça de que "somos uma nação", de que eu, indivíduo, "sou brasileiro, com muito orgulho, com muito amor", conforme bradam as torcidas diante de seus atletas. Está sempre na ordem do dia este insuflar de um sentimento de nacionalismo, da vontade de pertencer ao agrupamento nacional. Afinal de contas, "somos" a sexta economia do mundo, "somos" o maior exportador de carne bovina, "somos" pioneiros no desenvolvimento do genoma, "somos" pentacampeões. "Somos" quem? Não é a "seleção brasileira" que é pentacampeã, nem é o grupo de pesquisas da USP que é pioneiro, nem é o grupo de empresários de tal área que abocanha o bolo econômico, nós todos é que somos, nos sentimos, ou deveríamos sentir, laureados. E é em nome desse sentimento, e munido da carta branca conferida por ele, que o Estado segue em seu programa de endividamento externo, ou injeta milhões em certas empresas, nos momentos de crise, e esta crise é sempre de todos, não só dos acionistas da tal empresa. A preocupação e as responsabilidades são sempre repartidas com a população, muito embora os dividendos não o sejam. A *consciência nacional* é, portanto, a cela primordial, a máscara sociopatológica imposta de cima para baixo pelos rufiões nacionais.

---

governos trataram as economias nacionais como conjuntos a serem desenvolvidos pelos esforços e políticas estatais. O livre-comércio e o livre-mercado se dirigiram precisamente contra esse conceito de desenvolvimento econômico nacional, que Smith acreditava ter demonstrado ser contraprodutivo. A teoria econômica foi então elaborada unicamente na base de unidades individuais de empresa – firmas ou pessoas – racionalmente maximizando seus ganhos e minimizando suas perdas em um mercado que não tinha extensão espacial específica." (Op. cit., p.37-8).

CAPÍTULO LII

A VERSÃO ARISTOCRÁTICA E AQUELA OUTRA

Duas faces de um mesmo alfanje: alienação

Para Zygmund Bauman, que discute o conceito de cultura como *práxis*, a cultura é "inimiga natural da alienação"[1]. Nem sempre. Já dissemos que o conceito antropológico de cultura é amplo e abarca até mesmo as formas de alienação – a *consciência nacional*, estudada anteriormente, é uma delas.

Alguns conceitos são extremamente difíceis de serem manuseados. Oferecem risco permanente à construção de sentido em um trabalho científico. Palavras como *alienação* carregam em si um peso histórico e uma carga semântica tão ideológica que compõem o repertório discursivo do imaginário de toda a elite intelectual. *Elite* é outro termo que possui um ranço complexo, quase um rancor. Tanto um quanto outro vocábulo, admitamos, foram, no decorrer desse estudo, evitados ao máximo, não porque representassem, em si, qualquer ameaça ao tratamento do tema aqui desenvolvido, mas porque seu sentido pode ser facilmente acionado ao sabor da vontade do leitor, ainda que sem a mínima base.

Fixemos, portanto, bases para a compreensão do conceito de *alienação*, capazes de elucidar melhor a dicotomia existente entre competentes e incompetentes, bem como hábeis a sedimentar o caminho para o entendimento de educação como fator distinto de cultura, tomada esta como transcendência

---

[1] *Tempos líquidos*. Rio de Janeiro, Jorge Zahar, 2007, p.87.

iconoclasta. Marilena Chauí define alienação como um *movimento*. É impres-cindível transcrever a ideia:

> O movimento das relações sociais gera para os sujeitos a impossibilidade de alcan-çar o universal através do particular, levando-os a criar uma universalidade abstrata que não passa pela mediação do particular, mas por sua dissimulação e contra ele. A sociedade (e, portanto, as classes sociais) encontra-se impossibilitada de rela-cionar-se consigo mesma, a não ser recusando aquilo que ela própria não cessa de repor, isto é, a particularização extrema de suas divisões internas. Este movimento denomina-se alienação.[2]

A *alienação*, à primeira vista, parece transcorrer somente na esfera da *consciência* e na maneira como os indivíduos engendram as relações sociais tais como se dão, sem, contudo, atentarem para o fato de que são parte agente e paciente dos objetos culturais produzidos por eles próprios[3]. Neste nível, dar--se-ia a chamada *falsa consciência* ou, tendenciosamente, *falta de consciência*. Mas o conceito de alienação perde sua conotação subjetiva e objetiva-se no momento em que a ideia de *falso* ou de *ausência* cede lugar à de "ilusão neces-sária" à perpetuação de uma ordem social predeterminada, o que acomete tanto a cultura dominante quanto a dominada. Surgem aí os simulacros, que não são verdadeiros nem falsos, mas sim máquinas de dissuasão articuladas para rege-nerar a ficção do real. Daí o drama de Mário de Andrade ao indagar a si próprio sobre os "lençóis superficiais de fantasmas" que combateu durante toda a vida: "será que não terei passeado apenas, me iludindo de existir?"[4].

Fazendo referência a uma série de autores, Marilena Chauí afirma que, por exemplo, a cultura popular, entendida como cultura dominada e não como "manifestação dos explorados", o que constitui uma distinção bastante rele-vante, costuma ser mostrada como "invadida" (Paulo Freire), "aniquilada pela cultura de massa e pela indústria cultural" (José de Souza Martins), "envolvida pelos valores dos dominantes" (Verena M. Alier), "pauperizada intelectualmente pelas restrições impostas pela elite" (Aracy Martins Rodrigues), e resume classi-ficando-a como "impotente" e arrastada destrutivamente pela alienação.[5]

---

[2] *Cultura e democracia: o discurso competente e outras falas*. 12.ed. São Paulo, Cortez, 2007, p.73.

[3] Ibidem, p.74.

[4] Idem.

[5] *O discurso competente e outras falas*, p.72.

A cultura popular é um grande exemplo porque sintetiza a autoimagem de certo agrupamento concreto e determinado. E a noção de *alienação* remete-nos, de maneira impostergável, ao fator *imagem*. Esta imagem é construída, segundo a terminologia de Eagleton, a partir do sistema cultural alto, e projetada pelas instituições, em sentido amplo. A despeito do problema de identificação da origem, o foco ejetor de muitas das imagens é plenamente identificável, como, por exemplo, o estandarte da harmonia social, que inclui a democracia racial, preconizado por Gilberto Freyre.

Em análise avassaladora da obra deste autor, Carlos Guilherme Mota aponta que o próprio Gilberto Freyre, ao tentar definir o significado de *Casa-grande* no "quase prefácio" à 3ª edição, acaba por amalgamar, em um todo absurdo, as ideias de cultura, raça e nacionalidade. Dada a impressionante divulgação da obra no Brasil e no exterior, comparado à época somente com os romances de Jorge Amado, essa concepção rocambolesca de cultura não só permite que fiquem "habilmente eclipsadas" as contradições de classe social e raça, como também ajuda a firmar e fundar uma nova imagem do Brasil e de sua história.

Antônio Cândido, fazendo uma deleitosa crítica dos escorregões da obra de Gilberto Freyre e seu culturalismo exacerbado, ironiza:

> Veja você o nosso mestre Gilberto Freyre – a que ponto está levando seu culturalismo. Suas últimas obras descambam para o mais lamentável sentimentalismo social e histórico; para o conservadorismo e o tradicionalismo. Enamorado do seu ciclo cultural luso-brasileiro, é levado a arquitetar um mundo próprio, em que se combine o progresso com a conservação dos traços anteriores característicos. Tudo estará justificado se trouxer a marca do mundo que o português criou e que nós vamos desenvolvendo e preservando, sim senhor, com a ajuda de Deus e de Todos os Santos Unidos. O mesmo movimento que o leva a gostar das goiabadas das tias e dos babados da prima Fulana o leva gostosamente a uma democracia patriarcal, em que, etc., etc.[6]

Não chega a ser um escândalo que Gilberto Freyre tenha conseguido, com a languidez pujante de sua obra, alçar o voo que alçou. Mas, sem dúvida, o modo como a obra foi apropriada e manipulada pelos coronéis urbanos não pode ser olvidado. O sistema ideológico do mestre de Apipucos junta em um mesmo saco, ao modo de farinha, cultura popular e cultura aristocrática.

---

[6] Mota, C.G. Op. cit., p.169.

O modo como Gilberto Freyre tenta mostrar que "o aristocrata é um democrata"[7] anula qualquer possibilidade de caracterização efetiva tanto do senhorio dominante quanto dos setores dominados. Apesar de trabalhar com duas categorias antagônicas, senhor e escravo, o panorama familiar-afetivo que o autor desenha é de tal modo embevecedor que não se veem claramente os contornos dos grupos sociais. Fica tudo imiscuído, fica "gostosamente" mitigado, como se disse, o conflito das classes e das "raças".[8]

Pode-se começar a investigar todo o arcabouço ideológico, não só do autor, mas de toda a classe que ele representa, a oligarquia rural decadente, a partir de seus achaques mais íntimos – a falsa modéstia, por exemplo. Gilberto Freyre dizia-se "apenas escritor", e não cientista social, bem como teimava em afirmar que *Casa-grande & Senzala* não apresenta conclusões, mas sim "interpretações". Mota aponta essa teima como sintomática do projeto de uma geração de "explicadores" do Brasil e faz questão de deixar explícitas algumas conclusões colhidas na obra clássica de Freyre – a primeira delas é a tentativa de expor o *nacional* a partir do *regional*, como se a matriz de organização social fosse a mesma em todo o Brasil, suportada pela mestiçagem sempre benéfica e sob os auspícios da bonomia patriarcal. Em tom de denúncia, Mota diz:

> O grande relevo dado ao regionalismo deve ser apreciado no contexto de transição em que foi produzido, as diversas oligarquias regionais vendo contestado seu poderio pelos revolucionários de 1930, portadores de um projeto nacional, e com os quais, em certo grau, e conforme a região, souberam estabelecer uma política de compromisso. Obras como *Casa-grande & Senzala*, produzida por um filho da República Velha, indicam os esforços de compreensão da realidade brasileira realizados por uma elite aristocratizante que vinha perdendo poder. À perda de força social e política corresponde uma revisão, à busca do tempo perdido. E, posto que o contexto é de crise, resulta o desnudamento da vida íntima da família patriarcal, a despeito do tom valorativo, em geral positivo, emprestado à ação

---

[7] Ibidem, p.104.

[8] Para desfazer a aparente ausência de conflitos, Mota insufla o leitor a compulsar os documentos do apêndice do livro *Nordeste*, arrolados pelo próprio Gilberto Freyre, onde, segundo o autor, estaria retratada uma história incruenta do Brasil açucareiro. Os documentos sobre levante de negros, preconceitos e outras estruturas sociais tensas "só fazem concluir por uma História cruenta, como foi aquela da colonização portuguesa no Brasil – marcada pela escravidão que, em última análise significa compulsão ao trabalho em sua instância mais violenta." (Ibidem, p.106-7).

do senhoriato colonizador, ação que se prolonga da Colônia ao século XX, na figura de seus sucessores, representantes das oligarquias.[9]

Em suma, o desnudamento da vida íntima do senhor de engenho, impensável de ser dada a público senão em época de crise, é o próprio desnudamento das relações sociais e das instituições. É o colapso da oligarquia latifundiária exposto, com suas cores e olores, em praça pública. O que restava aos filhos dessas oligarquias era contar sua versão aristocrática da história, tecer suas análises peculiarmente coloridas, enquanto os fatos ainda estavam quentes, antes que aquela outra versão, qualquer outra, ganhasse as ruas. Os pais de estudiosos como Gilberto Freyre e Fernando de Azevedo não somente viveram em outro regime político, o império, como também em outro modo de produção, a ordem escravocrata, que seria legada pela elite intelectual, seus filhos, herdeiros também de uma visão de mundo e de um trato com a cultura em que, nas palavras de Carlos Guilherme Mota, não estaria ausente "um certo sentido de mando, e o tom de quem expõe do alto da hierarquia social"[10]. Esse sentido e esse tom são responsáveis pela construção de uma imagem de nação que retumba até hoje.

Longe de parecer mera análise de autores clássicos e sua obra ou o esboço de um tempo, a crítica aqui empreendida é de extrema relevância ao tema que nos propusemos escrutinizar – a cultura. Aqui se desvela, a partir do contexto histórico, a ideologia subjacente a formulações que culminaram em amálgamas, tal qual o apontado na obra de Gilberto Freyre. A mitigação das contradições de classe e o próprio tom benévolo com que trata relações de domínio, como se naturais ou consentidas fossem, revelam a formação ideológica de uma classe oligárquico-patriarcal ciosa de seu *status* e ávida por mantê-lo. Tal zelo e avidez desembocam na sociedade protegidos pela armadura ensaística da erudição e ancorados pela força da Academia. Evidentemente que, com muito talento e muito investimento, em proporções quase equivalentes, tais ideias são propagadas, fazendo escola, penetrando fundo na consciência das instituições, até o ponto de tomarem feições quase universais, com um quê de indiscutíveis, como o mito da democracia racial e o luso-tropicalismo que durante muito tempo foram inquestionáveis enquanto atributos da *cultura brasileira*.

---

9   Ibidem, p.98.
10   Ibidem, p.102.

CAPÍTULO LIII

BREVE PASSEIO

Cultura e valor

A partir da concepção antropológica plasmada no Texto Constitucional, observa-se que o termo "cultura" é tratado também como um *valor em si*, atributo de objetos, categorizando-os em bens culturais – aqueles que possuem valor cultural – e bens não culturais – aqueles destituídos de valor cultural. Tendo em vista que os bens culturais compreendem tudo o que o Estado pretende guardar com zelo, viemos, durante todo o trabalho, trazendo no regaço a percepção de que a cultura, na Constituição Federal, é elemento eufórico. Essa percepção encontra boa ilustração quando aumentamos o raio do espaço discursivo normativo que circunscreve a questão da cultura, pela análise do texto de Constituições anteriores.

Partindo da crítica aos discursos competentes referidos anteriormente e antes de ingressarmos propriamente na análise da histórica associação entre as ideias de cultura e educação, tenhamos em mente que a cultura, enquanto atributo *intelectual*, a cultura das letras, acepção que ainda povoa com inegável pujança o "imaginário coletivo" no Brasil, somente foi desse modo semantizada, no direito positivo brasileiro, a partir a promulgação da Constituição de 1934[1],

---

[1] A Constituição imediatamente anterior à de 1934, decretada e promulgada pelo Congresso Constituinte de 1891, convocado pelo governo provisório da República recém-proclamada, é marcada pela ausência do termo *cultura*.

baseada na Constituição alemã de Weimar, de orientação nazista. Em capítulo à parte, intitulado "Da Educação e da Cultura", o enunciador constituinte estabelece que "Cabe à União, aos Estados e aos Municípios favorecer e animar o desenvolvimento das ciências, das artes, das letras e da cultura em geral [...], bem como prestar assistência ao trabalhador intelectual". Note-se que, nesse momento, cria-se uma realidade: é o momento da nomeação. A cultura, apesar da atribuição anódina aos entes federados, passa a existir na acepção corrente, a partir desse momento. Nas palavras de José Luiz Fiorin[2], "a realidade só tem existência para os homens quando é nomeada". O constituinte discursiviza a noção de cultura, homologando-a à ideia de *erudição* e firma a oposição "cultura/erudição *versus* não cultura/trabalho braçal".

As Constituições brasileiras posteriores reafirmam essa construção do mundo. Em 1937, a Constituição outorgada pelo Estado Novo determina, expressamente, em seu art. 52, que a nomeação de membros do Conselho Federal, órgão de importância estratégica nacional e internacional, realizada pelo Presidente da República, somente poderia "recair em brasileiro nato, maior de trinta e cinco anos e que se haja distinguido por sua atividade em algum dos ramos da produção ou da cultura nacional". Aqui a noção de cultura sobe mais um degrau em seu fado aristocrático. O conceito de cultura é homologado à noção de *proeminência*. Não basta ser erudito, é preciso que o sujeito seja notoriamente reconhecido por sua atividade, é preciso que ele seja um sujeito positivamente destacado – e hierarquicamente elevado – no meio social, segundo os próprios valores decantados da sociedade. A expressão "cultura nacional" dá o ar da graça, em meio à aludida afobação nacionalista, abrindo as portas para uma perspectiva que pretende fazer sobrelevar uma certa "cultura oficial", cultivada pelos eruditos, pelos "formadores de opinião".

A Constituição de 1946 ressente-se de certa "timidez" no trato da democracia econômica e social[3]. Esse instrumento normativo verticaliza a feição ilustrada da cultura, homologando "missões culturais" a "missões diplomáticas", "conferências", e "congressos", de que poderiam participar deputados e senadores. Em dispositivos vizinhos, faz menção à liberdade das ciências, letras e artes, bem como outorga à lei a competência para a criação de institutos de pesquisa, "de preferência junto aos estabelecimentos de ensino superior".

---

[2] Cf. *Introdução à linguística*. 5.ed. São Paulo, Contexto, 2008, p.55.

[3] Bosi, A. *Cultura brasileira – temas e situações*. São Paulo, Ática, 1987, p.212.

Após o golpe de 1964, o Congresso Nacional, transformado em Assembleia Nacional Constituinte, elaborou a Constituição de 1967[4], que deu respaldo à ditadura militar. Nesse instrumento normativo, a formação ideológica tendente à supervalorização positiva da cultura, como algo relacionado à família, artes, letras, ciência e *status* social, atinge seu fastígio. O art. 118 do referido diploma afirma que os Juízes Federais serão nomeados pelo Presidente da República, dentre brasileiros, maiores de trinta anos, "de cultura e idoneidade moral, mediante concurso de títulos e provas". Aqui temos, finalmente, a noção de cultura homologada à noção de *moralidade*, aproximada, enfim, da ideia de *virtude* perseguida pelo modelo político vigente.

Erudição, proeminência e idoneidade moral: o sujeito dotado de cultura, segundo a orientação histórico-jurídica da formação ideológica do legislador constituinte, no Brasil, é um ser apoiado nessa tríade. Alguém mil vezes elevado nos ares acima do homem comum. A cultura, conforme se denota dos textos constitucionais, é atributo para bem poucos afortunados e atributo digno de quantas genuflexões aguente o joelho dos pobres mortais.

Por isso o assombro constante com a possibilidade de "nivelamento" a partir das massas. Por exemplo, no I Congresso de Escritores, já aludido neste trabalho, um tema polêmico foi a tese dos jovens Irineu Strenger e José Lazarini – *O estudante pobre em face da cultura*. O parecer de Lívio Xavier, relator, sobre a tese foi categórico em afirmar que a tese era "demasiado ingênua, para não dizer inocente", além de não acrescentar "nenhum elemento novo de ordem prática". Paulo Emílio, inconformado, pediu a palavra em defesa dos proponentes e sustentou que elemento de ordem prática havia: a "sugestão no sentido de que cada ginásio particular conceda dez vagas gratuitas a estudantes pobres". Esse debate é relevante para flagrar o aludido medo do "nivelamento", bem como situar o conceito de cultura no patamar primordial da época, indissociável da ideia de erudição e, por conseguinte, de formação escolar.

A autores clássicos como Fernando de Azevedo, diz Mota, causavam espécie o "torvelinho da mediocridade social" e a ameaça sempre circundante de ver-se subjugada a cultura ao "nível das massas, às suas necessidades e aos seus gostos"[5]. Importante salientar, sobre o desenvolvimento histórico da formação acadêmica, que a Universidade incorpora o vetor semântico da expressão "cultura

---

4   A Constituição de 1969 retoma conscientemente a palavra do constituinte de 1967.

5   Op. cit., p.118.

brasileira" no sentido de "cultura nacionalista", ou seja, o sentido mais caro aos desígnios e mais profundamente arraigado aos valores da classe competente, leia-se "aristocrática", especialmente nas áreas de acelerada industrialização e urbanização, como é o caso de São Paulo. Na época em que o plano de criação da Universidade de São Paulo foi elaborado,[6] não se cogitava imiscuírem-se, tão cedo, nas fileiras universitárias, os "criadores da cultura" e as classes economicamente desabonadas. Os filhos e netos da República Velha, fundadores da USP, souberam empenhar-se em compor um sistema sofisticado e coeso para formação de novos-velhos dominadores, capazes de resistirem bravamente contra as cominações prementes de "nivelamento", até os dias atuais.

A concepção atual de *cultura*, como se vê, vem de uma formação ideológica que atribui um caráter axiológico eminentemente eufórico ao tema. Por isso, preocupou-se o enunciador constituinte em aludir tantas vezes a bens "de valor cultural", como o faz no art. 23, incisos III e IV, da Constituição de 1988, assim como pretende "assegurar" o "respeito a valores culturais", de que fala o art. 210, ou incentivar a "produção e o conhecimento de bens e valores culturais", referidos no § 3º do art. 216. Importante salientar que quem atribui valor às coisas é o ser humano. Desse modo, construída a realidade segundo a qual a cultura é um tema associado a formas de expressão social tão elevadas, como as verificadas anteriormente, permaneceu no texto da Constituição Federal de 1988 um imaginário social resultante de compacta formação ideológica[7] e herdeiro de uma tessitura discursiva trançada para sustentar toda uma ordem de coisas e, dentro dela, precipuamente, as relações de dominação.

---

[6] Fernando de Azevedo foi relator da comissão que elaborou o plano, além de Júlio de Mesquita Filho. Cf. Capelato, M.H.R. *A ideologia liberal de* O Estado de S. Paulo *(1927 – 1932)*. São Paulo, FFLCH-USP, Tese de Mestrado defendida em 1974, mimeo.

[7] Para Norma Discini, os "temas e figuras, observados como componentes da semântica discursiva, reproduzem nos textos o imaginário social", em *A Comunicação nos Textos*, São Paulo, Contexto, 2007, p.284.

Capítulo LIV

A DOR INDIZÍVEL DE UM CORPO EM CHAMAS

Educação e cultura

"Desrespeitando os fracos, enganando os incautos, ofendendo a vida, explorando os outros, discriminando o índio, o negro, a mulher, não estarei ajudando meus filhos a serem sérios, justos e amorosos da vida e dos outros."[1] Foi com essa frase que Paulo Freire encerrou sua magnífica passagem entre nós. Data de 21 de abril de 1997, dez dias antes da morte do professor, registrada em sua última obra, na terceira carta, a respeito do assassinato do índio pataxó Galdino Jesus dos Santos, por adolescentes, na cidade de Brasília, na madrugada que anunciava, ironicamente, o Dia do Índio. O crime teria sido resultado de uma "brincadeira", segundo disseram os assassinos à polícia. Paulo ficou estupefato:

> Que coisa estranha, brincar de matar índio, de matar gente. Fico a pensar aqui, mergulhado no abismo de uma profunda perplexidade, espantado diante da perversidade intolerável desses moços *desgentificando-se*, no ambiente em que *decresceram* em lugar de *crescer*.

---

[1] *Pedagogia da indignação – cartas pedagógicas e outros escritos*. São Paulo, Unesp, 2000, p.67.

O texto é o último testemunho de um pensador que participava ativa e criticamente da vida de seu país. Pensando nos jovens assassinos e no "testemunho que lhes deram de pensar e de como pensar", Paulo Freire conclui que se "a educação sozinha não transforma a sociedade, sem ela tampouco a sociedade muda"[2]. É este o gancho para a discussão que propomos neste capítulo e o gatilho que aciona os desenlaces do próximo.

Conforme visto, em um breve passeio pelos textos das Constituições que legaram forma e conteúdo à Carta de 1988, o termo *cultura* está, historicamente, associado à *educação*. Esta associação, longe de ser mutualística, revela-se, antes, estratégica e beira o parasitismo. Em primeiro lugar, porque a educação institucionalizada quer tomar para si a incumbência de "transmitir" valores culturais, como se a cultura fosse mais um dos conteúdos a inserir nas grades curriculares, como se ela pudesse ser alienada em um esquema programático. Nesse sentido, impende salientar: a cultura, em sentido amplo, é que abrange a educação, bem como os métodos educacionais, não o contrário. Evidentemente que a educação, desenvolvida sob um modelo de dialogicidade, em muito seria benéfica à cultura em sua instância mais implosiva, a iconoclastia, mas o padrão educacional vigente não é este.

O modelo educacional que impera hoje é essencialmente *bancário*, conforme designado por Paulo Freire. Para entendermos esse conceito, revisitemos o raciocínio de Fernando de Azevedo, que louva a Constituição de 1937 como "a mais democrática e revolucionária das leis". Analisando o art. 129 daquela lei, em que se estabelece como "primeiro dever de Estado", em matéria de educação, "o ensino pré-vocacional profissional destinado às classes menos favorecidas" – dever este ao qual se deveria dar execução, por meio da fundação de "institutos de ensino profissional e subsidiando os de iniciativa dos Estados, dos Municípios e dos indivíduos ou associações particulares e profissionais" –, diz o autor:

> Sob esse aspecto, a Constituição de 1937, rompendo com as tradições intelectuais e acadêmicas do país e erigindo à categoria de primeiro dever do Estado o ensino técnico e profissional, pode-se considerar a mais democrática e revolucionária das

---

[2] Idem.

leis que se promulgaram em matéria de educação. Revolucionária, não só nos objetivos que teve em vista, de educar a mocidade pelo trabalho, como também nos meios que adotou para atingi-los, e que constituiriam transformação radical na estrutura do ensino profissional, pela ligação orgânica da teoria e da prática, assegurada pela aplicação imediata das lições ao laboratório, pela organização de trabalho, nos campos e nas oficinas, e pela colaboração obrigatória das indústrias e do Estado na preparação de operários qualificados.[3]

O trecho transcrito somente pode ser plenamente compreendido, tendo-se em conta os eixos que sustentam a perspectiva do autor citado – aristocratismo, humanismo, visão ilustrada do mundo e um socialismo brando ou, mais propriamente, na expressão de Roberto Schwarz, um "anticapitalismo de elite". Esse anticapitalismo mostra sua face canhestra justamente quando se põe, lado a lado, a análise feita pelo autor e o Texto Constitucional de 1937, uma clara articulação dominante em face de uma "ameaça comunista" – ideologia bem marcada como em nenhuma outra Constituição da história do ordenamento jurídico do Brasil.

Tecendo elogios ao tratamento dado pela Lei Maior à questão educacional, Fernando de Azevedo, como autoridade discursiva competente, reafirma a orientação de poder prescrito, pretendendo alijar os vícios ideológicos do Texto. O que chama de "revolucionário", no entanto, nada tem de revolucionário. Ao contrário, há muito de antirrevolucionário, já que, seguindo a lógica capitalista de produção industrial, apenas engendra o fomento da própria indústria e do comércio pelo estabelecimento da capacitação técnica das "classes menos favorecidas". O que a Constituição de 1937 assegura é, tão-somente, a perpetuação de um estado de coisas. Passa a ser "dever das indústrias e dos sindicatos" criar, na esfera da suas especialidades, "escolas de aprendizes", destinadas a "filhos de operários" – o Texto Constitucional é explícito.

O louvor a tal prescrição, obviamente, não comunga com qualquer desígnio de insurreição revolucionária, nem mesmo a "incruenta" que pressuporia a pacífica mobilidade da estratificação social. A única comunhão verificável é a dos anseios, por parte do Estado, de permanência de relações seculares de domínio, garantindo aos filhos de operários o "direito" de capacitarem-se

---

[3] Op. cit., p.694.

tecnicamente para, no futuro, ocuparem os postos de seus pais, e o pensamento de uma classe dominante que diz assistir à "mudança do sistema" sem que seja preciso lançar mão de "velhos instintos gregários", sem a infusão de "hordas de bárbaros", enfim, "sem o menor sintoma de degenerescência dos instintos sociais superiores"[4]. Essa passividade e pacificidade, segundo Fernando de Azevedo, são "valores humanos" que constituem fundamentalmente a cultura brasileira, e, articulados, possibilitarão, brandamente, um modelo social que saiba, cada vez mais, "combinar a pessoa e a comunidade", tudo muito bem amparado pela educação e pela cultura, claro, garantindo-se ao indivíduo a "liberdade de consciência" e o respeito a seus "direitos" e "dignidade".

O eco dessas alusões ressoa como em um tonel frio e vazio. Valores superiores, respeito à dignidade da pessoa humana, capacitação técnica como modo de revolução social – a gradação conduz ao engulho inevitável. Ora, se nem o modelo educacional bancário, como "doação" dos competentes aos incompetentes, leva o sujeito à libertação das relações crassas de opressão, que dirá a mera capacitação técnica, para preenchimento de postos de trabalho e, consequentemente, manutenção do funcionamento da Grande Máquina. A concepção bancária da educação conta com "homens espectadores e não recriadores do mundo"[5]. Por que bancária? Paulo Freire, em seu fervor contra ações antidialógicas, define o modelo educacional corrente, sob as ruínas do qual pretende ver erguida uma nova pedagogia, como uma "verbosidade alienada e alienante", marcada pela "sonoridade" da palavra e pela tônica da dissertação:

> Falar da realidade como algo parado, estático, compartimentado e bem-comportado, quando não falar ou dissertar sobre algo completamente alheio à experiência existencial dos educandos vem sendo, realmente, a suprema inquietação dessa educação. A sua irrefreada ânsia. Nela, o educador aparece como seu indiscutível agente, como o seu real sujeito, cuja tarefa indeclinável é "encher" os educandos dos conteúdos de sua narração. Conteúdos que são retalhos da realidade desconectados da totalidade em que se engendram e em cuja visão ganhariam significação.[6]

---

[4] Ibidem, p.766.
[5] Paulo Freire. *Pedagogia do oprimido*. 36.ed. Rio de Janeiro, Paz e Terra, 2003, p.62.
[6] Ibidem, p.57.

Nesse sentido, como ato de depósito, em que os educandos são os depositários e o educador o depositante[7], a educação não guarda qualquer relação com nossa concepção de cultura – falamos da cultura enquanto rompimento iconoclasta. A concepção da educação bancária vigente compõe o repertório da dominação hegemônica – quanto mais "educados" ou mais "cientes" de que o padrão adequado é o ostentado de cima para baixo, melhor para a manutenção das relações primárias de domínio. Paulo Freire assevera que essa concepção somente pode interessar aos *opressores*, que a paz destes estará tão mais assegurada quanto mais adequados estejam os homens ao mundo, e que quanto mais os *oprimidos* estiverem questionando o mundo, mais preocupados estarão aqueles.

Nos grupos mais ortodoxos das Testemunhas de Jeová, por exemplo, não é aconselhável o estudo da filosofia, por considerarem-no corruptor da fé – o que fazem muito bem, se seu intento for resguardar a fé, assim como, analogamente, fizeram muito bem os atenienses em condenar Sócrates à morte. A acusação de que ele espalhava a dúvida, relativizando valores e corrompendo a juventude, era absolutamente procedente. Um homem que pergunta "O que é isso em que você acredita?" ou "O que é isso que você está dizendo?" não pode ser considerado exatamente inofensivo. Como diz Paulo Freire: nenhuma ordem opressora suportaria que os oprimidos passassem a meter seus porquês pelos beiços. Incitar o sujeito a conhecer-se por meio de seus próprios pensamentos e ações é de um perigo atroz para o estado de continuidade. Implica conhecer a ação do outro e o modo de interação de suas ideias e valores com as ideias e valores do outro. O conhecimento é o primeiro passo para a insurreição.

A proposta de Paulo Freire é ousada e encontra-se muito à frente de nosso tempo e realidade. A educação como superação de situações-limite, como busca inquieta, permanente, o saber pela invenção e reinvenção do mundo intercepta nossa noção de cultura em seu flanco mais sensível, a quebra do ícone. Nesse ponto, educação e cultura estariam virtualmente equiparadas, mas na prática não estão. A rigidez dos modelos educacionais, a imobilidade hierárquica da relação entre os que sabem e os que não sabem de algo, a própria imposição pelo competente institucionalizado de um conteúdo que deverá ser acolhido e arquivado pelo incompetente, o que em si nega o aprendizado como processo

---

[7] Paulo Freire afirma que, segundo essa concepção, a única margem de ação que se confere aos educandos é a de receber os depósitos, guardá-los e arquivá-los. (Ibidem, p.58).

de busca, todos esses elementos do fazer-se educar são incompatíveis com a transcendência que a cultura enseja.

Quiçá um dia não seja, mas a educação, ainda hoje, é a "transmissão" do dado, do histórico, é a "munição" do indivíduo com todo o arsenal de aproximações racionais entre aqueles que antecederam o mundo e ele próprio, é a "alienação da ignorância"[8]. A educação nos diz que precisamos saber quem foi Da Vinci, o que é a Teoria Tridimensional de Miguel Reale, quando e por que dois triângulos são congruentes. Conhecer tudo isto me faz um sujeito *culto*? Não. Faz-me, quando muito, "educado" ou adequado ao padrão dado. Pela educação, "compartilha-se" a informação. A cultura não opera compartilhamento de informação. A cultura transcende a informação. Faz o próprio sujeito humano transcendê-la e transcender-se a si. Saberei se sou culto a partir da resposta à indagação: o que fiz com o dado, com a informação ou com a ausência de informação? Eu a transcendi?

Cabe aqui um apontamento visceral: *Transcender* é sublimar a grade, ou seja, é assumir uma postura de superação do dado, não porque o dado seja falso ou deva simplesmente ser rejeitado, mas porque ele, o próprio dado, seus objetos circundantes e as circunstâncias que os encerram ensejam, em um plano sensível, outras possibilidades. A *transcendência* diz respeito à assimilação ativa e criativa do universo. Ela conduz o homem a transformar o caos em ordem e a superar essa ordem por outras, em um movimento magmático e contínuo. Por isso, não se pode imiscuir as ideias de cultura e educação. A educação pode representar o pontapé inicial para que o sujeito venha a se tornar *culto*, mas não o levará necessariamente a esta condição. Só a transcendência operada pela iconoclastia conduz o sujeito à cultura, segundo a acepção aqui defendida. Desse modo, é perfeitamente possível pensar um acadêmico inculto e um analfabeto, *stricto sensu,* culto. A educação olha para o passado e, quando muito, para o presente, tentando, às vezes, mediunizar o futuro. A cultura aponta sempre para o futuro. E é para lá que vamos.

---

[8] Ibidem, p.58.

Capítulo LV

SUBLIMAÇÃO DA GRADE

Cultura como *práxis*

Um pai, que incumbira Aristipo de Cirene de educar-lhe o filho, ter-se-ia mostrado escandalizado diante da cobrança de cinquenta dracmas e exclamou que com tal quantia compraria um escravo, ao que o filósofo retrucou:

– Compra-o, então, e terás dois em tua casa.[1]

Hoje, como vimos, os pais entregam as calças para educar os filhos justamente para ter um escravo em casa, mesmo sem o saber.

A partir da análise da obra de Paulo Freire, a cultura pode ser tratada como *práxis*. Cultura seria *práxis* porque, em primeiro lugar, ela seria referente à capacidade de o homem transformar-se transformando o mundo à sua volta ou, nas palavras de Schelling, "estruturando-se ao construir estruturas"[2]. Dessa capacidade de assimilação ativa e criativa do universo decorreria o nosso poder transformador do caos em ordem e da superação dessa ordem por outra. Ambas

---

[1] *Introdução à história da filosofia*, vol. 1, p.324.

[2] Vivian Schelling. *A presença do povo na cultura brasileira – ensaio sobre o pensamento de Mário de Andrade e Paulo Freire*. Frederico Carotti (trad.). Campinas, Unicamp, 1990, p.411. Nota: A tradução do título original "Culture and underdevelopment in Brazil 1930-1968" é, no mínimo, excêntrica, não porque simplesmente deixe de refletir a ideia original, mas porque supõe a oposição entre "povo" e "cultura brasileira", como se fosse possível pensar esta a partir da ausência daquele. Isto foi discutido páginas atrás.

as transformações, note-se, são formas de ordenação. A tensão criativa seria perpétua. Criação da ordem e *práxis* caminhariam juntas, portanto, cultura seria também ordenação, uma maneira de transcendência de uma ordem dada como natural para soterramento das fundações de uma outra ordem social. Este movimento seria contínuo, conforme já dito, mas não automático e, em nenhum momento, acabado. Daí a necessidade de incentivar, por meio de instrumentos jurídicos, atividades capazes de conduzir o sujeito a esse movimento melífluo e potente, fomentando a *práxis* que é a própria cultura.

Por esse raciocínio a cultura deixa de ser o meio pelo qual se mantém a ordem, segundo as concepções jurássicas de imbricação de cultura e educação, e passaria a ser exatamente o oposto – transmuta-se em fator de instabilidade permanente da ordem estabelecida. Essa tensão expõe o sujeito a um processo diuturno que o conduzirá à iconoclastia, momento em que estará apto a desafiar as concepções postas de realidade e imutabilidade, pela ativação da chave de questionamento de si e do mundo. Essa é a cultura que se quer estimulável: a cultura fora das grades da educação, do estereótipo, da hegemonia, da massificação, do hedonismo, do utilitarismo, do privilégio.

Para ser "cultural", a manifestação, seja ela qual for, deve depositar em cada indivíduo uma semente de iconoclastia – função esta que não cabe à educação. A educação, nos termos em que foi historicamente concebida, cuida de transmitir o *dado*, visando arregimentar os sujeitos para o momento presente e para a *manutenção* de todas as suas estruturas, a civilização, jamais para superá-las, ou, quando haja superação, siga o modelo ternário de que fala Torop. Não nos esqueçamos de que as "grades" escolares – e essa expressão vem bem a calhar – são arquitetadas pelos grupos de dominação, que, evidentemente, nada mais querem senão manter as maiorias sob controle. Portanto, nos lindes do presente estudo, qualquer lição de Paulo Freire no sentido de "educar para a liberdade" deve ser compreendida como uma educação atrelada a mecanismos de desenvolvimento cultural – tomando-se aqui *cultura* como iconoclastia.

Capítulo LVI

DEUS EX-MACHINA

Iconoclastia

Após feito todo o passeio anunciado no *Ensaio de abertura*, analisando a cultura sob aspectos tão díspares – da Semiótica russa à Etologia, da Psicanálise aos vários frontes das Ciências Sociais – estamos a um palmo de completar o círculo iniciado com a crítica ao do-in antropológico. E podemos fazê-lo, neste momento, já sem esforço, a partir da proferição de uma assertiva trivial: iconoclastia é a quebra do ícone. Mas o que é o ícone? Por óbvio, tendo em vista o trajeto até aqui desenvolvido, não se trata dos objetos de culto dos cristãos ortodoxos que visam transubstancializar o mistério da fé, contra os quais se insurgiram, em um passado distante, os imperadores bizantinos. Nem, tecnicamente, o signo que, na classificação de Charles Sanders Peirce, é determinado por seu objeto dinâmico em virtude de sua própria natureza interna, desdobrado no sistema triádico composto por *imagens*, *diagramas* e *metáforas*[1].

---

[1] Considerado por Jakobson o mais inventivo e universal dos pensadores americanos, Peirce tem várias de suas ideias adotadas pela Escola de Tártu-Moscou. Para Peirce, esses três tipos representam três graus decrescentes de iconicidade: as *imagens* são imediatamente icônicas, os *diagramas* são ícones de relação, dependendo, por isso mesmo, de índices e convenções, as *metáforas* são meta-signos cuja iconicidade é baseada na similaridade entre os objetos de dois signos. Cf. O ícone, o indicador e o símbolo, In: *Semiótica e filosofia*. Octanny Silveira da Mota & Leônidas Hegenberg (trad.). São Paulo, Cultrix, 1972, p.117-9.

O ícone, em matéria de cultura, pode ser definido como o estado de imanência entre o signo e o objeto, cujo rompimento do qual conduz o sujeito a transcender não só o objeto como sua própria relação com o real e, por conseguinte, a recepção do signo por certo agrupamento humano. A cultura sempre integra uma perspectiva plural em relação a determinado bem simbólico – por isso, o ícone sempre pressupõe o signo, o objeto e dois ou mais sujeitos.

É impossível pensar a cultura a partir da desconsideração da alteridade. Para Bakhtin, como já afirmamos, viver é agir em relação ao outro. A cultura só existe porque o outro existe. Disso advém a concepção lotmaniana da *tradução da tradição*, segundo a qual o encontro entre diferentes culturas engendra códigos culturais que funcionam como programa para ulteriores desenvolvimentos. Os códigos culturais aqui seriam "fontes de gestação da memória não hereditária"[2] porque, conforme já exposto, cultura é artifício. Ilustrando isso, no âmbito dos povos eslavos, os semioticistas russos entenderam que o "encontro" daqueles com os povos bizantinos engendrou um programa de comportamento, cujo objetivo principal era reformular o dado. Certos modelos sobrevindos de outros contextos foram retrabalhados, originando linguagens plásticas peculiares: arquitetura em pedra, mosaicos, iluminuras de livros, pintura monumental. No contexto eslavo, cada uma dessas formas de manifestação artística foi resultante de reformulações da arte bizantina e estas reformulações, por sua vez, decorreram da tradução que o próprio contexto eslavo conferiu à tradição artística de Bizâncio. Isso foi feito largamente e pode ser verificado na história e filosofia da arte, pela análise de ícones religiosos, que nos interessam de perto para a construção do sentido de rompimento icástico.

A noção de ícone, em harmonia com o que acabou de ser delineado, passaria pela ideia da recodificação de sistemas produzida pelo encontro entre culturas – em curtas linhas, o conceito de ícone somente existiria se pensado em uma relação sistêmica, o que facilita a compreensão da chamada *tradução da tradição* como uma leitura que determinada cultura faz de outra. O próprio ícone deve pressupor a possibilidade de reformulação do código que o institui pela cultura na qual está inserido ou por outra. É interessante pensar que esse "ícone" já traz em si o sêmen que, fecundando outros códigos, poderá levar à sua própria implosão. É o sêmen da iconoclastia.

Para não cair, com tanta languidez, nos braços dos semioticistas nem dos cientistas sociais, cabe aqui desenvolvermos a nossa noção de "reformulação". Todo o escrutínio da noção de *cultura* efetuado por Lotman e por Bakhtin é

---

[2]   Machado, I. Op. cit., p.30.

permeado pela ideia de "encontro", já os cientistas sociais falam em "choque" de culturas. Essa diferença abissal ficou bem marcada nas digressões tecidas no presente trabalho. Mas quem estaria com a razão? Falar somente em *encontro* é negar toda uma ordem de conflitos inerente às relações intersubjetivas imersas em uma esfera de poder. Por outro lado, falar somente em *choque* é atribuir feições estáticas a toda forma de manifestação de um grupo, como se este fosse fechado, como se bastasse em si mesmo. Aqui todo o problema gira em torno não só dos códigos como também das forças de imposição desses códigos, forças essas que podem ter diversas fontes: economia, política, religião, moral etc. Parece-nos que a contenda gira em torno do prisma adotado. Se olharmos unicamente para o *código*, seremos levados a enxergar o *encontro de culturas*, se dermos um passo atrás e olharmos para a dinâmica social, isto é, para as forças de imposição, enxergaremos o *choque cultural*.

Para tentar conjeturar uma possível solução para o embate – sem perder de vista as importantes lições tiradas de cada um dos ramos do conhecimento aludidos –, cabe-nos destrinçar o conceito de reformulação em dois subtipos: a reformulação poderá dar-se por um *reconstruir desconstruindo* ou por um *desconstruir reconstruindo*. A primeira forma, se observada a partir de um miradouro que permita vislumbrar a dinâmica social, pode ser designada de reformulação positiva; a segunda, de reformulação negativa.

A *reformulação positiva*, ou o "reconstruir desconstruindo", consiste na leitura de uma cultura por outra em que as forças impositivas do novo código não são suficientes para aplacar a cultura alheia, de modo que se opera uma reconstrução a partir do modelo dado. É como a reforma de uma casa. A casa continua de pé, com uma ou outra parede posta abaixo, mudança de janelas, reboco, piso, mas o modelo original é que dá sustentação ao todo. A essência permanece e, ainda que não possa ser totalmente vislumbrada a olho nu, suas arestas são percebidas. Aqui temos o *encontro* entre culturas. É o caso do samba, por exemplo, dança originada a partir do modelo rítmico africano, como o batuque, o lundu, o jongo, ao qual posteriormente foram incorporadas várias outras contribuições, inclusive europeias.

A *reformulação negativa*, ou o "desconstruir reconstruindo", por sua vez, consiste na leitura de uma cultura por outra em que as forças impositivas do novo código podem subjugar a cultura alheia e o fazem, de modo que se opera uma reconstrução sob os auspícios das ruínas do modelo dado. Devasta-se a cultura original em extensão, tanto quanto for possível. Na analogia da reforma da casa, tem-se que o modelo é posto abaixo e, no máximo, partes do alicerce são reutilizados, nunca todo o alicerce. A reconstrução é total e ao bel prazer de quem a empreende. A essência desaparece e, mais das vezes, burilam-se arestas que imitam as originais sem, no entanto, alcançar-lhes o imo. Sem amparo sequer das cinzas do modelo extinto, ergue-se, a partir da superfície, o simulacro que se autoproclama novo ou descendente do original. Aqui temos o *choque* entre culturas. Os exemplos são numerosos. O cinema, sem dúvida, reúne grande parte deles – a chamada "sétima arte", surgida na França, foi reformulada pelos norte-americanos até o ponto culminante da absoluta consonância com a ideologia liberal e avança sem freios nem arreios sobre modos de autorrepresentação audiovisual em todos os quadrantes do globo.[3]

Resultado: nem sempre há choque, nem sempre há encontro. Além disso, nem sempre as reformulações serão desta *ou* daquela ordem. As nuances podem ser inúmeras, encontrando-se muitas vezes as relações entre esta e aquela cultura em um ponto de nebulosidade praticamente insondável. Mas entendemos que, sendo o ponto de intersecção nevoento, a noção de *choque* deve prevalecer e, juridicamente, a manifestação cultural em processo de reformulação passa a fazer jus à proteção meticulosa. Foi assim que operou a *exceção cultural* francesa – com ganas mais radicais, no entanto.

Traçado o perfil do que seria a reformulação, cabe agora indagar a respeito da ideia de iconoclastia. Não seria um paradoxo defender a cultura como iconoclastia e, ao mesmo tempo, afirmar que as culturas alvo de reformulação negativa são passíveis de *proteção*? A resposta, alto e bom som, é: não. A aparência de paradoxo deve-se aos contornos dos sistemas ideais. Importante para desvendar os meandros da questão é ter em mente que a ideia de "reformulação" pressupõe sempre o sujeito externo, alheio, a uma dada cultura – este sujeito transita sempre em um contexto intersistêmico. A reformulação de uma cultura, seja negativa ou positivamente, pressupõe de contínuo um corpo estranho, sendo sempre engendrada de fora para dentro, a partir do olhar *do* outro – reformulação negativa – ou do olhar *para* o outro – reformulação positiva. Quebra de ícones alheios não é iconoclastia, é reformulação.

A iconoclastia é sempre um fenômeno intrassistêmico. Pode ter repercussões exteriores, mas sempre a partir de uma revolução no interior do sistema

---

[3] Este foi um dos principais motivos para a ratificação por diversos países, inclusive pelo Brasil, por meio do Decreto Legislativo nº 485/2006, da *Convenção sobre a Proteção e Promoção da Diversidade das Expressões Culturais*, proposta pela Conferência Geral da Organização das Nações Unidas para Educação, a Ciência e a Cultura, em sua 33ª reunião, celebrada em Paris, de 3 a 21 de outubro de 2005.

e, mais propriamente, no interior do indivíduo. A iconoclastia ocorre sempre no âmbito de um ícone pertencente ao sistema, e o abalo de suas estruturas é operado a partir de dentro, por isso "intrassistêmico". Importante notar que, para o direito, não obstante sejam irrelevantes quaisquer desdobramentos intrassubjetivos, a iconoclastia, enquanto critério uno para determinação da cultura estimulável, extrapola o íntimo do sujeito, na medida em que faz romper, essencialmente, uma relação de dominação, que é sempre intersubjetiva, o que leva a efeito um dos postulados constitucionais máximos – a liberdade.

Então, segundo todo o sobredito, a quebra de ícones dentro do próprio sistema, por agentes internos, seria desejável, e até estimulável, e a quebra de ícones por agentes externos seria indesejável, e até passível de proteção? A questão é complexa e resume, de certo modo, toda a problemática dos incentivos fiscais à cultura e as ponderações até aqui formuladas. A resposta afirmativa que damos, neste momento, configura antes mais uma necessidade de atrelar, em termos teleológicos, toda a base conceitual aqui arquitetada aos desígnios máximos do ordenamento jurídico do país, do que simplesmente uma tomada de posição peremptória circunscrita a um juízo cartesiano. Nem poderia ser diferente, pois não entrevemos a cultura, no sentido antropológico, como sistema fechado, mas sim como rede interceptada por inúmeras outras redes cujos pontos de intersecção são os próprios sujeitos constituintes daquele determinado "modo de vida". Nesse sentido, a reformulação será sempre premente e inevitável, mas o sistema jurídico deve deitar todos os seus mecanismos para tentar impedir, ou minimizar ao máximo, os possíveis danos perpetrados por sistemas alienígenas à cultura que o próprio ordenamento pretende abarcar como sua, ou de seus administrados, ou, escapa-nos o adjetivo canhestro, "nacional".

Aqui toda a abordagem deve sair do enfoque relativo aos códigos e voltar-se para as forças que movem a dinâmica intersubjetiva. A existência do ícone, seja ele observado internamente ou de fora para dentro, pressupõe dominação de um sujeito pelo outro. O ícone é sustentado pela tradição, que nada mais é do que uma relação de domínio continuada no tempo. Uma vez que este ícone é posto em dúvida, que é suplantado por uma consciência de sobrenível, ou seja, é carnavalizado, todos os pilares que sustentam e justificam a relação de dominação, ou opressão, rompem-se. Este rompimento propicia a liberdade do indivíduo, que é o desígnio culminante das soberanias contemporâneas, devendo, portanto, ser incentivado. Já o movimento de fora para dentro – aqui tomamos como ponto de referência o ordenamento jurídico de certo país, que é abrangido pela cultura e não o contrário – deve ser obstaculizado. A interferência externa solapa, sem critérios justificáveis ou seguros, a dinâmica intersubjetiva de forças internas do país. Aqui não há, como já disse, iconoclastia propriamente dita, mas sim uma reformulação, que é a pilhagem a ícones alheios.

E quando a cultura interna pilha os ícones da cultura externa? As manifestações resultantes dessa intervenção são passíveis de fomento? Interessante. Por exemplo, artistas brasileiros reformulam o *country* americano, transformando-o em "sertanejo". Aqui há reformulação? A dinâmica de acesso e manejo foi realmente esta? Precipitadamente poderíamos pensar em uma reformulação positiva – o "sertanejo" teria sido articulado a partir da reconstrução desconstrutiva do *country*. No entanto, esta imagem repousa somente no nível da aparência. Uma investigação mais profunda revela não uma reformulação de elementos externos por dada cultura interna, mas sim uma *absorção*, que nada tem de gratuita, daqueles elementos – a absorção é resultado de imposição da indústria fonográfica norte-americana. Isto é, a reformulação é toda deles, dos norte-americanos, de fora para dentro, reformulação negativa da cultura caipira. A música caipira foi desconstruída para aparecer reconstruída sob o rótulo de "sertaneja".

Outro exemplo, então: artista brasileiro desenvolve dança baseada em um bailado folclórico do Suriname. Para todos os efeitos, a dança folclórica do Suriname não existe no campo das manifestações populares brasileiras, isto é, o próprio ícone, aqui, em território nacional, é inexistente. Como poderíamos falar em iconoclastia diante da inexistência do próprio ícone em relação ao qual deveria haver o rompimento? Não seria um caso de reformulação positiva? Não, nem positiva nem negativa, porque a dança, lá no Suriname, permanece intacta. Nada foi reformulado. O que houve foi uma absorção espontânea dos elementos de uma dança aqui inexistente, não dominante, e, consequentemente, a inauguração de uma nova categoria de dança, nos limites culturais deste território. Sequer se pode falar em "encontro" de culturas, posto que não houve qualquer troca e a cultura absorvida nada ganhou com a absorção. Note-se que o fato de ser ou não dominante importa, e muito. Se um cineasta brasileiro cria um filme, aqui, nos moldes de *Batman*, coisa então inédita, isto não se confundiria com absorção, mas antes configura dominação de um modelo estrangeiro, portanto reformulação negativa do cinema nacional – não passível de incentivo.

Então, no caso da dança, a absorção foi ou não iconoclasta? Como dissemos, a inexistência icástica poderia representar um empecilho à consideração e ao próprio desenlace do fenômeno iconoclasta. Mas, na realidade, a própria inexistência original do ícone verte-se, no momento mesmo de inauguração da categoria, em ícone. Isto é, o ícone surge no exato momento em que é rompido, pois a invisibilidade anterior é flagrada e desfeita pela nova situação, de visibilidade. Da inexistência passa à existência, o surgimento da dança no panorama nacional revela a situação anterior de ausência e, portanto, causa a ruptura com o padrão "ausência", engendrando o fenômeno iconoclasta pelo viés da *fundação*.

Entrevemos, e é preciso salientar, que a absorção nem sempre concebe a iconoclastia, pelo surgimento de novas categorias no interior do sistema. Muitas vezes a absorção pode consistir em pura *mimese*, o que se verifica atualmente no cenário musical, com uma sanha prosaica. Sendo mimese, não é passível de incentivo fiscal. A absorção é o outro lado da moeda da reformulação e decorre, na maioria das vezes, da absoluta imposição de uma cultura dominante. No campo próprio das artes, sem a dinâmica da opressão, não haveria manejo que empreendesse a internalização, pela cultura dominada, dos elementos da cultura alienígena.

Na própria seara dos costumes, é extremamente difícil cogitar certo agrupamento copiando, espontaneamente, sem a mão pesada da opressão, os modos de viver de outro grupo. Mas, embora raro, podem-se vislumbrar casos de internalização espontânea – em tais circunstâncias, não há encontro dialógico nem choque vampiresco, somente sucção de uma cultura por outra, sem que aquela sofra, aparentemente, danos em sua estrutura ou codificação. Talvez o fenômeno possa ser verificado mais facilmente quando o grupo dominante copia elementos do grupo dominado – aqui, a mimese é, por óbvio, espontânea, já que o grupo dominado não possui pujança suficiente para impor suas práticas e valores. Um exemplo possível é a adoção, pelas classes abastadas, de práticas linguísticas, em geral as gírias, difundidas entre indivíduos componentes das classes subalternas. Nesse caso, a absorção espontânea, ao contrário de representar uma comunhão inusitada, vem servir ainda ao plano de dominação pela decodificação de uma linguagem anteriormente restrita ao grupo oprimido.

Em linhas gerais, portanto, a tradição pode ser traduzida segundo três investidas – iconoclastia, reformulação e mimese. Num panorama enxuto, apenas o rompimento icástico é, de acordo com os desígnios constitucionais, hábil a garantir a intervenção estatal no sentido de estimular, pela concessão de incentivos fiscais, determinada forma de expressão ou manifestação humana. Para fins constitucionais tributários, este rompimento, engendrado pelo assalto iconoclasta, é a única forma de tradução de uma tradição que pode ser considerada *cultura estimulável*.

CONCLUSÃO

DO *DO-IN* ANTROPOLÓGICO
À ICONOCLASTIA

– De que valem essas belas frases pungentes, escritas em atraentes letreiros, se elas logo se desgastam?[1]

Peachum queria inventar algo novo. Já no primeiro ato anuncia que está ficando cada vez mais difícil a concretização de seu intento, pois o negócio dele é despertar a piedade nos homens e a repetição torna, naturalmente, o homem insensível. Por exemplo, diz ele, quando vemos um aleijado em uma esquina, logo, assustados, nos apressamos em lhe dar dez vinténs. Se virmos o pobre-diabo uma segunda vez, não lhe negaremos cinco, mas já não tão certos de sua infelicidade. Cruzando com o mesmo mendigo pela terceira vez, não nos demoraremos a mandá-lo à enxovia. Por isso, Peachum funda uma firma chamada "amigo do mendigo", uma maneira de manobrar objetivamente a sensibilidade humana, na verdade antecipar-se a ela, pela doação sistemática de três vinténs.

Sob o aspecto estratégico, o que mais seriam os incentivos fiscais à cultura senão a institucionalização da firma de Peachum? É certo que os mecanismos das

---

[1] Brecht, B. *Ópera de três vinténs*. Teatro completo. Wolfgang Bader & Marcos Roma Santa (trad.). vol. 3. Rio de Janeiro, Paz e Terra, 2004, p.15.

leis de incentivo são mais sofisticados, abrangendo, além da possibilidade de doação, o patrocínio e o investimento, dos quais se valem algumas figuras exonerativas. O investidor, patrocinador ou doador, a quem caberá o incentivo fiscal, não possui vínculo substancial com o projeto incentivado, isto é, o conteúdo do projeto a ser desenvolvido, os procedimentos aplicados, a forma de manifestação artístico-cultural não são da alçada daqueles, de maneira que sua contrapartida resume-se à entrega de recursos pecuniários para a efetivação das atividades por quem couber fazê-lo. Por esse prisma, toda a sofisticação das leis de incentivo à cultura apenas disfarça a essência da firma imaginada pelo personagem brechtiano.

Em oposição ao que reza grande parte da doutrina que estuda o tema, os incentivos fiscais não são medidas que dizem respeito somente a formas de exclusão do crédito tributário. A exclusão do crédito é apenas um dos tipos de exoneração que compreende também algumas formas de suspensão, como a moratória e o parcelamento. Esta consiste na principal forma, no Brasil, pela qual são estatuídos os incentivos fiscais à cultura. Além da exoneração, os incentivos fiscais também podem dar-se por meio das desonerações e das imunidades. De maneira geral, tudo o que possa representar, imediatamente, um estímulo de ordem pecuniária, relativo ao montante tributário a ser recolhido ou deduzido pelo sujeito passivo, visando à realização de conduta estranha ao simples pagamento do tributo, deve ser considerado incentivo fiscal.

Foi salientado o caráter extrafiscal das normas que concedem incentivo à cultura, situando-as, topograficamente, na zona de penumbra existente entre o direito tributário, o direito financeiro, o direito administrativo e a política. Por integrar uma política de desenvolvimento social e não meramente econômica, nenhum veículo introdutor de normas atinentes a incentivos fiscais à cultura, na legislação brasileira vigente, atua com prazo determinado, o que confirma um regime de concessão perene, refreável apenas por determinações legais supervenientes. Os incentivos fiscais constituem meio indireto para efetuação do desenvolvimento social, pois permitem que sejam articuladas medidas que poderão possibilitar ao indivíduo a instauração, a partir de si mesmo e seus desdobramentos íntimos, de um novo estado de coisas. Efetuada a *práxis*, o rompimento inicialmente individual extravasa as bordas da pessoa humana, modificando o espaço de relações intersubjetivas que é a sociedade.

Em uma perspectiva substancial, a cultura não é aquele mendigo reiúno que ora desperta dó, ora irascibilidade. Desperta antes temor, por parte do corpo de práticas e expectativas hegemônicas. O rompimento icástico é eminentemente subversivo. Opõe-se sobretudo à concepção antropológica de cultura que pretende domesticar todas as formas de expressão, enquadrando-as em compartimentos estanques sob os rótulos de "cultura popular", "cultura nacional", adoçados pelas noções de "identidade", "consciência" e "interesse nacional", dente outras. São as universalidades sem sangue, junto das quais as particularidades são diluídas na imiscuição entre civilização e cultura. Civilização é continente. Cultura é conteúdo. A cultura é um fenômeno essencialmente individualizante, portanto, um rompimento de partículas em relação ao todo.

Programas como o do-in antropológico, ancorados em uma concepção essencialmente monacal de cultura, afrontam qualquer tentativa de interpretação do direito positivo vigente aqui e agora. Representam o retrocesso que simula a preparação de ambientes propícios à interação de agentes culturais, forja o fomento, a difusão, o acesso, a participação em processos criativos, enfim, faz crer que, em uma eclosão espontânea, será fundada uma dinâmica de convergência e transmutação de realidades. O conceito de cultura supera o dado, a memória, sublima a grade. A cultura só existe porque o outro existe, existiu e existirá. Levando-se em conta que viver é agir em relação ao outro e que este movimento é conduzido por uma continuidade frequentemente assaltada por descontinuidades, temos que a tradição pode ser lida segundo três investidas – iconoclastia, reformulação e mimese. De acordo com os desígnios constitucionais, dentre eles o postulado máximo da liberdade, a iconoclastia é, por excelência, a forma de tradução da tradição que pode ser considerada *cultura estimulável*, passível de ser protegida e fomentada pelos arranques de intervenção estatal, uma vez que a carnavalização do ícone engendra o rompimento dos pilares que justificam a dominação.

BIBLIOGRAFIA

Abreu, F. *Na terra das palmeiras*. Rio de Janeiro, Oficina Industrial Gráfica, 1931.

Adorno, T.W. & Horkheimer, M. *Dialética do esclarecimento: fragmentos filosóficos*. Guido Antônio de Almeida (trad.). Rio de Janeiro, Jorge Zahar, 2006.

Andrade, C.D. de. *Rosa do povo*. 19.ed. Rio de Janeiro, Record, 1998.

Andrade, M. de. *O turista aprendiz*. Introdução e notas de Telê Porto Ancona Lopez, Belo Horizonte, Itatiaia, 2002.

Assis, M. de. *Quincas Borbas*. Rio de Janeiro, Editora Globo, 1997.

Ataliba, G. (coord.). *Elementos de direito tributário: notas taquigráficas do III Curso de Especialização em Direito Tributário, realizado na Pontifícia Universidade Católica de São Paulo*. São Paulo, Revista dos Tribunais, 1978.

_____. *Hipótese de incidência tributária*. 6.ed. São Paulo, Editora Malheiros, 2005.

_____. *Sistema Constitucional Tributário*. São Paulo, Revista dos Tribunais, 1968.

Azevedo, F. de. *A cultura brasileira*. 5.ed. São Paulo, Melhoramentos, Edusp, 1971.

Bachelard, G. *A filosofia do não; O novo espírito científico; A poética do espaço*, seleção de textos de José Américo Motta Pessanha. 2.ed.. São Paulo, Abril Cultural, 1984.

Bakhtin, M. *Cultura popular na Idade Média e no Renascimento: o contexto de François Rabelais*. Yara Frateschi Vieira (trad.). São Paulo, Hucitec, Brasília, UnB, 2008.

_____. *Estética da criação verbal*. São Paulo, Martins Fontes, 2003.

Baleeiro, A. *Direito tributário brasileiro*. Atualizada por Misabel Abreu Machado Derzi. 11.ed. Rio de Janeiro, Forense, 2004.

_____. *Limitações constitucionais ao poder de tributar*. 2.ed. Rio de Janeiro, Forense, 1960.

Barbosa, L. *O jeitinho brasileiro – a arte de ser mais igual que os outros*. Rio de Janeiro, Campus, 1992.

Barreto, V. de P. (coord.). *Dicionário de filosofia do direito*. São Leopoldo – RS, Ed. Unisinos, Rio de Janeiro – RJ, Ed. Renovar, 2006.

Barros, D.L.P. de (org). *Dialogismo, polifonia, intertextualidade: em torno de Bakhtin*, 2.ed. São Paulo, Edusp, 2003.

Baudrillard, J. *À sombra das maiorias silenciosas: o fim do social e o surgimento das massas*. Suely Bastos (trad.). São Paulo, Brasiliense, 2004.

_____. *Simulacros e simulação*. Maria João da Costa Pereira (trad.). Lisboa, Relógio d'Água, 1991.

Bauman, Z. *Tempos líquidos*. Rio de Janeiro, Jorge Zahar, 2007.

Becker, A.A. *Teoria Geral do direito tributário*. São Paulo, Noeses, 2007.

Bercovici, G. *Desigualdades regionais, Estado e Constituição*. São Paulo, Max Limonad, 2003.

Besançon, A. *A imagem proibida – uma história intelectual da iconoclastia*. Carlos Sussekind (trad.). Rio de Janeiro, Bertrand Brasil, 1997.

Bittar, C.A. Cultura: incentivos fiscais a aplicações no setor. In: *Revista de informação legislativa*, Senado Federal, Subsecretaria de Edições Técnicas, ano 23, n. 92, out-dez/86.

Bizzochi, A. *Anatomia da cultura*. São Paulo, Palas Atena, 2003.

Boas, F. *Antropologia cultural*. Celso Castro (trad.). 3.ed. Rio de Janeiro, Jorge Zahar Ed., 2006.

Borges, J.S.M. Incentivos fiscais e financeiros. In: *Revista Trimestral de Direito Público*, n. 8, São Paulo, Malheiros, 1994.

_____. *Teoria geral da isenção tributária*. 3.ed. São Paulo, Malheiros, 2001.

Bosi, A. *Cultura brasileira – temas e situações*, São Paulo, Ática, 1987.

_____. *Dialética da colonização*. 3.ed. São Paulo, Companhia das Letras, 1999.

_____. *História concisa da literatura brasileira*. 43.ed. São Paulo, Cultrix, 2006.

Bosi, E. *Cultura de massa e cultura popular – leituras de operárias*. 12.ed. Petrópolis, Vozes, 2008.

Brait, B (org). *Bakhtin e o Círculo*, São Paulo, Contexto, 2009.

_____. *Bakhtin: conceitos-chave*. 4.ed. São Paulo, Contexto, 2009.

_____. *Bakhtin: outros conceitos-chave*. São Paulo, Contexto, 2008.

Brant, L. *O poder da cultura*. São Paulo, Peirópolis, 2009.

_____. *Mercado cultural*. 4.ed. São Paulo, Escrituras/Instituto Pensarte, 2004.

Brecht, B. *Ópera de três vinténs*, Teatro completo. Wolfgang Bader & Marcos Roma Santa (trads.). vol. 3. Rio de Janeiro, Paz e Terra, 2004.

Cândido, A. *Formação da literatura brasileira*, 11.ed. Rio de Janeiro, Ouro sobre Azul, 2007.

Capelato, M.H.R. *A ideologia liberal de* O Estado de S. Paulo *(1927 – 1932)*. São Paulo, FFLCH-USP, mimeo, Tese de Mestrado defendida em 1974.

Carrazza, R.A. *Curso Constitucional de Direito Tributário*, 24.ed. São Paulo, Malheiros, 2005.

Carvalho, P. de B. *Direito tributário, linguagem e método*. São Paulo, Noeses, 2008.

_____. *Curso de Direito Tributário*. 17.ed. São Paulo, Saraiva, 2005.

_____. *Direito tributário – Fundamentos Jurídicos da Incidência*. 2.ed. São Paulo, Saraiva, 1999.

_____. *Teoria da Norma Tributária*. São Paulo, Max Limonad, 1999.

_____. Isenções tributárias do IPI, em face do princípio da não cumulatividade, *Revista Dialética de Direito Tributário*, 1998; (4)33:142-73.

Cascudo, L da C. *Civilização e cultura: pesquisas e notas de etnografia*. São Paulo, Global, 2004.

_____. *Dicionário do folclore brasileiro*. 11.ed. São Paulo, Global, 2002.

_____. *Geografia dos mitos brasileiros*. 2.ed. São Paulo, Global, 2002.

_____. *Literatura oral no Brasil*. 3.ed. Belo Horizonte, Itatiaia, São Paulo, Edusp, 1984.

_____. *Superstição no Brasil*. Belo Horizonte, Itatiaia, São Paulo, Edusp, 1985.

Castro, C. (org.). *Evolucionismo cultural*. 2.ed. Rio de Janeiro, Jorge Zahar, 2009.

Catão, M.V. *Regime Jurídico dos Incentivos Fiscais*. Rio de Janeiro, Renovar, 2004.

Cesnik, F. *Guia do incentivo à cultura*. 2.ed. Barueri, Manole, 2007.

Châtelet, F. (org). *História da filosofia – o século XX*. v.4. José Afonso Furtado (trad.). Lisboa, Publicações Dom Quixote, 1995.

Chauí, M. *Brasil – O mito fundador e sociedade autoritária*. São Paulo, Editora Perseu Abramo, 2007.

_____. *Conformismo e resistência – aspectos da cultura popular no Brasil*. São Paulo, Brasiliense, 1986.

_____. *Convite à filosofia*. São Paulo, Ática, 2009.

_____. *Introdução à história da filosofia: dos pré-socráticos a Aristóteles*. v.1. 2.ed. rev. e ampl. São Paulo, Companhia das Letras, 2002.

_____. *Cultura e democracia: o discurso competente e outras falas*. 12.ed. São Paulo, Cortez, 2007.

Coelho, S.C.N. *Teoria geral do tributo e da exoneração tributária*. São Paulo, Revista dos Tribunais, 1982.

Comparato, F.K. *Ética: direito, moral e religião no mundo moderno*. São Paulo, Companhia das Letras, 2006.

Di Pietro, M.S.Z. *Direito administrativo*. 17.ed. São Paulo, Atlas, 2004.

Discini, N. *A comunicação nos textos*. São Paulo, Contexto, 2007.

_____. *Intertextualidade e conto maravilhoso*. 2.ed. São Paulo, Associação Editorial Humanitas, 2004.

Dória, A.R.S. (coord). *Incentivos fiscais para o desenvolvimento*. São Paulo, José Bushatsky Editor, 1971.

Dória, C.A. *Os Federais da Cultura*. São Paulo, Biruta, 2003.

Drummond, C. Retrato de família. In: *A Rosa do povo*. 19.ed. Rio de Janeiro, Record, 1998.

Eagleton, T. *A ideia de cultura*. Sandra Castello Branco (trad.). São Paulo, Unesp, 2005.

Fanuchi, F. *Curso de direito tributário brasileiro*. São Paulo, Resenha Tributária, v. I, 1986.

Faraco, C.A. *Linguagem & diálogo: as ideias linguísticas do círculo de Bakhtin*. São Paulo, Parábola Editorial, 2009.

Ferraz Jr., T.S. Congelamento de preços – tabelamentos oficiais. In: *Revista de Direito Público*, julho-setembro de 1989.

_____. *Direito, retórica e comunicação*. 2.ed. São Paulo, Saraiva, 1997.

_____. *Função social da dogmática jurídica*. São Paulo, Max Limonad, 1998.

_____. *Introdução ao estudo do direito: técnica, decisão, dominação*. 3.ed. São Paulo, Atlas, 2001.

_____. *O pensamento Jurídico de Norberto Bobbio*. Carlos Henrique Cardim (org.). Brasília, UnB, São Paulo, Imprensa Oficial do Estado, 2001.

Fiorin, J.L. *As astúcias da enunciação: as categorias de pessoa, espaço e tempo*. São Paulo, Ática, 1996.

_____. *Linguagem e ideologia*. 8.ed. São Paulo, Ática, 2007.

_____. *Introdução à Linguística*. 5.ed. São Paulo, Contexto, 2008.

_____. *Introdução ao pensamento de Bakhtin*. São Paulo, Ática, 2006.

Foucault, M. *Vigiar e punir: nascimento da prisão: nascimento da prisão*. Raquel Ramalhete (trad.). 36.ed. Petrópolis, Rio de Janeiro, Vozes, 2009.

Freire, P. *Pedagogia da indignação – cartas pedagógicas e outros escritos*. São Paulo, Unesp, 2000.

_____. *Pedagogia do oprimido*. 36.ed. Rio de Janeiro, Paz e Terra, 2003.

Freud, Z. *Totem and Taboo*. James Strachey (trad.). Great Britain, Routledge & Kegan Paul Ltd., 1950.

Freyre, G. *Casa-Grande & Senzala: formação da família brasileira sob o regime da economia patriarcal*. 51.ed. São Paulo, Global, 2006.

_____. *Tempo morto e outros tempos*. São Paulo, Global, Recife, PE: Fundação Gilberto Freyre, 2006.

Fromm, E. *A arte de amar*. Milton Amado (trad.). Belo Horizonte, Itatiaia, 1985.

Galvão, W.N. *Saco de gatos: ensaios críticos*. 2.ed. São Paulo, Duas Cidades, 1976.

Geertz, C. *A interpretação das culturas*. Rio de Janeiro, LTC, 1989.

Grupi, L. *Conceito de hegemonia em Gramsci*. Carlos Nelson Coutinho (trad.). 2.ed. Rio de Janeiro, Edição Graal, 1978.

Haret, F. & Carneiro, J. *Vilém Flusser e juristas: comemoração dos 25 anos do grupo de estudos Paulo de Barros Carvalho*. São Paulo, Noeses, 2009.

Haskel, F. *Mecenas e pintores – arte e sociedade na Itália barroca*. Luiz Roberto Mendes Gonçalves (trad.). São Paulo, Edusp, 1997.

Hauser, A. *História social da arte e da literatura*. São Paulo, Martins Fontes, 2003.

Hobsbawm, E.J. *Nações e nacionalismo*. 5.ed. São Paulo, Paz e Terra, 2008.

Horvath, E. *Contribuições de intervenção no domínio econômico*. São Paulo, 2009.

Jakobson, R. *Linguística e comunicação*. São Paulo, Cultrix, 1989.

Kelsen, H. *O problema da Justiça*, 2.ed. São Paulo, Martins Fontes, 1996.

_____. *Teoria pura de direito*. São Paulo, Martins Fontes, 2000.

Kristeva, J. *História da linguagem*. Lisboa, Edições 70, 1999.

Laércio, D. de. *Vidas e doutrinas dos filósofos ilustres*. Mário da Gama Kury (trad.). Brasília, UnB, 1988.

Leite, D.M. *O caráter nacional brasileiro: história de uma ideologia*. São Paulo, Unesp, 2003.

Lotman, M.I. *Cultura y explosion*. Madrid, Gedisa, 1999.

_____. *La semiosfera I – semiótica de la cultura y del texto*. Desiderio Navarro (trad.). Madrid, Fronesis Cátedra, 1996.

_____. *La semiosfera II – semiótica de la cultura, del texto, de la conducta y del espacio*. Trad. Desiderio Navarro. Madrid, Fronesis Cátedra, 1998.

_____. *La semiosfera III – semiótica de las artes y de la cultura*. Desiderio Navarro (trad.). Madrid, Fronesis Cátedra, 2000.

_____. *Semiótica de la cultura*. Nieves Méndez (trad.). Madrid, Cátedra, 1979.

Lunardelli, P.G.A. *Isenções tributárias*. São Paulo, Dialética, 1999.

Machado, I. *Escola de semiótica*. São Paulo, Ateliê Editorial, 2003.

Machado, J. *A preservação do Patrimônio Cultural a partir do Município: perspectivas e estratégias*. Curitiba, mimeo, março de 1999.

Machado, U. *Machado de Assis: roteiro de consagração*. Rio de Janeiro, EdUERJ, 2003.

Maturana, H. & Varela, F. *A árvore do conhecimento: as bases biológicas do entendimento humano*. Jonas Pereira dos Santos (trad.). Campinas, São Paulo, Editorial Psy, 1987.

Molina, P.H. *La exencion tributaria*. Torrejón de Ardoz (Madrid), Colex, 1990.

Morris, D. *O macaco nu*. Hermano Neves (trad.). 15.ed. Rio de Janeiro, Record, 2004.

Moura, M.M. *Nascimento da Antropologia Cultural: a obra de Franz Boas*. São Paulo, Hucitec, 2004.

Mourão, G.M. *A invenção do saber*. Belo Horizonte, Itatiaia, 1990.

Nascentes, A. *Tesouro da fraseologia brasileira*. 3.ed. Rio de Janeiro, Nova Fronteira, 1986.

Negreiros, A. *Almada Negreiros: obra completa*. Alexei Bueno (org.). Volume único. Rio de Janeiro, Nova Aguilar, 1997.

Nogueira, R.B. *Curso de direito tributário*. 6.ed. São Paulo, Saraiva, 1986.

_____. *Direito Tributário Aplicado*. Rio de Janeiro, Forense, São Paulo, Edusp, 1975.

_____. *Direito Tributário – estudos de problemas tributários*. 4ª coletânea. São Paulo, José Bushatsky Editor, 1971.

_____. *Direito Tributário – estudos de problemas tributários*. 2ª coletânea. São Paulo, José Bushatsky Editor, 1971.

Oliveira, M.A. de. *Reviravolta Linguístico-Pragmática na filosofia contemporânea*. 2.ed. São Paulo, Loyola, 2001.

Orlandi, E.P. (org.). *Discurso fundador – a formação do país e a construção da identidade nacional*. Campinas, Pontes, 1993.

Pacheco, M. da M. Denúncia espontânea e isenções – duas figuras da tipologia das normas indutoras de conduta. *Revista Dialética de Direito Tributário*. n. 57, junho de 2000.

París, C. *O Animal cultural – biologia e cultura na realidade humana*. Marly de Almeida Gomes Vianna (trad.). São Carlos, EdUFSCar, 2002.

Peixoto, M.M.; Elali A.; Martins, I.G. da S. (coords.). *Incentivos fiscais – questões pontuais nas esferas federal, estadual e municipal*, São Paulo, MP Editora, 2007.

Pereira, J.C. Gentes! O imposto pegou?. Carvalho, C. & Avi-Yonah, R. (coords.). *Revista Tributária das Américas*. São Paulo: Revista dos Tribunais, Ano 1, nº 2, jul-dez/2010.

_____. A regra-matriz do Imposto sobre Serviço de Comunicação. *Revista de Direito Tributário*. n. 106, 2009.

_____. Tributação da prestação de serviços intelectuais. *Revista de Direito Tributário*. n. 102, Malheiros, 2008.

Pierce, C.S. *Semiótica e Filosofia*. São Paulo, Cultrix, 1972.

Platão. *O banquete*. J. Cavalcante de Souza (trad.). 10.ed. Rio de Janeiro, Bertrand Brasil, 2001.

Rabelais, F. *Gargântua e Pantagruel*. David Jardim Jr. (trad.). Belo Horizonte, Itatiaia, 2003.

Reale, M. *Filosofia do direito*. 19.ed. São Paulo, Saraiva, 1999.

_____. *Lições preliminares de direito*. 24.ed. São Paulo, Saraiva, 1998.

Ribeiro, D. *O processo civilizatório – etapas da evolução sociocultural*. Rio de Janeiro: Civilização Brasileira, 2.ed. 1972.

Rodrigues, M.T.M. *Digesto da advocacia Gandra Martins – uma história de luta em defesa dos direitos da cidadania*, São Paulo, Quadrante, 2005.

Santi, E.M.D. de (coord.). *Curso de especialização em direito tributário: estudos analíticos em homenagem a Paulo de Barros Carvalho*. Rio de Janeiro: Forense, 2005.

Shakespeare, William. *Hamlet*. Millôr Fernandes (trad.). Porto Alegre, L&PM, 1997.

Schelling, Vivian. *A presença do povo na cultura brasileira – ensaio sobre o pensamento de Mário de Andrade e Paulo Freire*. Frederico Carotti (trad.). Campinas, Editora da Unicamp, 1990.

Schoueri, L.E. *Normas tributárias indutoras e intervenção econômica*. Rio de Janeiro, Forense, 2005.

Seixas Filho, A.P. *Obrigação tributária – uma introdução metodológica*. São Paulo, Saraiva, 1984.

Silva, A.S. & Jorge, V.O. (orgs.). *Existe uma cultura portuguesa?* Porto: Edições Afrontamento, 1993.

Silva, J.A. da. *Comentário contextual à Constituição*. São Paulo, Malheiros, 2006.

_____. *Curso de Direito Constitucional*. 25ª ed, São Paulo, Malheiros, 2005.

_____. *Ordenação constitucional da cultura*. São Paulo, Malheiros Editores, 2001.

Souza, M. *Fascínio e repulsa: Estado, cultura e sociedade no Brasil*. Rio de Janeiro, Edições Fundo Nacional de Cultura, 2000.

Tilly, C. *Coercion, capital and European States, Ad 990 – 1990*. Cambridge, Massachusetts, Blackwell Publishers Inc., 1995.

Torres, Heleno Taveira. Isenções no ICMS – Limites formais e materiais. Aplicação da LC n° 24/75. Constitucionalidade dos chamados convênios autorizativos. In: *Revista Dialética de Direito Tributário*, São Paulo, Dialética, n. 72, 2001.

Torres, R.L. *A idéia de liberdade no Estado patrimonial e no Estado Fiscal*. Rio de Janeiro, Renovar, 1991.

Trenkle, N., Grupo *Krisis*. *Manifesto contra o trabalho*. Heinz Dietermann & Cláudio Roberto Duarte (trad.). São Paulo, Conrad Editora do Brasil, Col. Baderna, 2003.

Van Acker, L. *Curso de filosofia do direito – Revista da PUC*. v. 35, 1968.

Vilanova, L. *As Estruturas lógicas e o sistema do direito positivo*. São Paulo, Noeses, 2005.

Williams, R. *Cultura*. Lólio Lourenço de Oliveira (trad.). 3.ed. São Paulo, Paz e Terra, 2008.

_____. *Palavras-chave: um vocabulário de cultura e sociedade*, São Paulo, Boitempo, 2007.

Wittgenstein, L. *Cultura e valor*. Lisboa, Edições 70, 2000.

Impresso em São Paulo, SP, em julho de 2014,
em papel off-white 80 g/m², nas oficinas da Intergraf.
Composto em ITC Officina Sans, corpo 11 pt.

Não encontrando esta obra nas livrarias,
solicite-a diretamente à editora.

Escrituras Editora e Distribuidora de Livros Ltda.
Rua Maestro Callia, 123
Vila Mariana – São Paulo, SP – 04012-100
Tel.: (11) 5904-4499 – Fax: (11) 5904-4495
escrituras@escrituras.com.br
vendas@escrituras.com.br
imprensa@escrituras.com.br
www.escrituras.com.br